Uni-Taschenbücher 1374

UTB FÜR WISSEN SCHAFT

Eine Arbeitsgemeinschaft der Verlage

Birkhäuser Verlag Basel · Boston · Stuttgart
Wilhelm Fink Verlag München
Gustav Fischer Verlag Stuttgart
Francke Verlag Tübingen
Harper & Row New York
Paul Haupt Verlag Bern und Stuttgart
Dr. Alfred Hüthig Verlag Heidelberg
Leske Verlag + Budrich GmbH Opladen
J. C. B. Mohr (Paul Siebeck) Tübingen
R. v. Decker & C. F. Müller Verlagsgesellschaft m. b. H. Heidelberg
Quelle & Meyer, Heidelberg · Wiesbaden
Ernst Reinhardt Verlag München und Basel
K. G. Saur München · New York · London · Paris
F. K. Schattauer Verlag Stuttgart · New York
Ferdinand Schöningh Verlag Paderborn · München · Wien · Zürich
Eugen Ulmer Verlag Stuttgart
Vandenhoeck & Ruprecht in Göttingen und Zürich

Joachim Hentze
Peter Brose

Personalführungslehre

Grundlagen, Führungsstile, Funktionen
und Theorien der Führung

Ein Lehrbuch für Studenten und Praktiker

Verlag Paul Haupt Bern und Stuttgart

JOACHIM HENTZE, geb. 1940, 20 Monate Praktikum bei der Preussag AG in Hannover. Ab 1961 Studium der BWL und Wirtschaftspädagogik an der TU Hannover und an den Universitäten Innsbruck und Göttingen. Nach dem Examen wissenschaftlicher Angestellter, Akad. Rat/O. Rat am Betriebswirtschaftlichen Seminar der Technischen Universität Hannover. 1969 Promotion, 1985 Habilitation, 1974 Ernennung zum Professor an der TU Braunschweig für das Fachgebiet Betriebswirtschaftslehre.

PETER BROSE, geb. 1950, war nach dem Studium der Betriebswirtschaftslehre in Göttingen von 1977 bis 1982 wiss. Mitarbeiter am Lehrstuhl für Betriebswirtschaftslehre der TU Braunschweig und Lehrbeauftragter. 1982 Promotion. Seit 1983 ist er in der Wirtschaft und als freier Mitarbeiter bei Prof. Dr. Hentze tätig.

CIP-Kurztitelaufnahme der Deutschen Bibliothek

Hentze, Joachim:
Personalführungslehre: Grundlagen, Führungsstile,
Funktionen u. Theorien d. Führung;
e. Lehrbuch für Studenten u. Praktiker /
Joachim Hentze; Peter Brose. – Bern; Stuttgart: Haupt, 1986.
(UTB für Wissenschaft: Uni-Taschenbücher; 1374)
ISBN 3-258-03487-7
NE: Brose, Peter: UTB für Wissenschaft /
Uni-Taschenbücher

Vorwort

Jede Führungskraft erhält außer der Fach- auch eine Personalkompetenz, die im wesentlichen mit der Personalführung ausgefüllt wird. Führung tritt immer dann in Erscheinung, wenn Führer und Geführte in Interaktion treten. Da Führung in der Regel nicht als einseitiger Prozeß vom Vorgesetzten zum Mitarbeiter abläuft, sondern beide Parteien je nach Führungsstil in unterschiedlichem Ausmaße wechselseitig daran partizipieren, ist die Kenntnis der Grundlagen moderner Personalführung sowie ihre Auswirkungen u. a. auf Leistung, Arbeitszufriedenheit und zwischenmenschliche Beziehungen für jeden Erwerbstätigen unabdingbar.
Dieses Buch ist für Studierende konzipiert, die Führungsstellungen in Wirtschaft und Verwaltungen anstreben oder diese bereits innehaben und sich mit den neuesten Erkenntnissen der Personalführung vertraut machen wollen.
Im ersten Abschnitt wird die Einordnung der Personalführungslehre in die Betriebswirtschaftslehre vorgenommen. Es folgt im zweiten Abschnitt die inhaltliche Beschreibung der Führung sowie die Abgrenzung zu verwandten Begriffen. Im dritten Abschnitt werden die Merkmale der Führung, wie Motivation, Macht, Gruppe, Kommunikation und Konflikte dargestellt. Im vierten Abschnitt werden verschiedene Führungstypologien abgehandelt. Der fünfte Abschnitt widmet sich den Theorien der Führung, wobei auch empirische Ansätze der Führungsforschung behandelt werden. Im sechsten Abschnitt schließt sich die Beschreibung des Führungsverhaltens mit der Darstellung der Ohio State-Studien und der Michigan-Studien an. Der siebente Abschnitt befaßt sich mit den Führungsmodellen. Im achten Abschnitt werden die Führungstechniken mit den Management by-Techniken, dem Harzburger Modell und die Führungsgrundsätze dargestellt.
Um eine Selbstkontrolle des erarbeiteten Stoffes durchführen zu können, sind Kontrollfragen mit dem Bezug zu dem Abschnitt, in dem der Stoff zur Beantwortung dargestellt wird, eingefügt.
Unser Dank gilt Frau Barbara Krentel für die Schreibarbeiten, Herrn

cand. inform. Albert Heinecke für die Anfertigung der Abbildungen und die Erstellung des Literaturverzeichnisses sowie Herrn Dipl. Ökonom Andreas Kammel für die kritische Durchsicht des Manuskripts.

Joachim Hentze
Peter Brose

Inhaltsverzeichnis

Abkürzungen

AG	Die Aktiengesellschaft
AJS	American Journal of Sociology
AMJ	Academy of Management Journal
AMR	Academy of Management Review
ARP	Annual Review of Psychology
ASQ	Administrative Science Quarterly
ASR	American Sociological Review
ASW	Absatzwirtschaft
BB	Betriebsberater
BFuP	Betriebswirtschaftliche Forschung und Praxis
BH	Business Horizons
BS	Behavioral Science
CMR	California Management Review
DB	Der Betrieb
DBW	Die Betriebswirtschaft
DU	Die Unternehmung
EIASM	European Institute for Advanced Studies in Management
EIRMA	European Industrial Research Management Association
EJOR	European Journal of Operations Research
FB	Fortschrittliche Betriebsführung
FB/IE	Fortschrittliche Betriebsführung und Industrial Engineering
FE	Financial Executive
HBR	Harvard Business Review
HDSW	Handwörterbuch der Sozialwissenschaften, Hrsg. v. Beckerath u. a.
HdWW	Handwörterbuch der Wirtschaftswissenschaften, Hrsg. W. Albers u. a.
HIOP	Handbook of Industrial and Organizational Psychology, Hrsg. M. D. Dunnette
HÖD	Handwörterbuch des öffentlichen Dienstes: Das Personalwesen, Hrsg. W. Bierfelder
HR	Human Relations

HRM	Human Resource Management
HWA	Handwörterbuch der Absatzwirtschaft, Hrsg. B. Tietz
HWB	Handwörterbuch der Betriebswirtschaft, Hrsg. E. Grochla und W. Wittmann
HWF	Handwörterbuch der Finanzwirtschaft, Hrsg. H.-E. Büschgen
HWO	Handwörterbuch der Organisation, Hrsg. E. Grochla
HWP	Handwörterbuch des Personalwesens, Hrsg. E. Gaugler
HWProd	Handwörterbuch der Produktionswirtschaft, Hrsg. W. Kern
HWS	Handwörterbuch der Soziologie, Hrsg. A. Vierkandt
IO	(Management Zeitschrift) Industrielle Organisation
JfB	Journal für Betriebswirtschaft
JMS	The Journal of Management Studies
JoABS	Journal of Applied Behavior Science
JoBP	Journal of Business Policy
JoGM	The Journal of General Management
JoMS	Journal of Management Studies
JoM	Journal of Marketing
JP	Journal of Psychology
KZSS	Kölner Zeitschrift für Soziologie und Sozialpsychologie
LRP	Long Range Planning
MA	Management Accounting
Mbg	Das Mitbestimmungsgespräch
MIR	Management International Review
MS	Management Science
OR	Operations Research
PAR	Public Administration Review
Pers	Personal
QKE	The Quarterly Journal of Economics
SMJ	Strategic Management Journal
SzU	Schriften zur Unternehmensführung
VuB	Volks- und Betriebswirt
WiSt	Wirtschaftswissenschaftliches Studium
WISU	Das Wirtschaftsstudium
ZfB	Zeitschrift für Betriebswirtschaft
ZfbF	Zeitschrift für betriebswirtschaftliche Forschung
ZfgSt	Zeitschrift für die gesamte Staatswissenschaft
ZfhF	Zeitschrift für handelswissenschaftliche Forschung
ZfHH	Zeitschrift für Handelswissenschaft und Handelspraxis
ZfO	Zeitschrift für Organisation

ZFO	Zeitschrift Führung und Organisation (ab 1982)
ZfP	Zeitschrift für Politik
ZGR	Zeitschrift für Unternehmens- und Gesellschaftsrecht
ZIR	Zeitschrift Interne Revision

1. Personalführungslehre und Betriebswirtschaftslehre

Nicht alle in Betriebswirtschaften anfallenden Probleme sind Führungsprobleme. Aus diesem Grunde schlägt z. B. Wild (1974, S. 159) vor, die betriebswirtschaftliche Führungslehre „als Teilgebiet der Betriebswirtschaftslehre mit spezifischer Fragestellung" zu konzipieren. Ausgehend von der Feststellung, daß die deutsche Betriebswirtschaftslehre den Führungsaspekt bis in die siebziger Jahre hinein dabei vernachlässigt hat, Führungsprobleme aber in der Praxis einen immer größeren Stellenwert einnehmen, wird die Forderung erhoben, daß die Betriebswirtschaftslehre entsprechend ihrem pragmatischen Wissenschaftsziel einen Beitrag zur Lösung dieser Führungsprobleme zu leisten habe. Anzustreben ist damit die Entwicklung einer **‚Personalführungstechnologie'**. Voraussetzung hierfür ist allerdings, daß zunächst eine **Personalführungstheorie** entwickelt wird. Diese Theorie wird auf jeden Fall interdisziplinär ausgerichtet sein müssen. Sie kann und muß aber auf Erkenntnissen der Betriebswirtschaftslehre aufbauen, weshalb sich ihre Erkenntnisperspektive weitgehend mit der der Betriebswirtschaftslehre decken sollte. Nicht nur zur Erfüllung pragmatischer Aufgaben erscheint die verstärkte Berücksichtigung des Personalführungsaspektes im Rahmen der Betriebswirtschaftslehre sinnvoll, sondern der Führungsbegriff eignet sich besonders gut zur Integration verschiedener Richtungen der Disziplin:

- Die **traditionelle** Betriebswirtschaftslehre reduziert die meisten Probleme auf ökonomisch-rationale Wahlakte und berücksichtigt das menschliche Verhalten allenfalls als Randbedingung.
- Die **entscheidungsorientierte Ausrichtung** der Betriebswirtschaftslehre stellt zwar menschliche Entscheidungen in den Mittelpunkt, befaßt sich aber vornehmlich mit den auf die Kombination der elementaren Produktionsfaktoren ausgerichteten Entscheidungsprozessen.
- Die **systemorientierte Ausrichtung** der Betriebswirtschaftslehre ist aufgrund ihres abstrakten Charakters zwar gut geeignet, Erkenntnisse verschiedener Disziplinen zu integrieren, sie macht aber keine Aussagen dazu, welche Probleme überhaupt zu behandeln sind.

Die vom entscheidungstheoretischen Ansatz vorgenommene Beschränkung der Erkenntnisperspektive auf Entscheidungen lehnt Wild (1974, S. 149ff.) ab, weil bei weitem nicht alles Verhalten Entscheidungscharakter hat. Anstelle des Entscheidungsbegriffs schlägt er den **Führungsbegriff** vor. Dieser sei für die geforderte Integration besser geeignet als der zu eng gefaßte Entscheidungsbegriff, weil der Hauptzweck der betrieblichen Aktivitäten in der Gestaltung der Unternehmung und der Steuerung des Verhaltens der Mitglieder zu sehen ist und hierfür der Terminus Personalführung verwendet werden kann.
Dieser sehr allgemein gehaltenen Definition von Führung als Gestaltung und Steuerung zufolge könnten praktisch alle betriebswirtschaftlichen Probleme als Führungsprobleme aufgefaßt werden. Dies hätte zur Folge, daß eine Unterscheidung zwischen Führungs- und Betriebswirtschaftslehre überhaupt nicht mehr erforderlich wäre. In diesem Zusammenhang kommt Kirsch (1977, S. 13ff.) zu der Feststellung, daß sich die deutschsprachige Betriebswirtschaftslehre durch die enge Verbindung zu den Verhaltenswissenschaften immer mehr der angelsächsischen Managementlehre annähert. Die Konsequenz dieser Entwicklung wird darin gesehen, die Betriebswirtschaftslehre explizit als **Führungslehre** zu betrachten. Dabei geht es besonders darum, die Führung von Unternehmungen als Erkenntnisperspektive bzw. relevante Praxis einer angewandten Betriebswirtschaftslehre herauszustellen und die Bedeutung einer verhaltenswissenschaftlichen, vor allem aber führungstheoretischen Fundierung der Betriebswirtschaftslehre hervorzuheben.

Wird Führung als *Erkenntnisperspektive der Betriebswirtschaftslehre* bezeichnet, so soll damit die Hervorhebung des Erfahrungsobjektes Führung aus dem Gesamtbereich möglicher Erfahrungsobjekte deutlich gemacht werden. Der Begriff Erkenntnisperspektive hat wenig mit dem Begriff Erkenntnisobjekt zu tun. Als **Erkenntnisobjekt** wird das durch gedankliche Isolierung aus den Erfahrungsobjekten abgeleitete Denkobjekt bezeichnet, das im Mittelpunkt der wissenschaftlichen Erkenntnisgewinnung steht. Die gedankliche Isolierung eines solchen Erkenntnisobjektes ist nur möglich, wenn der Forscher sich auf ein bestimmtes Abgrenzungskriterium festlegt.
Die Voraussetzung für die Entwicklung eines pragmatischen Systems von **Führungsanweisungen** ist eine empirisch fundierte Führungstheorie. Eine solche Theorie liegt bisher nicht vor, es gibt aber viele in der

Empirie bestätigte Aussagen zu verschiedenen, eindeutig abgrenzbaren Hypothesenfeldern. Witte (1974, S. 189f.) schlägt vor, diese Hypothesenfelder – soweit es auf der Grundlage dieser Aussagen möglich ist – in Richtung auf eine integrierte Führungstheorie zu verknüpfen. Es ist allerdings zu beachten, daß einzelne empirisch geprüfte Hypothesen lediglich Elemente einer Theorie sind. Eine geschlossene empirische Theorie der (Personal-)Führung liegt erst dann vor, wenn alle hypothetischen Ansätze und Prüfergebnisse aufeinander bezogen sind, sich in einem integrierten widerspruchsfreien theoretischen System vereinigen und konsistente Deduktionen zulassen.
Witte (1974, S. 190f.) wählt sieben Variablengruppen aus, die jeweils eine Fülle von einzelnen, empirisch untersuchten Variablen repräsentieren. Ausgegangen wird von der anzustrebenden Effizienz. Diese erscheint als ein angemessener Denkansatz für eine betriebswirtschaftliche Führungslehre. Schrittweise werden die Beziehungen zwischen der Effizienz und den übrigen Variablengruppen untersucht. Neben unmittelbaren werden auch mittelbare Wirkungen auf die Effizienz berücksichtigt. Die möglichen Variablenbeziehungen sind in der folgenden *Abbildung 1* zu erkennen.

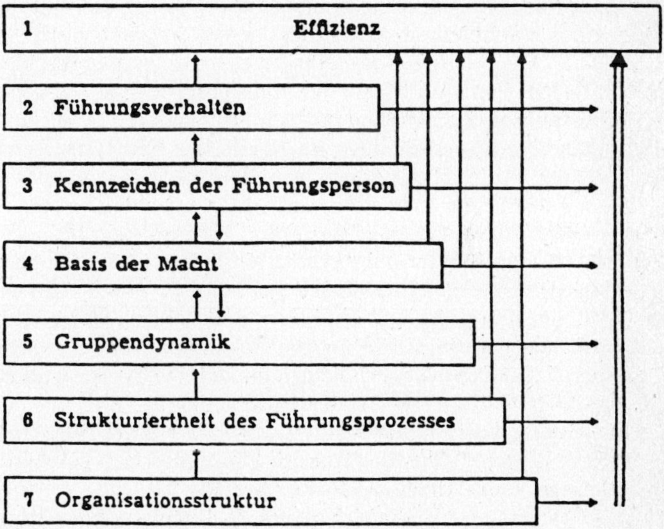

Abbildung 1: Empirische Theorie der Personalführung (Witte 1974, S. 191)

Anhand der von den ausgewerteten empirischen Untersuchungen angesprochenen Kriterien werden die einzelnen Variablengruppen operationalisiert. Die in der Literatur gefundenen empirisch bestätigten Aussagen über die verschiedenen Variablenbeziehungen werden in Katalogen zusammengefaßt. Der Ablauf vollzieht sich wie folgt:

1. Operationalisierung der Effizienzvariablen
2. Operationalisierung der Variablen Führungsverhalten
3. Katalog der Forschungsergebnisse zur Beziehung Effizienz – Führungsverhalten
4. Operationalisierung der Variablen Kennzeichen der Führungsperson
5. Katalog Führungsperson – Führungsverhalten
6. Katalog Führungsperson – Effizienz

etc.

Der Vorteil der von Witte vorgeschlagenen Vorgehensweise liegt darin, daß Lücken in der bisherigen Forschung genauso erkennbar werden wie Bereiche, zu denen es hochspezialisierte Aussagen gibt oder solche, zu denen es nur allgemeine Aussagen gibt. Außerdem ist das Konzept offen. Es ist möglich, immer neue Variablen in die Untersuchung einzubeziehen. Allerdings ist das Gefüge mittelbarer und unmittelbarer Beziehungen, das sich allein aus den sieben bei Witte vorgeschlagenen Variablengruppen ergibt, bereits so umfangreich, daß die einzelnen Hypothesenfelder (Kataloge) nur exemplarisch belegt werden können. Um die Vielzahl der Führungsprobleme von den generellen betriebswirtschaftlichen Problemen in anderen Bereichen zu unterscheiden, wird mehrheitlich im Kreise der Fachvertreter eine Gleichsetzung von Führungs- und Betriebswirtschaftslehre vermieden. Nicht zuletzt auch aus pragmatischen Gründen tendiert die (sozial-)wissenschaftliche Literatur dazu, den Führungsbegriff enger zu fassen und (Personal-)Führung als verhaltensbezogene Steuerung und Gestaltung des Unternehmungsgeschehens zu interpretieren. Damit ergibt sich eine Eingrenzung des Gegenstandsbereichs der betriebswirtschaftlichen Führungslehre auf die Behandlung von *personellen* im Gegensatz zu *materiellen* Problemen und auf die *System-* und *Prozeßebene* neben der *Güterebene* der Unternehmung.

Allgemein kann festgehalten werden, daß die Betriebswirtschaftslehre sich in jüngerer Zeit verstärkt mit Führungsfragen beschäftigt, daß aber noch keine Einigkeit darüber besteht,

- ob das Führungsproblem innerhalb der Betriebswirtschaftslehre zu behandeln ist,

- ob eine führungsorientierte Betriebswirtschaftslehre zu konzipieren ist, oder
- ob eine eigenständige Führungslehre neben der Betriebswirtschaftslehre entwickelt werden sollte.

Fragen zu Kapitel 1

1. Skizzieren sie, warum eine stärkere Berücksichtigung des Personalführungsaspektes in der Betriebswirtschaftslehre sinnvoll erscheint!
2. Auf welchen Gegenstandsbereich sollte sich die betriebswirtschaftliche Führungslehre beschränken?
3. Nennen Sie die wesentlichen Bedingungen für das Vorliegen einer geschlossenen, empirisch gehaltvollen Theorie der Personalführung!

2. Zum Begriff der Führung

2.1 Begriffsbestimmung von Führung und Führer

Der Begriff der Führung beinhaltet überaus vage, vieldeutige, komplexe und inkonsistente Konzepte (Wunderer/Grundwald 1980 I, S. 52). Er hat mannigfache Abgrenzungsversuche erfahren, die sich vom religiösen über den politischen und ökonomischen Bereich bis hin zum schulischen und familiären Bereich erstrecken. Führung wird – wie kaum ein anderer Begriff – mit sehr unterschiedlichen Bedeutungsinhalten belegt (Katz/Kahn 1966, S. 334). Der Führungsbegriff bedarf einer gründlichen Analyse, weil er keinen wertneutralen Begriff darstellt. Vielmehr ist Führung ein *kulturgebundenes, normatives Konzept,* das je nach Perspektive von Wissenschaftlern und Praktikern unterschiedlich gefaßt wird. So überrascht es nicht, daß in der Literatur zum Führungsphänomen eine geradezu babylonische Begriffsverwirrung herrscht (Seidel 1978).
Der Begriff Führung wird für die Bezeichnung der unterschiedlichsten Sachverhalte verwendet: Einerseits bezeichnet er eine **Tätigkeit (Prozeß)**, andererseits deren **Resultat oder Konsequenz**. Schließlich wird er auch als Bezeichnung für eine **Personengruppe bzw. Institution** an der Spitze einer Hierarchie verwendet. Damit erweist sich Führung als *multidimensionales theoretisches Konzept* (hypothetisches Konstrukt) mit vielfältigen empirischen Bezügen, das eine gewisse Überschußbedeutung besitzt. Anhand dieser drei Dimensionen läßt sich die folgende Typologie entwickeln (Abb. 2):

(1) *neutraler Führungsbegriff*
Führung ist ein Phänomen, das grundsätzlich vorhanden ist. Führung stellt den Kern aller sozialen Strukturen dar;
(2) *institutional/prozessualer Führungsbegriff*
Führung ist die Förderung von Gruppenzusammenhalt und die Zielmotivation durch Einflußausübung von Individuen auf andere;
(3) *stark institutionaler Führungsbegriff*
Führung ist eine besondere Position, die jemand innehat. Sie ist die Einflußausübung (Beeinflussung) durch den Führer, also eine Fähigkeit, anderen seinen Willen aufzuzwingen (Moore 1927);

(4) *resultativ/institutionaler Führungsbegriff*
Führung ist das intendierte und realisierte Interaktionsergebnis zwischen Führer und Geführten;

(5) *stark prozessualer Führungsbegriff*
Führung besitzt als konstitutives Element die Dynamik; sie ist das Bewirken von Bewegung bzw. Aktivität (Dahms 1963, S. 40); Führung ist eine Funktion, die in allen gesellschaftlichen Gruppen auftritt (Geiger 1931, S. 136);

(6) prozessual/resultativer Führungsbegriff
Führung ist neben der Verursachung von Aktivitäten auch das Steuern und Überwachen von Bewegungen (Dahms 1963, S. 43f). oder der systematisch-strukturierte Einflußprozeß zur Realisierung intendierter Leistungsergebnisse (Steinle 1978, S. 27);

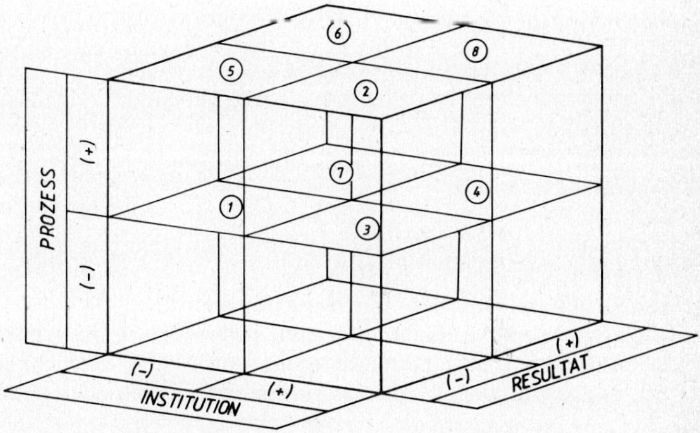

Abbildung 2: Dimensionstypologie des Führungsbegriffes
(1) keine Tendenz
(2) institutional/prozessual
(3) stark institutional
(4) resultativ/institutional
(5) stark prozessual
(6) prozessual/resultativ
(7) stark resultativ
(8) allseitige Betonung: resultativ/institutional/prozessual

(7) *stark resultativer Führungsbegriff*
Führung ist eine individuelle Variable, die Gruppenzusammenhalt und Zielmotivation anstrebt (Davis 1957, S. 96ff.);

(8) *resultativ/prozessual/institutionaler Führungsbegriff*
Führung ist die zielorientierte (soziale) Einflußnahme von Personen zur Erfüllung gemeinsamer Aufgaben bzw. Aktivitäten (Wunderer/Grundwald 1980 I, S. 62). Sie ist das Verursachen, Steuern und Überwachen von Aktivitäten durch autorisierte Personen.

Diese hier stark abstrahierte und nicht immer eindeutige Zuordnung von Führungsumschreibungen ist bei weitem nicht vollständig. Andere bzw. weitere Dimensionen werden zur Charakterisierung im nachfolgenden Abschnitt dargestellt.
Der Begriff **Führer** bezeichnet einen Menschen oder einen Gegenstand, der den Weg weist, nach dem andere sich in ihrem Tun richten. Die Ausgangsbedeutung war in erster Linie das Hervorrufen einer Bewegung. Führung ist neben der Aktionsverursachung immer auch Bewegungssteuerung.

Führung als zielgerichtete Ingangsetzung und Steuerung der Folgeeinheit durch die Führungseinheit vollzieht sich im Wege
(a) informierender und instruierender (signalgebender, zeichensetzender) und
(b) motivierender (impulsgebender, stimulierender) Aktivitäten (Ackoff 1958, S. 218)

Die *drei minimalen Bedingungen* für das Entstehen einer Führung sind (Stogdill 1974, Schanz 1978, S. 160):
(1) Eine Gruppe, d. h. zwei oder mehr Personen.
(2) Eine gemeinsame Aufgabe oder eine zielorientierte Aktivität.
(3) Die Aufteilung bzw. Differenzierung von Verantwortlichkeit, z. B. einige Mitglieder haben bestimmte Pflichten und Rechte.

In den bisherigen Ausführungen wurden bereits zwei Elemente angeführt, die in fast allen Definitionen zu finden sind. Es sind dies einerseits das Element der **sozialen Einflußnahme** (Irle 1970, S. 529ff.; Paschen 1978, S. 6ff.) bzw. **Beeinflussung** oder **Steuerung von Personen** und andererseits die **Zielgerichtetheit** dieser Beeinflussung (Wild 1974, S. 153f.; Ficher 1981, S. 13; Macharzina 1980, Sp. 746). Führung ist eine **interaktive Beziehung**, innerhalb derer eine Person **bewußt** ihre Absichten und Äußerungen im Verhalten darlegt. Dies hat zur Folge, daß sich andere Personen – freiwillig oder gezwungenerma-

ßen – in ihrem Verhalten in Einklang mit den Absichten der ersten Person bringen (Zalesnik/Moment 1964, S. 414; Lattmann 1981, S. 49ff.). Im Mittelpunkt von Führungsdefinitionen steht folglich der *Prozeß der zielbezogenen, interpersonellen Verhaltensbeeinflussung.* Der Prozeß der bewußten Einflußnahme auf ein Organisationsmitglied im Hinblick auf ein bestimmtes Ziel wird unter dem Aspekt der **Motivation** analysiert (vgl. 322). Viele Autoren gehen davon aus, daß Menschen denjenigen folgen, die am ehesten in der Lage sind, ihre Bedürfnisse zu befriedigen. Ein Führer ist erfolgreich, wenn er die Motive seiner Mitarbeiter kennt und durch den Führungsprozeß deren Befriedigung ermöglicht.
Ausübung von Macht ist eine Form der sozialen Einflußnahme. Entsprechend kann zwischen **formalen Machtgrundlagen** (z. B. übertragene Autorität) und **personalen Machtgrundlagen** (z. B. Expertenautorität, Charisma) unterschieden werden. Führung und die damit verbundene Form der Einflußnahme (etwa autoritär oder partizipativ) kann also auf sehr unterschiedlichen Grundlagen beruhen.

Der Begriff der **Personalführung** (Mitarbeiterführung) wird für unterschiedliche Sachverhalte verwendet. Analog dem institutionellen Begriff der Unternehmungsführung bezeichnet Personalführung eine Person(engruppe) an der Spitze der Hierarchie des Bereichs Personalwirtschaft. Hier soll Personalführung als eine Tätigkeit, d. h. als ein *Prozeß zielgerichteter Verhaltensbeeinflussung eines Gruppenmitgliedes durch ein anderes* (oder mehrere andere) verstanden werden. Dabei erfolgt Führung immer als **Interaktion** mit Hilfe von **Kommunikation** zwischen Führer und Geführten. Dieser Führungsprozeß vollzieht sich **wechselseitig**, wobei der Anteil des führenden Gruppenmitgliedes in der Regel größer sein wird.

Führung ist *auf ein Ziel* bzw. *mehrere Ziele ausgerichtet,* das aus dem Gesamtziel bzw. den Teilzielen der zu erfüllenden Aufgaben bestimmt wird. Nach den Trägern der Ziele kann es sich dabei um Ziele der Unternehmung (Organisation), Gruppen- oder Individualziele handeln. Innerhalb der Unternehmung kann es zu Widerständen gegenüber den in Verhandlungsprozessen festgelegten Zielen kommen. Die Aufgabe der Führung besteht darin, die Unternehmungsmitglieder, die sich nicht zielkonform verhalten, so zu beeinflussen, daß sie sich an diesem Willen ausrichten. Die Verhaltensweise, die auf die Verhaltensbeeinflussung zielt, wird als **Führungsverhalten** bezeichnet, das beobachtbar ist und der jeweiligen Situation angepaßt wird. Die Verhaltensbeeinflussung verfolgt auf der Ebene der Ziele der Organisation den Zweck effizienter Leistungserstellung. Auf der Gruppen- und Individualebene ist die Verhaltensbeeinflussung erfolgreich, wenn die aktualisierten Bedürfnisse der Individuen befriedigt werden. Die Führung ist somit auf die *Erfüllung der Aufgaben- und Mitarbeiterziele* ausgerichtet. Träger der Führung in der Unternehmung sind Stelleninhaber auf allen hierarchischen Ebenen. Personelle Führung wird sowohl auf formaler als auch auf informaler Ebene praktiziert. **Formale Personalführung** erfolgt durch ein hierzu autorisiertes Organisations- bzw. Unternehmungsmitglied, **informale Personalführung** geschieht im Rahmen sämtlicher anderer Interaktionsbeziehungen zwischen einzelnen Mitgliedern bzw. Gruppen einer Organisation. Führung stellt somit sowohl ein personales als auch ein *soziales Phänomen* dar (Häusler 1977, S. 19; Lukasczyk 1972, S. 217).

2.2 Führungsdefinitionen

Um die Vielfalt der Auffassungen zur Führung zu verdeutlichen, sollen zu den Merkmalen *Ziel-, Ergebnis- und Aufgabenorientierung, Gruppenprozesse* und *Einfluß* einige Definitionen angeführt werden. Neuberger (1977, S. 81ff.; S. 273ff.) gibt einen Überblick über unterschiedliche Definitionen von Führung. Exemplarisch seien erwähnt:

„Führung ist ein Prozeß gegenseitiger Stimulation, der durch das gelungene Zusammenspiel relevanter individueller Unterschiede menschliche Energie bei der Verfolgung einer gemeinsamen Sache kontrolliert, und jede Person kann in der Zeit Führer genannt werden, in der ihr Wille, ihr Gefühl und ihre Einsicht andere bei der Verfolgung einer Angelegenheit, die sie vertritt, leitet und kontrolliert" (Pigors 1935, S. 16).
Führer ist „eine Person, die eine Gruppensyntalität schafft, die sich von jener unterscheidet, die bestanden hätte, wäre er nicht in einer Gruppe anwesend gewesen" (Cattell 1951).
Wild (1974, S. 158) versteht Führung als „Steuerung und Gestaltung des Handelns anderer Personen", Buth (1977, S. 11) als „zielorientierte Einwirkung von Menschen auf andere Menschen". Hahn (1971, S. 162) sieht Führung als „Willensbildung und Willensdurchsetzung zur Erreichung eines Zieles oder mehrerer Ziele – unter Übernahme der hiermit verbundenen Verantwortung". Bleicher/Meyer (1976, S. 29ff.) betonen die ehemals *enge Verflechtung von Führung und Organisation* und verstehen unter Führung die *verhaltenssteuernde Tätigkeit* innerhalb der organisatorischen Bezugssysteme.

Diese wenigen Beispiele zeigen, daß keine allseits akzeptierte Definition der Führung existiert. Dies ist insofern nicht problematisch, weil Definitionen ihre eigentliche Bedeutung erst im Kontext eines theore-

tischen Konzeptes erlangen. Für unsere Belange kann auf vorhandene Definitionen zurückgegriffen werden. So definieren Wunderer/Grunwald (1980 I, S. 52 und S. 62) **Führung als Interaktionsbeziehung**, d. h. als „zielorientierte soziale Einflußnahme zur Erfüllung gemeinsamer Aufgaben, die – falls sie auf Führung in Organisationen beschränkt wird – mit/in einer strukturierten Arbeitssituation" ver- bzw. eingebunden ist.
Diese Begriffsfassung scheint sich in den letzten Jahren durchgesetzt zu haben, denn auch Baumgarten (1977, S. 9ff.), Seidel (1978, S. 81), Steinle (1978, S. 13ff.), Lattmann (1981, S. 47ff.) oder Rosenstiel (1981, S. 302) definieren *Führung* im Sinne einer *unmittelbaren, absichtlichen und ziel- bzw. zweckorientierten Einflußausübung von Personen auf das Verhalten von anderen.*
Ebenso kann mit Staehle (1973, S. 15; 1980, S. 338) Führung verstanden werden „als Beeinflussung der Einstellung und des Verhaltens von Einzelpersonen sowie der Interaktionen in und zwischen Gruppen, mit dem Zweck, gemeinsam bestimmte Ziele zu erreichen. Führung als Funktion ist eine Rolle, die von den Organisationsmitgliedern in unterschiedlichem Umfang und Ausmaß wahrgenommen wird".

2.3 Abgrenzung der Führung von verwandten Begriffen

2.31 Leitung

Die Begriffe *Leitung, Management, Autorität, Herrschaft, Partizipation, Macht, Einfluß, Steuerung* u. a. werden häufig in Verbindung mit Führung und zuweilen gleichbedeutend verwendet (Collins/Raven 1969, S. 156f.). Die Abgrenzung dieser Begriffe ist fließend, insbesondere zwischen Führung, Management, Macht, Autorität und Einfluß ist sie in der Praxis schwer aufrechtzuerhalten. Zudem beruhen die meisten Definitionsversuche auf Festsetzungen, so daß man nicht sagen kann, sie seien wahr oder falsch.

Leitung wird ebenso wie Führung unterschiedlich definiert. Die Unterscheidung zwischen Führung und Leitung ist in der wirtschafts- und sozialwissenschaftlichen Literatur uneinheitlich, da beide Tätigkeiten von Vorgesetzten ausgeübt werden. In der betriebswirtschaftlichen Literatur werden die Begriffe Führung, Leitung und Management häufig als gleichbedeutend angesehen (stellvertretend Bürgin, 1972, S. 15). Von vielen Autoren (Gaugler 1966, S. 35f.; Mellerowicz 1963,

S. 36f.) wird Führung und Leitung synonym verwendet. Für andere wiederum ist Leitung ein Unterfall von Führung oder umgekehrt. Während unter *Leitung* primär *organisatorische Sachprobleme übergeordneter Instanzen* behandelt werden, wird unter *Führung* das Problem der Mitarbeiterbeeinflussung (Humanaspekt) subsumiert (Seidel 1978, S. 81ff.; Korff 1967, S. 17ff.; Häusler 1966, S. 79).

2.32 Management

In der deutschsprachigen Litetarur wird der Begriff **Management** oftmals mit Führung übersetzt oder auf die **Betriebs-** und/oder **Unternehmungsführung** bezogen, d. h. auf sachliche Führungsaufgaben angewendet. Erst in neuerer Zeit wird dem personalen und/oder dem *verhaltenswissenschaftlichen Aspekt,* d. h. der *Mitarbeiter- bzw. Menschenführung* mehr Beachtung geschenkt (Reber 1973; Staehle 1973).

Eine Analyse des Management-Begriffes im deutschsprachigen betriebswirtschaftlichen Schrifttum hat zur Betrachtung folgender vier Dimensionen geführt (Bessai 1974, S. 359):
(1) Management-Aufgaben bzw. Funktionen,
(2) Management-Techniken,
(3) Management-Positionen bzw. -Stellen und
(4) Management-Personen.

Management kann demnach als die *Umschreibung spezifischer Tätigkeitsfelder,* die mit Hilfe adäquater Hilfsmittel von bestimmten Systemteilen wahrgenommen werden und in denen dafür geeignete Mitarbeiter tätig sind, definiert werden. Management umfaßt folglich stets den Führungsaspekt. *Führung* (‚leadership‘) bildet einen wesentlichen Teilkomplex des Management (Kirsch 1976, S. 103).

2.33 Autorität

Die wesentliche Legitimationsgrundlage der Führung wird in der **Autorität** gesehen. Ihr kommt eine grundsätzliche Bedeutung zu (Hentze 1981 II, S. 142; Bleicher 1980, Sp. 731ff.). Der Begriff Autorität ist – ebenso wie die verwandten Begriffe Partizipation, Macht, Einfluß, die außerordentlich schillernd und unscharf sind – schwer zu definieren. Unter Autorität wird überwiegend *ein mit Einfluß verbundenes Ansehen verstanden,* das nicht als Eigenschaft, sondern als Relation zwischen Individuen existiert. Diese Beziehung ist *sozial* definiert und *normiert* (Wiswede 1980, S. 95).

Bleicher und Meyer unterscheiden vier Autoritätsformen (1976, S. 43ff.):

(1) Die **formale Autorität** wird vorwiegend aus der Unternehmungsverfassung und aus der formalen Organisationsstruktur abgeleitet.

(2) Der Begriff der **personalen Autorität** wird für diejenigen Beziehungsformen verwendet, die in den persönlichen Eigenschaften der autoritätsausübenden Person begründet sind.

(3) Die **funktionale Autorität** resultiert aus der fachlichen Qualifikation und Überlegenheit des Stelleninhabers bei der Erfüllung bestimmter Aufgaben.

(4) Eine Sonderform der funktionalen Autorität ist die **koordinative Autorität**, die durch besondere Fähigkeiten zur Lenkung und Koordination sachlicher und sozialer Prozesse gekennzeichnet ist.

2.34 Kooperative Führung

Die Definitionsversuche zur **kooperativen Führung** sind zahlreich. Gemeinsames Merkmal von kooperativen Führungsformen ist die **Multipersonalität**. In diesem (umfassenden) Sinne stellt dann jede Art der Aufgabenerfüllung, an der mehrere Personen beteiligt sind, eine kooperative Führungsform dar. Die **autoritative Führung** ist dann derjenige Spezialfall der Kooperation, bei dem eine strikte personale Trennung von Entscheidung und Aufgabenausübung stattfindet, während bei der kooperativen Führung keine strikte Trennung von Entscheidungsfindung bzw. Entscheidung und Tätigkeitsausübung besteht, sondern sämtliche Mitglieder einer Gemeinschaft unterschiedliche Möglichkeiten der Beteiligung an den Führungsaufgaben, insbesondere der Willensbildung und Willensdurchsetzung, besitzen (Bleicher/Meyer 1976, S. 153f.).

Die *Beteiligung von Mitarbeitern* an den Führungsaufgaben, z. B. im Sinne einer Mitberatung, Mitsprache oder Mitbestimmung, stellt jedoch nur *eines* – wenn auch das wesentliche – der notwendigen Merkmale der kooperativen Führung dar. Als weiteres Kriterium bzw.

Grundmerkmal ist die **intersubjektive Konsensfähigkeit** bei der Gestaltung der Arbeits- und Sozialbeziehungen zu nennen (Wunderer/Grunwald 1980 II, S. 1f.; S. 18ff. und S. 96ff.; Wunderer 1981, S. 154). Kooperative Führung bezeichnet deshalb sämtliche theoriegeleiteten und/oder empirisch nachweisbaren Erscheinungsformen

- der zielgerichteten sozialen Einflußnahme in Verfolgung gemeinschaftlicher Ziele (Ziel/Leistungsaspekt)
- in bzw. mit strukturierten Arbeitssituationen (Organisationsaspekt)
- unter wechselseitiger, tendenziell symmetrischer Einflußausübung (Partizipationsaspekt) und
- konsensfähiger Ausgestaltung der Arbeits- und Sozialrelationen (prosozialer Aspekt)

(Wunderer/Grunwald 1980 II, S. 105) oder kürzer: kooperative Führung ist die zielgerichtete, situative, partizipative und prosoziale Beeinflussung von Einstellungen und Verhaltensweisen von Unternehmungsmitgliedern (Staehle 1973, S. 15; 1980, S. 338; Wunderer/Grunwald 1980 II, S. 106).

Der Aspekt der *Autorität* spielt bei kooperativer Führung vor allem hinsichtlich der *fachlich-verrichtungsorientierten Autorität (Expertenfunktion)* von Personen eine besondere Rolle. Demgegenüber tritt die positionale, formalisierte Autorität zurück. Daneben besteht aufgrund der Dezentralisierung von Entscheidungsaufgaben und der Delegation von Kompetenzen und Verantwortung (Bleicher 1980, Sp. 733) ein weites Feld zur Gestaltung kooperativer Führungsmöglichkeiten.

2.35 Partizipation

In der Literatur wird eine Abgrenzung von Partizipation, Mitbestimmung und kooperativer Führung kaum vorgenommen. So finden sich bei Wunderer/Grunwald (1980 II, S. 4ff. und Seite 59ff.) dazu z. T. widersprüchliche Auffassungen. Einerseits wird versucht, „kooperative Führung als Sammelbegriff für heterogene Sachverhalte" (S. 5) aufzufassen, unter dem u. a. auch Partizipation subsumiert wird. Dabei kann „Partizipation... einmal Bestandteil *aller* Führungsbeziehungen, zum anderen Kennzeichen *besonderer* Führungsbeziehungen" (S. 61) sein. Andererseits schließen sich jedoch Wunderer/Grunwald (1980 II, S. 27ff.) der von Zepf (1972, S. 177ff.) vorgeschlage-

nen Unterscheidung von Partizipation in die idealtheoretischen Ausprägungen Mitbestimmung und kooperative Führung an: „Beide Formen der Partizipation sind ... nicht Gegensätze i. S. eines Entweder-Oder, sondern ergänzen einander bei dem Bemühen um Machtausgleich und um Verbesserung der Qualität des Arbeitslebens“ (Wunderer/Grunwald 1980 II, S. 28). Diese Inkonsequenz könnte allerdings darin begründet sein, daß entweder dem Begriff kooperative Führung oder dem Begriff Partizipation eine doppeldeutige Inhaltsdefinition beigemessen wird. Uns scheint, daß Partizipation bei Wunderer/Grunwald sowohl als enggefaßte analytische Variable und strategisches Konzept als auch als allumfassende Sozialtechnologie und Gesellschafts- (und Unternehmungs-)Philosophie aufgefaßt wird.
Wir wollen im folgenden **Partizipation** als Ober- und Sammelbegriff für sämtliche Möglichkeiten verstehen, in denen die *Teilnahmeinteressen von Betroffenen* Berücksichtigung finden sollen. Damit sei angesprochen, daß zukünftig verstärkt auch das gesellschaftliche, sozio-politische Verantwortungsbewußtsein von Unternehmungen gefördert werden könnte (Ulrich 1977, S. 212ff.; Kappler 1980, Sp. 1845).
Partizipation besitzt im Gegensatz zur kooperativen Führung grundsätzliche Möglichkeiten zum Einbringen von Interessen, Werten, Normen, Philosophien etc. aller Beteiligten, die allerdings faktisch unterlaufen werden können. Kooperative Führung kann zwar in Ansätzen und lediglich implizit eine solche Einbringung beinhalten, jedoch steht dort die motivationale Übertragung von zielorientierten Entscheidungsbefugnissen an konsensfähige Mitarbeiter (Kappler 1980, Sp. 1845f.) im Vordergrund.

2.4 Gestaltungsfelder der Führung

Sieht man das Ziel einer betriebswirtschaftlichen Führungstheorie „in der Entwicklung von Entscheidungshilfen für die zweckmäßige Gestaltung von Führungsbeziehungen und deren Integration in ein geschlossenes Führungsmodell“ (Bleicher/Meyer 1976, S. 29), so muß, um die Vielzahl der in der Literatur zu diesem Themenkreis vorliegenden Beiträge ordnen zu konnen, das Phänomen Führung zunächst einmal eindeutig gekennzeichnet werden. Bleicher/Meyer fassen Führung auf als eine Tätigkeit, die die Steuerung und Gestaltung des Handelns anderer Personen zum Gegenstand hat und sich in Teilprozessen (Führungsprozessen) vollzieht. Zur differenzierten Beschreibung des

Führungsphänomens werden folgende **Dimensionen der Führung** unterschieden (Bleicher/Meyer 1976, S. 37ff.):

1. **Originäre Führungsaufgabe** ist die zweck- und zielorientierte Harmonisation des Systems Unternehmung. Eine erfolgreiche Unternehmung muß in der Lage sein, Umweltkomplexität zu absorbieren. Die Reduktion von Komplexität erfolgt durch komplizierte Handlungsprozesse, die in arbeitsteiliger Zusammenarbeit mehrerer autonom-aktiver Systemelemente vollzogen werden. Diese Handlungsprozesse müssen auf die Gesamtzielerfüllung hin integriert und koordiniert werden. Instrumente zur Erfüllung der originären Führungsaufgabe sind daher Integration und Koordination.
   Unter *Integration* wird der Prozeß der ,Verganzheitlichung', d. h. der fortschreitenden Bildung eines Systems aus einem summativ geordneten Gebilde, verstanden. Gestaltungsergebnis realisierter Integration ist der Aufbau von spezifischen Strukturen, die sich durch ihren *präsituativen Charakter* auszeichnen. Integration kann deshalb auch als ,Ex-ante-Harmonisation' bezeichnet werden.
   Koordination dient der Realisierung kurzfristiger Anpassungsmaßnahmen zur Lösung von Problemen, die daraus resultieren, daß die Unternehmung unvorbereitet mit neuen Situationen konfrontiert wird. „Die Koordination als Ex-post-Harmonisation ist nämlich dadurch gekennzeichnet, daß bei ihr unter dem Druck bereits eingetretener handlungsauslösender Ereignisse eine einzelfallspezifische (kasuistische) Ungewißheitsreduktion durch abstimmende und zielausrichtende Tätigkeiten erfolgt" (Bleicher/Meyer 1976, S. 51).

2. **Derivative Führungsaufgaben** haben die Funktion, die originären Führungsaufgaben durch Angabe konkreter Handlungsobjekte und -maßnahmen zu konkretisieren. Innerhalb des derivativen Aufgabenbereichs können faktische Gestaltungsmaßnahmen erarbeitet werden. Es werden zwei derivative Führungsaufgaben unterschieden (vgl. 5.2):
   In den Bereich der *Lokomotionsfunktion* der Führung fallen alle Aufgaben, die dazu dienen, die Organisationsmitglieder sachbezogen auf die verfolgten Ziele hin auszurichten. Die Ausgestaltung dieses Aufgabenbereichs beeinflußt die technisch-wirtschaftliche Rationalität und kann deshalb als *sach-rationale Dimension* der Führung bezeichnet werden.

In den Bereich der *Motivations- oder Kohäsionsfunktion* der Führung fallen alle Aufgaben, die die Motivation der Systemmitglieder im Hinblick auf die Aufgabenerfüllung und den Zusammenhalt der Arbeitsgruppe fördern. Da durch Maßnahmen in diesem Bereich primär die sozio-emotionale Rationalität beeinflußt wird, kann auch von der *sozio-emotionalen Dimension* der Führung gesprochen werden.

3. Als dritter Aspekt werden die **institutionellen Rahmenbedingungen** berücksichtigt. Es wird unterschieden zwischen
   - Führung auf der Ebene der direkten Zusammenarbeit in zielbezogenen Arbeitsgruppen (unmittelbare Kooperationseinheiten), die als *Menschen- oder Gruppenführung* bezeichnet wird. Zur Charakterisierung alternativ möglicher Formen der Zusammenarbeit wird der Begriff der *Führungsform* verwendet.

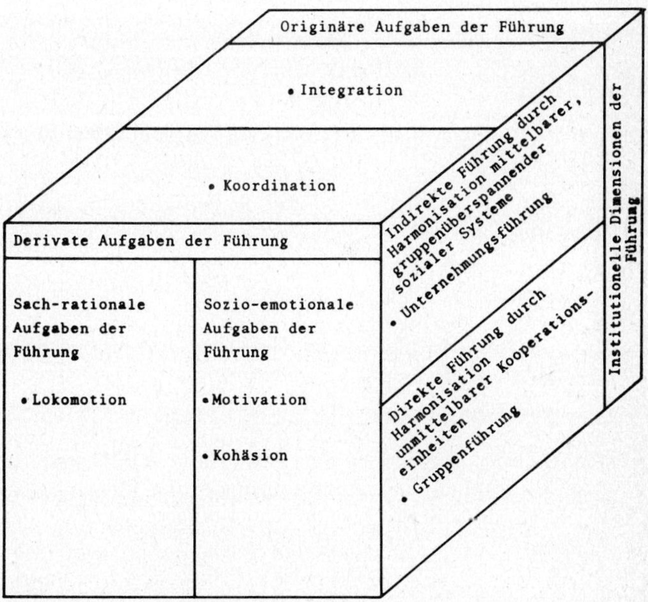

Abbildung 3: Gestaltungsfelder der Führung (Bleicher/Meyer 1976, S. 42)

– Führung auf der Ebene des Gesamtsystems, die auf die Harmonisation gruppenüberspannender sozialer Systeme abzielt und als *Unternehmungsführung* bezeichnet wird. Zur Kennzeichnung verschiedener Möglichkeiten der Gestaltung der Gesamtsystemführung wird der Begriff *Führungsmodell* vorgeschlagen.

Einen Überblick über die verschiedenen Gestaltungsfelder der Führung gibt die Abbildung 3.

Fragen zu Kapitel 2

1. Welche drei Dimensionen der Führung können unterschieden werden und welche Führungstypologie läßt sich daraus entwickeln? (2.1)
2. Welche wesentlichen Elemente der Führung lassen sich in der Regel in den zahlreichen Definitionen zum Führungsbegriff ausmachen? (2.1)
3. Wie läßt sich der Begriff „Personalführung“ inhaltlich beschreiben? (2.1)
4. Formulieren Sie sinngemäß die Führungsdefinition, die sich in den letzten Jahren als vorherrschend herauskristallisiert hat! (2.2)
5. Grenzen Sie Führung von verwandten Begriffen, wie z. B. Leitung, Management, Autorität und Partizipation ab! (2.3)
6. Welche Instrumente dienen der Erfüllung der originären Führungsaufgabe? (2.4)
7. Welche derivativen Führungsaufgaben kennen Sie? (2.4)
8. Kennzeichen Sie die Ebenen der „institutionellen Rahmenbedingungen“ im Rahmen der Gestaltungsfelder der Führung! (2.4)

3 Merkmale der Führung

3.1 Überblick über Klassifikationen der Merkmale der Führung

Der Führungsprozeß wird durch eine Vielzahl von Merkmalen bestimmt, die nicht isoliert, sondern kombiniert in Erscheinung treten. In der Literatur finden sich verschiedene Klassifikationen, von denen hier drei wiedergegeben werden.

Müller/Hill (1977, S. 365ff.) sprechen von Situationsfaktoren und legen folgende Merkmale zugrunde:

(1) Art der **Aufgabe**
Bei den Problemarten wird zwischen *gut strukturierten* und *schlecht strukturierten* Problemen unterschieden. Hinsichtlich der Führungsmaßnahmen ist zu untersuchen, ob eine Gruppen- oder Einzellösung vorteilhafter ist.

(2) **Führer und Geführte**
Bei diesem Faktor geht es um die Realisierung der Entscheidung, die grundsätzlich auf drei Wegen angestrebt werden kann,
a) über die *Sanktionsmacht* der Vorgesetzten,
b) über die *Autorität* der Vorgesetzten und
c) über die *Partizipation* der Untergebenen bei der Entscheidungsfindung.

(3) **Konflikte**
Als Konfliktsituationen werden der *Zielkonflikt* und der *Mittelkonflikt* unterschieden.

In Anlehnung an Stogdill (1974, S. 7f.) lassen sich elf verschiedene Führungsmerkmale unterscheiden:

(1) Führung als Mittelpunkt des Gruppenprozesses,
(2) Führung als Persönlichkeit des Führers,
(3) Führung als Fähigkeit oder Kunst, bei anderen Einverständnis zu erreichen,
(4) Führung als Ausübung von Einfluß,
(5) Führung als Handlung oder Verhalten,
(6) Führung als eine Form der Überredung bzw. Überzeugung,
(7) Führung als Machtbeziehung,

(8) Führung als Ergebnis der Interaktion,
(9) Führung als Instrument der Zielerreichung,
(10) Führung als Rollendifferenzierung und
(11) Führung als Initiierung von Strukturen.

Führungsprozesse der Realität beinhalten alle elf Aspekte in mehr oder weniger ausgeprägter Form. Für die Theorieentwicklung ist es jedoch empfehlenswert, Führung mit den Variablen *Differenzierung* und *Aufrechterhaltung von Gruppenrollen* zu verknüpfen.

Für eine angemessene Beschreibung und Erklärung des komplexen Führungsphänomens erscheinen Wunderer/Grunwald (1980 I, S. 57ff.) mindestens die nachfolgenden elf Merkmale notwendig, die sich z. T. überlappen, also keine logisch unterschiedlichen Merkmalskomplexe darstellen:

(1) Ziel-, Ergebnis- und Aufgabenorientierung,
(2) Gruppenprozesse,
(3) Rollendifferenzierung,
(4) Einfluß- bzw. Machtprozesse,
(5) soziale Interaktion,
(6) Wert- und Normbildung,
(7) Persönlichkeitseigenschaften, Fähigkeiten und Fertigkeiten,
(8) Konfliktprozesse,
(9) Informations- und Kommunikationsprozesse,
(10) Entscheidungsprozesse und
(11) Entwicklungsprozesse (Zeitdimension).

Jeder Merkmalskomplex bildet dabei einen Problembereich, der Führung in unterschiedlichem Ausmaße charakterisieren kann. Die Aufzählung hat über ihre klassifikatorische Funktion hinaus vor allem heuristischen Wert, der sowohl für die Theorieentwicklung als auch für die Gestaltung der Führungspraxis von Bedeutung sein kann.

(1) Die *Ziel-, Ergebnis- und Aufgabenorientierung* betont den instrumentellen Wert der Führung. Beabsichtigte oder unbewußt herbeigeführte Ziele und Ergebnisse stellen die Kriterien für die Effektivität der Führung dar, da Führung immer nur auf etwas hin oder von etwas weg gesehen werden kann. Führung impliziert in diesem Sinne das Vorliegen von Zielen (Führungszielen). „There is no leadership, if there is no goal to which to lead“ (Hartley/Hartley 1952, Zitat nach Dahms 1963, S. 51).
(2) Der *Gruppenprozeß* der Führung als interpersoneller Prozeß findet stets in und durch Gruppen statt. Unter einer Gruppe versteht man zwei oder mehr Personen, die durch gemeinsame Normen, gemeinsame Ziele, Gruppenbewußtsein, Rollendifferenzierung u. a. m. miteinander verbunden sind (Schneider 1975; Crott 1979).

(3) Die *Rollendifferenzierung* des Führungsphänomens ist durch die Forschung am besten gestützt. Unter einer Rolle wird die Summe der Erwartungen an den Inhaber einer bestimmten Position verstanden. Verschiedene Führerrollen entstehen durch Interaktion der Organisations- und Gruppenmitglieder. Je nach Aufgabe, Situation, Fähigkeiten und Motivation der Mitglieder entwickeln sich unterschiedliche Rollen (Arbeitsteilung), die hinsichtlich der Zielerreichung komplementär sind bzw. sein sollen.

(4) Führung als *Einflußnahme* auf Mitarbeiter wird verstärkt unter dem Machtaspekt untersucht (Krüger 1976; Schneider 1978; Mulder 1977). Dabei reicht das Spektrum von der Anwendung unmittelbarer Zwänge durch Sanktionen bis hin zur Überzeugung, um dadurch Ziele, Einstellungen und Verhaltensweisen zu verändern. Der Schwerpunkt der Machtforschung liegt bei den nichtrepressiven Beeinflussungsstrategien, wie z. B. Gruppendiskussionen und Verhandlungsprozessen. In zunehmendem Maße wird auch der wechselseitige Einfluß zwischen Führer und Mitarbeiter berücksichtigt.

(5) Die *soziale Interaktion* beinhaltet die wechselseitige Bedingtheit des Verhaltens von zwei oder mehr Personen aufgrund verbaler und nichtverbaler Kommunikation, wobei das gemeinsame Verhalten als Ergebnis der Interaktion angesehen werden kann. Führung unter diesem Aspekt ist nicht Ursache, sondern Folge einer Vielzahl von Variablen, wie Charakteristika des Führers und der Mitarbeiter, des Aufgabentypus, der Situation u. a. mehr.

(6) Die *Wert- und Normbildung* entsteht durch die wechselseitige Einflußnahme der Gruppenmitglieder, wobei in der Regel ein maßgeblicher Einfluß von den Führern ausgeht. Besonders in Arbeitsgruppen mit mehrdeutigen und unstrukturierten Aufgaben haben die oftmals vom Führer gesetzten oder stark beeinflußten Werte und Normen u. a. die Funktion, Komplexität und Unsicherheit zu reduzieren, Regulative für die Lösung der zu bewältigenden Aufgaben vorzugeben, Ziele zu legitimieren sowie deren Realisierung sicherzustellen.

(7) Die *Persönlichkeitseigenschaften, Fähigkeiten* und *Fertigkeiten* sind ausschlaggebend für die unterschiedlichen Verhaltensweisen verschiedener Personen in gleichen Situationen. Ausgehend von der Annahme, daß das Verhalten eine Funktion der Persönlichkeit und der Situation ist, wird diese Beobachtung auf zeitlich überdauernde Persönlichkeitscharakteristika des Individuums zurückgeführt. Diese Auffassung gewinnt noch an empirischer Beweiskraft, wenn das Verhalten in verschiedenen Situationen konstant bleibt. Daß sich ein Führer hinsichtlich bestimmter Persönlichkeitseigenschaften von seinen Mitarbeitern häufig unterscheidet, ist zwar vielfach festgestellt worden, jedoch liegen keine gesicherten Erkenntnisse über Art, Anzahl, Ausprägung und Konfiguration dieser „Eigenschaften“ vor. Unter Fähigkeiten wird die Prädisposition eines Individuums, eine bestimmte Leistung zu vollbringen, verstanden, während

mit Fertigkeit eine Geschicklichkeit gemeint ist, die durch Instruktion von nahezu jedermann erlernbar ist. Nicht jeder Vorgesetzte, der bestimmte Techniken beherrscht, wird jedoch ein „guter“ Führer sein, weil die Fähigkeit zur Rollenübernahme, zur sozialen Wahrnehmung, zur Einführung (Empathie) usw. in beträchtlichem Ausmaß interpersonell variieren.

(8) Die *Konfliktprozesse* resultieren aus der Zusammenarbeit in Organisationen. Es lassen sich u. a. intra- und interindividuelle Konflikte sowie Intra- und Intergruppenkonflikte unterscheiden. Die auslösenden Bedingungen von Konfliktprozessen sind vielfältiger Natur, z. B. knappe Ressourcen, divergierende Wertsysteme, Interessengegensätze, unzulängliche Organisationsstrukturen, konkurrierende Entscheidungen der Vorgesetzten und Mitarbeiter. Konflikte sind ein unvermeidliches Charakteristikum des menschlichen Zusammenlebens. Sie sind auch Ausdruck aktiver oder passiver wechselseitiger Beeinflussungsversuche. Durch Führungsprozesse werden sowohl Konflikte hervorgerufen als auch gelöst und reguliert. Die Anwendung der Mitbestimmungsgesetze wird als wesentliches Instrument zur Verringerung bzw. Regelung von Konflikten betrachtet (vgl. 36; Hentze/Brose 1985).

(9) Die *Informations- und Kommunikationsprozesse* sind für die Führung in Gruppen von grundlegender Bedeutung, da dysfunktionale Organisationsprozesse häufig auf unzureichend ausgebaute horizontale, vertikale und diagonale Kommunikationsstrukturen und -prozesse zurückzuführen sind. Eine umfassende und wechselseitige Information und Kommunikation über die hierarchischen Ebenen hinweg ist ein wesentliches Charakteristikum der Mitbestimmung (vgl. 3.5).

	empirisch-faktisch	normativ
Entscheidung	Welche Entscheidungen werden in der Organisation durchgeführt?	Was ist eine optimale Entscheidung? Wie kann eine Entscheidung verbessert werden?
Entscheider	Was sind die Merkmale der Entscheidung in der Organisation?	Wie sollte sich ein rationaler Entscheider verhalten?
Entscheidungsprozeß	Wie werden Entscheidungen in der Organisation durchgeführt?	Wie sollten Entscheidungen in der Organisation durchgeführt werden?

Abbildung 4: Empirisch-faktische und normative Entscheidungen

(10) Die *Entscheidungsprozesse,* d. h. die Art der Entscheidungsbildung und -durchsetzung kennzeichnet eine praktizierte Führungsform. Dabei empfiehlt es sich, zwischen empirisch vorfindbaren Entscheidungen und normativ gesetzten Entscheidungsregeln zu trennen (Kast/Rosenzweig 1970, S. 363f.; Abb.4).
Unter Entscheidungen werden Denk- und Handlungsprozesse verstanden, die bei der Wahl zwischen alternativen Möglichkeiten auftreten (Pfohl 1977, S. 17ff.; Szyperski/Wienand 1980, S. 92). Organisationen sind gekennzeichnet durch Ungewißheit, Komplexität und Konflikt. Entscheidungen tragen dazu bei, diese dysfunktionalen Zustände sowohl zu reduzieren oder zu beseitigen als auch zu erzeugen.

(11) Die *Entwicklungsprozesse* (Zeitdimension) deuten darauf hin, daß Führung ein dynamisches Phänomen ist. So sind z. B. Lerngeschichte, Erwartungen und Zukunftsvorstellungen der Organisationsmitglieder wesentliche Determinanten des Führungsprozesses. Rollen, Normen, Konformität, Gruppenattraktion etc. unterliegen einem ständigen Veränderungsprozeß, der Führer wie Geführte in ihrem Verhalten und Erleben beeinflußt.

Als wesentliche **Determinanten des Führungsprozesses** werden hier behandelt:
(1) Motivation
(2) Macht
(3) Gruppe
(4) Kommunikation und
(5) Konflikte.

3.2 Motivation

3.21 Grundbegriffe

Häufig wird Motivation als *das ‚Warum' des Erlebens und Verhaltens* erklärt. Diese Begriffsbeschreibung ist allerdings so weit gefaßt, daß sie praktisch den gesamten eigentlichen Gegenstand der Psychologie abdeckt, deren Hauptaufgabe darin besteht, die Gesetzmäßigkeiten des Verhaltens und Erlebens zu erklären. Eine Reihe von Autoren grenzt den Begriff Motivation ein, da er in der allgemeinen Form wenig brauchbar ist. **Motivation** kann allgemein als aktivierte Verhaltensbereitschaft eines Individuums im Hinblick auf die Erreichung bestimmter Ziele verstanden werden.

Außer Motivation ist der Begriff **Motiv** ein zentraler Begriff des Motivationsprozesses. Beide Ausdrücke werden sowohl im allgemeinen Sprachgebrauch als auch in der Fachliteratur nicht immer gegeneinander abgegrenzt. Als Motiv bezeichnet man eine isolierte Verhaltensbereitschaft, die latent vorhanden und zunächst noch nicht aktualisiert ist. In der Alltagssprache kennen wir eine Fülle von Begriffen, mit denen der Begriff Motiv umschrieben wird. Einige sind: Streben, Bedürfnis, Wille, Trieb, Drang, Begehren, Lust, Abscheu, Neigung, Verlangen und Beweggrund. Motivation ist die Interaktion verschiedener aktivierter Motive in konkreten Situationen, oder Motiv ist ein Element der umfassenden Gesamtheit Motivation. Motiv ist die zentrale Variable des Motivationsprozesses. Man geht davon aus, daß Motive insbesondere in der Kindheit durch verschiedenartige Einflüsse der Umwelt geformt werden. Da die Umgebungen, in denen die Individuen aufwachsen, sich voneinander unterscheiden, sind auch die Motive unterschiedlich. Diese latente Disposition bleibt im späteren Leben relativ unverändert und überdauernd bestehen.
Latente Motive werden durch situative Gelegenheiten aktiviert, die als **Anreize** (Stimuli) bezeichnet werden. Anreize sind alle monetären und nichtmonetären Leistungen der Organisationen, die die Verhaltensbereitschaft zum Eintritt in die Organisation oder zur Leistung aktivieren. Die durch Anreize aktivierten Motive bestimmen für eine bestimmte Zeit das menschliche Verhalten mit dem Anliegen, die gesteckten Ziele zu erreichen. Für das Verhalten sind nur diejenigen Anreize bestimmend, die eine Befriedigung der aktuellen Bedürfnisse erwarten lassen. Aus den Erfahrungen bei Erreichung (Nichterreichung) des individuellen Anspruchsniveaus entwickeln sich gegenüber Gegenständen und Personen der Außenwelt Einstellungen *(habituelle Motivation)*. Je nachdem, welchen Beitrag diese Gegenstände oder Personen zur Bedürfnisbefriedigung beigetragen haben, bewirken sie positive oder negative Einstellungen, die, wenn sie einmal vom Individuum angenommen sind, relativ stabil sind. Hingegen schwanken Motive (Aktualmotivationen) je nach Bedürfnisfall. Die Stimuli der Umwelt, die ein bestimmtes Verhalten auslösen können, müssen vom Individuum zunächst einmal wahrgenommen werden. Dieser **Wahrnehmungsprozeß** erfolgt selektiv, insbesondere gesteuert durch Bedürfnisse, Anspruchsniveaus, Einstellungen und Erwartungen.
Die Aufnahme eines Anreizes durch das Individuum löst eine Reihe von *kognitiven Prozessen* aus, die die im Stimulus enthaltene Informationen verarbeiten und das Resultat in einer Entscheidung über das zu realisierende Verhalten führen (vgl. Abb. 5).

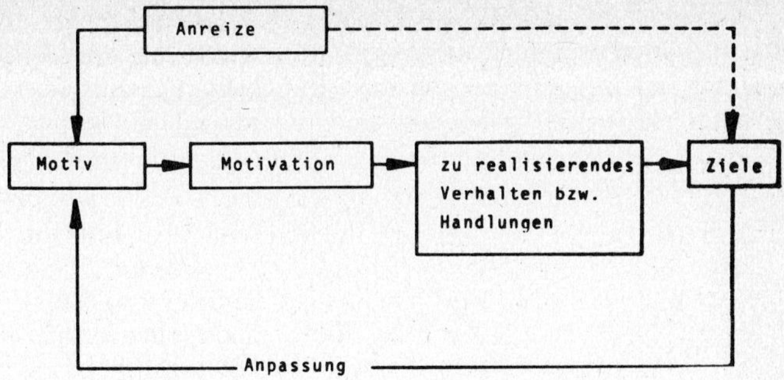

Abbildung 5: Motivationsprozeß

Im Rahmen der Betriebswirtschaft – insbesondere bei der Führung – kommt dem *leistungsbezogenen Verhalten* eine besondere Bedeutung zu. Leistungsbezogen ist Verhalten immer dann, wenn das Individuum weiß, daß sein Verhalten mit Hilfe von Leistungsstandards, die es selbst für verbindlich hält, bewertet wird. Die Bewertung kann durch das Individuum selbst oder durch andere Personen vorgenommen werden. Das Handlungsergebnis kann als Erfolg oder Mißerfolg gewertet werden. Es ist Aufgabe der Theorie der Leistungsmotivation, die *Richtung, Stärke* und die Dauer des leistungsorientierten Handelns zu erklären und vorauszusagen.
In der Motivationspsychologie sind unterschiedliche Theorien der Arbeitsmotivation entwickelt worden, die häufig in **Inhaltstheorien** und **Prozeßtheorien** klassifiziert werden. Der Schwerpunkt der Inhaltstheorien ist auf die Motivinhalte und auf die Beschreibung und Erklärung gerichtet, welche Variablen bei Individuen Verhalten auslösen und bewirken. Die Prozeßtheorien sagen etwas darüber aus, wie Arbeitsverhalten initiiert, erhalten und beendet wird. Wir wollen uns nun einigen wichtigen Inhaltstheorien (vgl. 3.221–3.224) und Prozeßtheorien (vgl. 3.225–3.227) zuwenden.

3.22 Ausgewählte Theorien der Arbeitsmotivation

3.221 Die Hierarchie der Bedürfnisse nach Maslow

Das Motivationsmodell von Maslow (1970) war ursprünglich nicht als Theorie der Arbeitsmotivation konzipiert. In der Organisationspsychologie und später auch in der Betriebswirtschaftslehre hat diese Motivationstheorie besonders starke Beachtung gefunden. Das zentrale Thema dieser Theorie ist die **Selbstverwirklichung**. Für die Systematisierung der Motive schlägt Maslow eine fünfstufige Bedürfnisstruktur vor, die hierarchisch geordnet ist. Die hierarchisch jeweils höher stehenden Bedürfnisse gewinnen erst an Bedeutung, wenn die hierarchisch niedrigeren grundsätzlich befriedigt sind (vgl. Abb. 6).

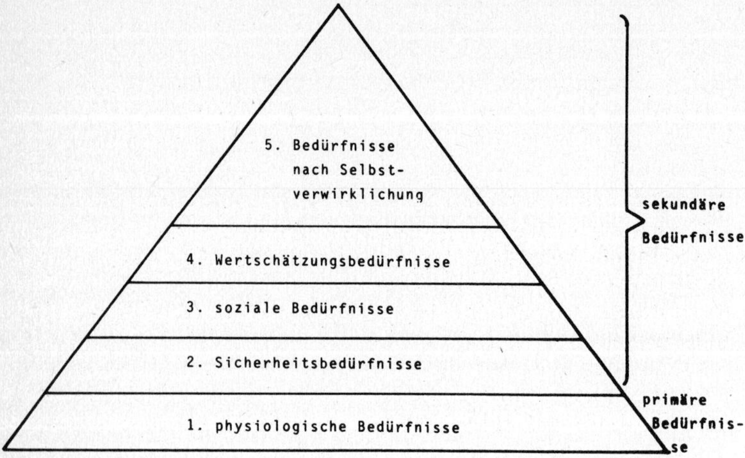

Abbildung 6: Bedürfnishierarchie nach Maslow

Die niedrigsten, aber auch zugleich dringendsten Bedürfnisse sind die **physiologischen Bedürfnisse**. Hierunter fallen die Grundbedürfnisse des Organismus nach Sauerstoff, Nahrung, Getränke, Ruhe, Schlaf, Sexualität. Sind die primären Bedürfnisse befriedigt, verlieren sie ihre motivierende Kraft. Auf der zweiten Stufe beginnen dann die **Sicherheitsbedürfnisse** zu dominieren. Sie beziehen sich auf Sicherheit vor physischen Gefahren (Gesundheit, Sicherheit am Arbeitsplatz) und die ökonomische Sicherheit (Sicherheit des Einkommens, Sicherung des Arbeitsplatzes, Sparverhalten, Altersversorgung) in einer stabilen Umwelt. Auf der dritten Stufe stehen die **sozialen Bedürfnisse**, die ihren Ausdruck im Anschluß an andere Menschen finden. Zu ihnen gehören der Wunsch nach Gruppenzugehörigkeit und Geselligkeit, nach Freundschaft und Zuneigung sowie die Akzeptierung durch die Mitmenschen. Wenn diese Bedürfnisse befriedigt sind, schließen sich nach Meinung Maslows auf der nächsten Stufe die **Bedürfnisse nach Wertschätzung** an. Es handelt sich dabei um Ich-Bedürfnisse, die sich im Streben nach Selbstachtung oder Selbstwertschätzung und nach Anerkennung durch andere zeigen. Sie umfassen einmal die Betonung der Persönlichkeitsentwicklung sowie die Bedürfnisse nach Prestige, Macht und hohem sozialen Ansehen. An der Spitze dieser Pyramide stehen die Bedürfnisse nach **Selbstverwirklichung**. Sie erweisen sich im Streben nach Erfüllung eines Selbstkonzepts, in dem Bedürfnis, kreativ zu sein und im Rahmen der Tätigkeit eigene Fähigkeiten einzusetzen und weiterzuentwickeln sowie die eigenen Möglichkeiten voll zu verwirklichen.

Die Theorie von Maslow liefert mögliche Ansatzpunkte, wie gegebenenfalls das *Arbeitsverhalten* und die *Arbeitsleistung* beeinflußt werden können, indem die Arbeit und Arbeitsbedingungen so gestaltet werden, daß jeweils dominante Bedürfnisse befriedigt werden.

Der Theorie von Maslow liegt die Annahme zugrunde, daß Bedürfnisse höherer Stufen erst verhaltensbestimmend werden, wenn die niedrigen befriedigt sind. Ob diese Annahme in der strengen Form immer zutrifft, hängt entscheidend von der Persönlichkeitsstruktur des Individuums ab. Erinnert sei nur an den erfolglosen Künstler, in dessen Rangordnung Selbstentfaltung und Selbstverwirklichung das Verhalten bestimmen, obwohl in manchen Fällen die physiologischen Bedürfnisse kaum und die Sicherheitsbedürfnisse noch weniger befriedigt sind.

Die Annahmen des Modells von Maslow werden in der Wissenschaft stark kritisiert. In Forschungsprojekten ist versucht worden, die Gültigkeit des Modells empirisch zu überprüfen (vgl. z. B. Wunderer/Grunwald 1980 I, S. 178ff.; Weinert 1981, S. 264ff.).

Zufriedenheit tritt nach Maslow ein, wenn die Bedürfnisse gemäß den Erwartungen erfüllt werden. Bekommt das Individuum seine Bedürfnisse nicht erfüllt, bleibt es unzufrieden. Dieses eindimensionale Modell mit den Extrempunkten Zufriedenheit und Unzufriedenheit wird in letzter Zeit stark in Frage gestellt.

3.222 Die ERG-Theorie von Alderfer

Alderfer schließt sich der Kritik an, daß sich die fünf Bedürfnisklassen nach Maslow teilweise willkürlich überlappen. Aus dieser Erkenntnis heraus reduziert er die Bedürfnishierarchie auf folgende drei Bedürfnisklassen:

- Existenzbedürfnisse (existence needs; **E**): physiologische Bedürfnisse, Sicherheit, Bezahlung
- interpersonelle Beziehungsbedürfnisse (relatedness needs; **R**): Kontakt, Achtung und Wertschätzung
- Wachstum (growth needs; **G**): Entfaltung, Selbstverwirklichung.

Alderfer reduziert nicht nur die Anzahl der Bedürfnisklassen, sondern auch die Hierarchisierung hat für seine Theorie keine Gültigkeit. Das Ziel des Ansatzes besteht in der Offenlegung der Beziehungen zwischen Bedürfnisbefriedigung und Bedürfnisaktivierung.

Alderfer (1969, S. 147ff.) macht in seiner Theorie hierfür sieben Aussagen:

1) Je weniger die Existenzbedürfnisse befriedigt sind, desto stärker werden sie.
2) Je weniger die Beziehungsbedürfnisse befriedigt sind, desto stärker werden die Existenzbedürfnisse.
3) Je mehr die Existenzbedürfnisse befriedigt sind, desto stärker werden die Beziehungsbedürfnisse.
4) Je weniger die Beziehungsbedürfnisse befriedigt sind, desto stärker werden sie.
5) Je weniger die Wachstumsbedürfnisse befriedigt sind, desto stärker werden die Beziehungsbedürfnisse.
6) Je mehr die Beziehungsbedürfnisse befriedigt sind, desto stärker werden die Wachstumsbedürfnisse.
7) Je mehr die Wachstumsbedürfnisse befriedigt sind, desto stärker werden sie.

Anstelle der Annahme bei Maslows Theorie, daß ein nächsthöheres Bedürfnis erst in Angriff genommen wird, wenn das nächsttiefere befriedigt ist, treten bei Alderfer Prinzipien, die folgendermaßen lauten:

1) Die Aussagen 1 und 4 basieren auf der klassischen *Frustrationsthese,* die besagt, daß ein nichtbefriedigtes Bedürfnis dominierend wird.
2) Die Aussagen 2 und 5 lassen sich aus der *Frustrations-Regressions-Hypothese* ableiten. Danach zieht sich ein Individuum auf eine niedrigere Bedürfnisstufe zurück, wenn es nicht gelingt, ein Bedürfnis zu befriedigen.
3) Den Aussagen 3 und 6 liegt die *Befriedigungs-Progressions-Hypothese* zugrunde, von der auch der Maslowsche Ansatz ausgeht. Sie besagt, daß ein befriedigtes Bedürfnis ein anderes, höheres verhaltensrelevant werden läßt.

4) Der Aussage 7 liegt die Annahme zugrunde, daß Erfolgserlebnisse tendenziell zu einer Erhöhung des Anspruchsniveaus und demzufolge zu entsprechenden Verhaltensweisen führen.

Alderfer hat versucht, seine Aussagen empirisch zu überprüfen. Allerdings reicht der Grad der empirischen Absicherung noch nicht aus, um die Theorie abschließend beurteilen zu können. Im allgemeinen wird aber trotzdem der ERG-Theorie ein größerer Informationsgehalt als dem Maslowschen Konzept zugeschrieben.

3.223 Herzbergs Zwei-Faktoren-Theorie

Herzberg und seine Mitarbeiter haben in der bekannten Pittsburgh-Studie, in der über 200 Ingenieure und Buchhalter befragt wurden, untersucht, welche Faktoren Unzufriedenheit vermeiden oder abbauen und welche insbesondere Zufriedenheit hervorrufen. Faktoren, die zur Zufriedenheit führen, nennt Herzberg **„Motivatoren“**, während die Verschlechterung der **„Hygiene-Faktoren“** zur Unzufriedenheit führt – analog der Hygiene in der Medizin, die zwar nicht heilt, aber vor einer Ausweitung der Krankheit schützt (Herzberg/Mausner/Snydermann 1959; Herzberg 1966).
Bezogen auf die Arbeitsmotivation bedeutet das: Wenn sich die Hygiene-Faktoren verschlechtern, steigt die Unzufriedenheit der Mitarbeiter; wenn bei ihnen eine Verbesserung eintritt, wird keine Unzufriedenheit empfunden, aber auch keine Zufriedenheit, da Verbesserungen als selbstverständlich angesehen werden. Hygiene-Faktoren, durch die insbesondere **extrinische Bedürfnisse** befriedigt werden, sind:

1) Geld
2) Unternehmenspolitik und Verwaltung
3) Personalführung
4) interpersonelle Beziehungen mit Untergebenen, Vorgesetzten, Kollegen
5) physische Arbeitsbedingungen
6) Arbeitsplatzsicherheit.

Motivatoren befriedigen insbesondere **intrinische Arbeitsbedürfnisse**. Die wichtigsten Faktoren der Zufriedenheit sind:

1. Leistungserfolg
2. Anerkennung
3. Arbeit selbst

4. Verantwortung
5. Aufstieg
6. Entfaltungsmöglichkeiten.

Soll keine starke Unzufriedenheit aufkommen, müssen die Hygiene-Faktoren für die Mitarbeiter im üblichen Maße gegeben sein, während Motivatoren als Anreize dienen, um die Zufriedenheit zu erhöhen und damit Einfluß auf Leistung zu nehmen. Ferner haben die Motivatoren eine größere Langzeitwirkung als die Hygiene-Faktoren.
Herzbergs Untersuchungen haben aber auch gezeigt, daß alle aufgezählten Faktoren nicht ausschließlich einer der beiden Motivationsgruppen zugeordnet werden können. Auch Hygiene-Faktoren können motivierend sein. Die Ursache liegt vielfach darin, daß die Faktoren nicht isoliert voneinander gesehen werden können. Das schildert Herzberg am Beispiel des Geldes. Geld ist ein Hygiene-Faktor, beruflicher Aufstieg ein Motivator. Nun ist die Beförderung in aller Regel mit einer Gehaltserhöhung verbunden. Ähnlich ist es mit der übertragenen Verantwortung. Mehr Verantwortung bedingt meistens einen höheren Verdienst. So spielt Geld bei vielen innerbetrieblichen Maßnahmen mit und wird dann als Motivator empfunden.
Fragen der Entlohnung spielen nach wie vor im Betriebsgeschehen eine große Rolle. Ihre Bedeutung muß jedoch aufgrund der neuen verhaltenswissenschaftlichen Forschungsergebnisse relativiert werden.
Bezogen auf die Motivation der betrieblichen Arbeit wird in Herzbergs Theorie deutlich, daß eine Selbstverwirklichung am Arbeitsplatz überwiegend durch die Arbeitsinhalte und -gestaltung erzielt werden kann.

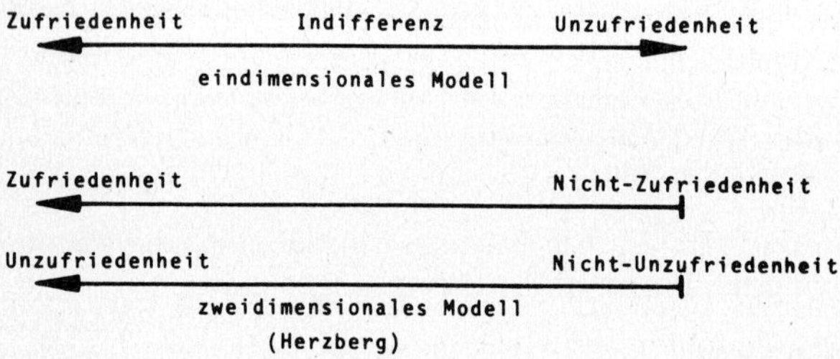

Abbildung 7: Ein- und zweidimensionales Modell der Arbeitszufriedenheit

Während bei der *eindimensionalen Theorie der Zufriedenheit* Zufriedenheit und Unzufriedenheit Gegensätze sind, sind bei der *Zweifaktorentheorie von Herzberg* diese beiden Begriffe in zwei Ebenen zu sehen. Das Gegenteil von Arbeitszufriedenheit ist Nicht-Arbeitszufriedenheit. Dementsprechend ist das Gegenteil von Arbeitsunzufriedenheit Nicht-Arbeitsunzufriedenheit (Abb. 7).
Welche Vorteile das zweidimensionale gegenüber dem eindimensionalen Modell bei der Erklärung der Wirklichkeit hat, ist schwer zu sagen. Wunderer/Grunwald (1980 I, S. 195) kommen, nachdem sie sehr detailliert die Zwei-Faktoren-Theorie kritisiert haben, zusammenfassend zu dem Urteil, daß sie „als erkenntnisleitendes Instrument für die Gestaltung der praktischen Arbeitsbeziehungen in Organisationen aufgrund ihrer a) unzureichenden empirischen Fundierung und b) ihrer pessimistischen Beurteilung der Wirksamkeit der Hygiene-Faktoren nur begrenzt geeignet sein dürfte".

3.224 Die Theorie der Leistungsmotivation von Atkinson

Atkinson geht von der Annahme aus, daß das Verhalten ein Ergebnis des Zusammenwirkens von Person und Situation sei. Damit das **Leistungsmotiv**, das als Disposition die Fähigkeit ausdrückt, auf eine Leistung stolz zu sein, geweckt wird, muß das Idividuum sich selbst für das Ergebnis der Handlung – Erfolg oder Mißerfolg – verantwortlich fühlen (Atkinson 1975, S. 391ff.). Die Theorie gilt also nicht für zufallsabhängige Handlungsausgänge. Atkinson nimmt an, daß jede Person neben der Disposition, Erfolg zu suchen, dem Erfolgsmotiv (M_S), auch über eine Disposition zur Vermeidung von Mißerfolg verfügt, dem Motiv zur Vermeidung von Mißerfolg (M_{AF}). M_S und M_{AF} sind gelernte, relativ stabile Dispositionen, bestimmte Arten von Bedürfnisbefriedigung anzustreben. Die Stärke der Handlungstendenz ist aber nicht allein durch Persönlichkeitsmerkmale, sondern auch durch situative Determinanten bestimmt.
Der situationale Einfluß wird durch zwei Variablen erfaßt.

1) Die *Wahrscheinlichkeit* (P_S), mit der das Individuum einen Erfolg seiner Handlung erwartet und
2) die *Attraktivität* (Wert des Erfolgs für das Individuum [I_s].

Dabei wird angenommen, daß I_s eine Funktion von P_s ist und aus der folgenden Beziehung errechnet wird:

$$I_s = 1 - P_s$$

Je höher die Erfolgswahrscheinlichkeit, desto geringer ist die Attraktivität des Erfolgs. Die Tendenz, Erfolg zu suchen, ergibt sich aus der multiplikativen Verknüpfung des Erfolgsmotivs (M_S) mit den situationalen Variablen P_s und I_s.

$$T_s = M_S \cdot P_S \cdot I_S$$

Die Tendenz, nach Erfolg zu streben, wird nach dieser Formel am größten sein, wenn die Erfolgswahrscheinlichkeit bei $P_s = 0{,}5$ liegt, da das Produkt aus P_s und I_s bei $P_s = 0{,}5$ am größten ist. T_s wird bei $P_s = 0{,}5$ im Vergleich zu besonders großen oder kleinen P_s natürlich nur dann deutlich größer sein, wenn M_S besonders hoch ist.

Jede Situation, die mit einer bestimmten Wahrscheinlichkeit das Erfolgsmotiv aktiviert, aktiviert auch gleichzeitig das Motiv zur Vermeidung von Mißerfolg (M_{AF}). Mißerfolgserwartung (P_f) und Erfolgserwartung (P_s) addieren sich zu eins. Die Mißerfolgserwartung ergibt sich damit aus der Beziehung $P_f = 1 - P_s$. Der Anreizwert des Mißerfolgs wird als $-P_s$ gesetzt. Die Stärke der Tendenz zur Vermeidung von Mißerfolg (T_{-f}) ergibt sich aus der folgenden Formel:

$$T_{-f} = M_{AF} \cdot P_f \cdot I_f$$

T_{-f} ist immer eine negative Größe und hemmt die Tendenz zur Erfolgssuche (T_s). Die Stärke der aus der Tendenz zur Erfolgssuche und der Tendenz zur Vermeidung von Mißerfolg resultierenden Handlungstendenz ergibt sich durch Addition der beiden Variablen:

$$\text{resultierende Tendenz} = T_s + T_{-f}$$

Aus dieser Theorie folgt wegen des linear und invers angenommenen Zusammenhangs zwischen subjektiver Erfolgswahrscheinlichkeit und Anreizwert, daß sowohl die Tendenz zur Erfolgssuche als auch die Tendenz zur Vermeidung von Mißerfolg bei einer Erfolgswahrscheinlichkeit von $P_s = 0{,}5$ ihr Maximum erreichen. Personen, bei denen $M_S > M_{AF}$ ist, werden daher in einer Aufgabenwahlsituation Aufgaben mit mittlerer Schwierigkeit bevorzugen, während Mißerfolgsmotivierte ($M_{AF} > M_S$) extreme Wahrscheinlichkeiten bevorzugen, da hier die Vermeidungstendenz minimal ist.

Die Theorie der Leistungsmotivation hat für die Führungslehre eine besondere Bedeutung, da für das Risikoverhalten der Organisationsmitglieder und für die Gestaltung kooperativer Führungsstile gewisse Ansatzpunkte gegeben sind.

3.225 Die Gleichheitstheorie von Adams

Während die bisher behandelten Inhaltstheorien sich mit dem Verhalten einer Person befassen, beinhaltet die Gleichheitstheorie einen interpersonellen Vergleich.
Die Gleichheitstheorie (equity-Theorie; Adams 1963, 1965) baut auf dem Modell des Austausches von Homans (1972) und der Theorie der kognitiven Dissonanz von Festinger (1957) auf. Sie wird in der Organisationspsychologie am häufigsten herangezogen, wenn es darum geht, die motivationalen Effekte des Lohnes bzw. des Gehalts zu erklären (Rosenstiel 1978, S. 151). In dieser Theorie wird davon ausgegangen, daß die soziale Interaktion der Arbeitssituation als wirtschaftliche Tauschbeziehung zwischen Arbeitgeber und Arbeitnehmer abläuft. Dabei bringt der Arbeitnehmer insbesondere seine Leistung, aber auch Erfahrung, Intelligenz, Ausbildung, Alter, soziale Klassenzugehörigkeit usw. ein. Dies sind seine „inputs“ (Einsatz, Aufwand). Der Arbeitgeber bietet als Gegenleistung die „Outcomes“ (Ergebnis, Ertrag) in Form der Bezahlung, Freude an der Arbeit, Sicherheit, Sozialleistungen, Statussymbole usw. Eine Person strebt zwischen den zu erbringenden Leistungen und den zu erhaltenden Belohnungen ein Gleichgewicht an. Eine soziale Beziehung wird nur eingegangen oder aufrecht erhalten, wenn *„Verteilungsgerechtigkeit“* besteht, d. h., *wenn die Belohnungen, die die soziale Interaktion mit sich bringt, zwischen den Personen fair verteilt sind.*

Wenn mit A und B die Personen bezeichnet werden, die am Austausch beteiligt sind, so ist nach Homans Verteilungsgerechtigkeit gegeben, wenn folgende Beziehung erfüllt ist (vgl. Homans 1972, S. 204ff.; Adams 1965, S. 273):

$$\frac{A_s \text{ Belohnungen} - A_s \text{ Kosten}}{A_s \text{ Investitionen}} = \frac{B_s \text{ Belohnungen} - B_s \text{ Kosten}}{B_s \text{ Investitionen}}$$

Wenn Ungleichheit zwischen diesen Proportionen besteht, wird Ungerechtigkeit empfunden, die z. B. in bezug auf die Entlohnung ein Gefühl der Über- bzw. Unterbezahlung bedeutet.
In der Gleichheitstheorie werden – wie bereits dargelegt wurde – nur input und outcome in Beziehung gesetzt. Jeder Arbeitnehmer vergleicht sein Aufwands-Ertrags-Verhältnis mit dem anderer und empfindet subjektiv Gerechtigkeit oder Ungerechtigkeit, je nachdem, wie die Beurteilung ausfällt. Es handelt sich also nicht um objektive Tauschrelationen.
Adams (1965, S. 280) definiert die *Ungleichheit* wie folgt:
„Ungleichheit besteht für die Person, wann immer sie das Verhältnis ihrer Erträge zu ihren Einsätzen und das Verhältnis der Erträge anderer zu den Einsätzen anderer als ungleich wahrnimmt. Das kann vorkommen, wenn entweder a)

sie und der andere in einer direkten Tauschbeziehung stehen oder wenn b) beide in einer Austauschbeziehung mit einer dritten Partei stehen und die Person sich mit der anderen vergleicht." Der Fall b) ist insbesondere für die Austauschbeziehungen in der Organisation von Bedeutung.
Werden die Summe der Erträge (outcomes) mit O, die Summe der Aufwendungen (inputs) mit I, die beurteilende Person mit p und der andere mit a bezeichnet, so wird – schematisch dargestellt – Ungleichheit erlebt, wenn

$$\frac{O_p}{I_p} < \frac{O_a}{I_a} \quad \text{oder} \quad \frac{O_p}{I_p} > \frac{O_a}{I_a}$$

gilt. D. h. es wird nicht nur als ungerecht empfunden, wenn Unterbezahlung vorliegt, sondern auch bei Überbezahlung. Die Bedingungen für die Gleichheit bestehen dann, wenn

$$\frac{O_p}{I_p} = \frac{O_a}{I_a}$$

gilt (Adams 1965, S. 280f.). Aus diesen Relationen leiten sich drei Beziehungen ab. In dem ersten Fall kommt die Person zu dem Ergebnis, daß sie sich gegenüber der Vergleichsperson benachteiligt fühlt. Im zweiten Fall nimmt die Person das Aufwands-Ertragsverhältnis positiv wahr. Im dritten Fall entsprechen sich die Tauschbeziehungen, d. h. die Tauschbeziehungen werden als gleichwertig angesehen.

In der Abbildung 8 werden die typischen Kombinationen wahrgenommener Gerechtigkeit bzw. Ungerechtigkeit dargestellt:

Aufwand und Ertrag				
der urteilenden	der Vergleichspersonen			
Person	niedrig – hoch	hoch – niedrig	niedrig – niedrig	hoch – hoch
niedrig – hoch	0	2	1	1
hoch – niedrig	2	0	1	1
niedrig – niedrig	1	1	0	0
hoch – hoch	1	1	0	0

Abbildung 8: Wahrnehmung und Ungleichheit durch eine Person als Ergebnis unterschiedlicher Verhältnisse von Aufwand und Ertrag im Vergleichsfall
Anmerkung: Jeweils die erste Bezeichnung bei den Wortpaaren bezieht sich auf den Aufwand und die zweite auf den Ertrag.

Die Ziffern 0 bis 2 sind ein Maßstab für die wahrgenommene Ungleichheit oder Ungerechtigkeit. Dabei bedeutet 2 eine größer empfundene Ungleichheit als 1 und 1 eine größere als 0. Ist z. B. der Aufwand bei beiden Personen niedrig und der Ertrag jeweils hoch, so wird keine Ungleichheit wahrgenommen. Die höchste Ungleichheit wird dagegen gesehen, wenn die beurteilende Person bei einem hohen Aufwand einen niedrigen Ertrag erzielt und der andere bei geringerem Aufwand zu einem hohen Ertrag kommt. Es wird schnell deutlich, daß die Fälle der Ungleichheit auf das Verhalten in Organisationen Auswirkungen haben können.

Das Gefühl der Ungleichheit erzeugt beim Individuum Spannungen, deren Größe durch den Grad an Ungleichheit bestimmt wird. Diese Spannung, die von Rosenstiel (1975, S. 166), als Motivation interpretiert wird, löst Reaktionen aus, die auf die Verringerung oder Beseitigung des Ungleichgewichts zielen. Zur Verminderung der Spannung stehen folgende Möglichkeiten zur Verfügung (Adams 1965, S. 283ff.):

(1) Die Person verändert ihre inputs.
(2) Die Person verändert ihre outcomes.
(3) Die Person verzerrt kognitiv den Wert der Aufwendungen und der Erträge.
(4) Die Person verläßt das Feld.
(5) Die Person wirkt auf die Vergleichsperson ein.
(6) Die Person wählt eine andere Vergleichsperson.

Gegenüber anderen Ansätzen zur Arbeitsmotivation und Arbeitszufriedenheit werden in der Gleichheitstheorie einige neue Aspekte aufgegriffen. Diese sind (Neuberger 1974, S. 101):

- Die Rolle des Bezugssystems,
- die Berücksichtigung auch des Aufwands und nicht nur des Ergebnisses und
- die Vielzahl der Möglichkeiten, auf erlebte Ungerechtigkeit (Unzufriedenheit) zu reagieren.

Inzwischen liegen zur Theorie Adams vielfältige empirische Untersuchungen vor, in denen als Erträge der Person meist das Gehalt und als Einsätze die Leistung untersucht wurden (vgl. Rosenstiel 1975, S. 16ff.). Die wichtigsten Ergebnisse, die sich als Vorhersagen aus der Theorie ableiten lassen, sind tabellarisch in der Abbildung 9 dargestellt.

Zu dieser Tabelle sei noch ergänzt, daß die Sensibilität auf Unterbezahlung größer ist als die auf Überbezahlung (Rosenstiel 1978,

	Unterbezahlung	Überbezahlung
Stücklohn	Höhere Quantität bei geringerer Qualität	Höhere Qualität bei geringerer Quantität
Zeitlohn	Geringere Qualität und/oder Quantität – je nach dem, was leichter zu erreichen ist	Höhere Qualität und/oder Quantität – je nach dem, was das Gefühl der Ungleichheit stärker abbaut

Abbildung 9: Wirkungen von Unter- und Überbezahlung bei Stücklohn und Zeitlohn (Campbell/Pritchard 1976, S. 109)

S. 153f.). Das bedeutet, daß in der Praxis insbesondere zu vermeiden ist, daß ein Gefühl der Unterbezahlung entsteht, da dieses zum einen leistungsmindernde Effekte zur Folge hat und zum anderen auch um seiner selbst willen vermieden werden sollte. Der leistungsmindernde Effekt wirkt um so stärker, je mehr Personen sich vergleichen, die auf der gleichen Stufe stehen. Rosenstiel (1978, S. 154) kommt zu dem Ergebnis, daß zu erwarten sei, „daß eine von der Leistung abhängige Gehaltsdifferenzierung leistungshemmende Effekte bei denen beseitigt, die zu überdurchschnittlichen Leistungen fähig sind". Voraussetzung ist allerdings, daß die Leistungszulage der Höhe nach so bemessen sein muß, daß von ihr eine echte Anreizwirkung ausgeht.

3.226 Die VIE-Theorie von Vroom

Vrooms Theorie gehört zu den sogenannten Instrumentalitäts- oder Erwartungstheorien. Sie hat auch Gültigkeit für die Arbeitsmotivation und ist daher für die Führungslehre von Bedeutung. Drei Komponenten des Motivationsgeschehens bilden das Kernstück dieser Theorie.

Valenz (V): Sie drückt die Stärke der Bevorzugung bestimmter Objekte oder Handlungen für das Individuum gegenüber dem erreichbaren Ziel oder Endergebnis aus.

Instrumentalität (I): Sie ist ein Schätzwert subjektiver Wahrscheinlichkeit, von der das Individuum meint, daß das Ergebnis eintritt. Der Wert der Instrumentalität kann zwischen −1 (d. h. der Handlungsausgang führt nicht zur Zielerreichung) und +1 (d. h. der Handlungsausgang führt zur Zielerreichung) liegen.

Erwartung (E): Die Wahrscheinlichkeit des konkreten Handlungsausganges liegt zwischen 0 und 1. Die Erwartung drückt nun die Wahrscheinlichkeit aus, mit der dieses bestimmte Ergebnis erreicht werden kann.

Die Valenz des Handlungsergebnisses (V_j) ist dabei abhängig von der Valenz des Endergebnisses (V_k) und der Instrumentalität des Handlungsergebnisses (I_{jk}). Diese Überlegungen lassen sich in folgender Relation ausdrücken:

$$V_j = f_j \left[\sum_{k=1}^{n} (V_k \cdot I_{jk}) \right] \; ; \; j = 1 \ldots n$$

V_j = Valenz des Handlungsergebnisses j
V_k = Valenz des Entgeldergebnisses k
I_{jk} = Instrumentalität des Handlungsergebnisses j für das Erreichen des Endzieles k

Die Anstrengung für die Handlung, das Ergebnis i zu erreichen, ergibt sich aus der folgenden Beziehung:

$$F_i = f_i \left[\sum_{k=1}^{n} (e_{ij} \cdot V_i) \right] \; ; \; i = 1 \ldots n$$

F_i = Anstrengung für die Handlung des Ergebnisses i
E_{ij} = Subjektive Wahrscheinlichkeit der Erwartung, daß die Handlung i zum Ergebnis führen wird ($O \leq E_{ij} \leq 1$)
V_j = Valenz des Handlungsergebnisses j

Diese Relation drückt aus, daß die Anstrengung eines Individuums, seine Ziele zu erreichen, eine Funktion seiner Erwartung und der Valenz, die dieses Resultat für den Betreffenden hat, ist. Der Mitarbeiter wird also eine hohe Leistung erbringen, wenn er

„(1) eine hohe Wahrscheinlichkeit darin sieht, daß seine persönlichen Bemühungen auch zu hoher Arbeitsleistung führen werden;
(2) eine hohe Wahrscheinlichkeit darin sieht, daß gute Arbeitsleistung zu erwünschten persönlichen Zielen und Ergebnissen führt; und wenn er
(3) diese Ziele und Ergebnisse (z. B. Bezahlung) als positiv-attraktiv für sich empfindet" (Weinert 1981, S. 276).

3.227 Das Modell der Erwartung von Lawler

Dieses Modell zur Analyse der Motivation in Organisationen basiert auf folgenden, aus der Erwartungstheorie von Vroom weiterentwikkelten Annahmen (Lawler 1977, S. 75f.):

„1. Wenn den Menschen verschiedene Ergebnisse offenstehen, ziehen sie bestimmte Ergebnisse vor.
2. Menschen haben Erwartungen über die Wahrscheinlichkeit, mit der ihre Handlungen oder Bemühungen zum erwünschten Verhalten oder zu erwünschten Leistungen führen.
3. Menschen haben Erwartungen über die Wahrscheinlichkeit, mit der ein bestimmtes Ergebnis auf ihr Verhalten folgen wird.
4. In jeder Situation sind die von einem Menschen gewählten Handlungen von seinen augenblicklichen Erwartungen und Vorzügen bestimmt.“

Nach Lawler wird die Motivation zunächst von den Erwartungen beeinflußt, daß die Bemühung oder Handlung zum angestrebten Ergebnis führt (vgl. Abb. 10).
Die Erwartung ist das Einschätzen der Wahrscheinlichkeit, die angestrebte Wirkung zu erfüllen, d. h. eine Erwartung von B → A (Bemühung → Ausführung). Das Modell zeigt eine Reihe weiterer Einflüsse von Erwartungen. Die A → E Erwartungen (Ausführung → Ergebnis) zeigen den Einfluß der Erwartungen auf das Arbeitsergebnis. In beiden Fällen können die subjektiven Einschätzungen der Wahrscheinlichkeit zwischen 0 und 1 variieren. Die Abbildung 11 zeigt auch, daß nicht alle Ergebnisse zu weiteren Ergebnissen führen. Manche Ergebnisse werden als Selbstzwecke (z. B. Selbstverwirklichung), andere als Mittel, um wiederum andere Ergebnisse zu erreichen (z. B. Geld), benutzt.
Nach Lawler (1977, S. 79) scheint die Motivation dann am stärksten zu sein, wenn B → A für die erfolgreiche Ausführung hoch und für die erfolglose Ausführung niedrig ist, und wenn A → E hoch ist bei positiven Ergebnissen und niedrig bei negativen Ergebnissen.
Um eine einzige Motivationssumme ausdrücken zu können, multipliziert Lawler die beiden Wahrscheinlichkeiten B → A und A → E mit der Valenz (V) der Ergebnisse:

Motivation: $\sum \left[(B \rightarrow A) \times \sum [(A \rightarrow E)\ (V)]\right]$

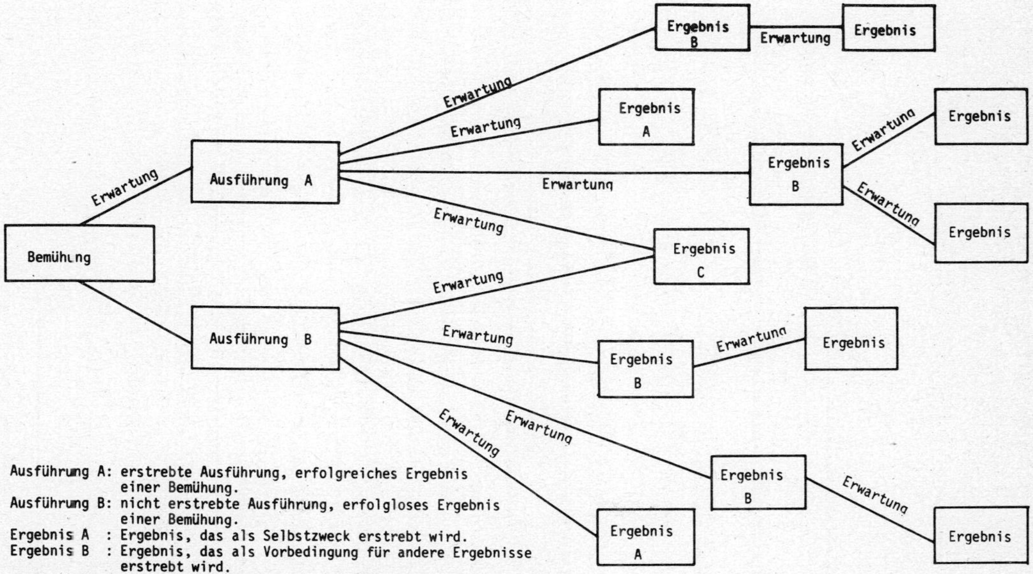

Ausführung A: erstrebte Ausführung, erfolgreiches Ergebnis einer Bemühung.
Ausführung B: nicht erstrebte Ausführung, erfolgloses Ergebnis einer Bemühung.
Ergebnis A : Ergebnis, das als Selbstzweck erstrebt wird.
Ergebnis B : Ergebnis, das als Vorbedingung für andere Ergebnisse erstrebt wird.
Ergebnis C : Ergebnis, das auch dann erreicht werden kann, wenn die Bemühung nicht zur erstrebten Ausführung führt.

 Abbildung 10 Modell der Erwartungsmotivation (Lawler 1977, S. 77)

Diese Beziehung besagt für den Grenzfall, daß die Wahrscheinlichkeitsbeziehung zwischen Bemühung und Endergebnis 0 wird.
Lawler (1977, S. 84 und S. 88) legt die in Abbildung 12 gezeigten Determinanten der B → A Erwartungen und der A → E Erwartungen zugrunde.

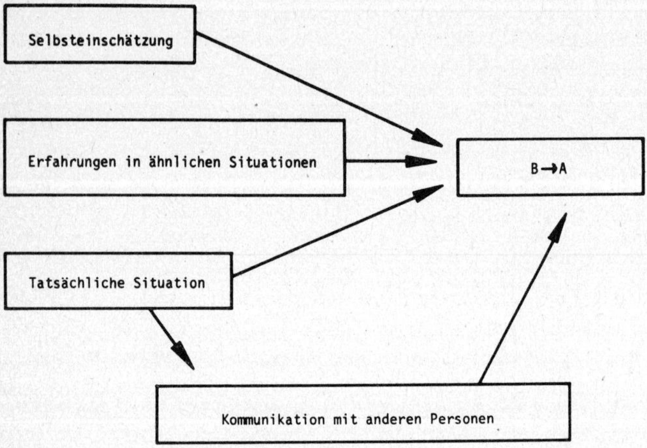

Abbildung 11: Determinanten der B → A Erwartungen

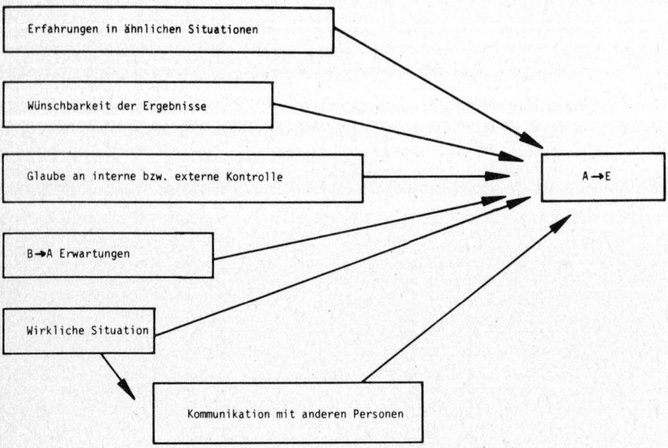

Abbildung 12: Determinanten der A → E Erwartungen

3.3 Macht

3.31 Begriff und Wesen der Macht

Weber (1964, S. 28) definiert Macht als „jede Chance, innerhalb einer sozialen Beziehung den eigenen Willen auch gegen Widerstreben durchzusetzen". Albert (1955, S. 74) sieht in der Macht die „Möglichkeit..., soziale Prozesse im Sinne eigener Zielsetzungen zu beeinflussen". Macht ist eine *gegenseitige Tausch- und Verhandlungsbeziehung, bei der ein Widerstand zu überwinden ist* (Crozier/Friedberg 1979, S. 40), bei der aufgrund struktureller und situativer Bedingungen das ungleichgewichtige Tauschverhältnis einem der Verhandlungsbeteiligten die Möglichkeit eröffnet, seinen *Willen* bzw. *seine Interessen durchzusetzen* (Rambaek 1978, S. 47). Krüger (1980, Sp. 1237) definiert die Macht als eine *soziale Energie,* die als ein Medium der Gestaltung und Steuerung aufgefaßt werden kann. Unter informationstheoretischen Gesichtspunkten liegt Macht immer dann vor, „wenn das Verhalten einer Person oder einer Gruppe als Sender von Informationen einen Empfänger veranlaßt, seinen Entscheidungen Teile oder die Gesamtheit dieser Informationen zugrundezulegen" (Bamberger/Gmür/Käser 1973, S. 230f.). Auf der Grundlage dieser Definitionen können die folgenden wesentlichen *Definitionsmerkmale* herausgearbeitet werden (Zelger 1980, S. 1ff.; Grunwald 1980, S. 91.ff.; Brose/Corsten 1983, S. 138ff.):

(1) Es handelt sich um einen **sozialen Prozeß**, d. h. es sind *mindestens zwei Personen* (-gruppen) notwendig, und zwar ein Machtinhaber (Träger der Macht) und ein Machtunterworfener, zwischen denen jedoch eine soziale Beziehung bestehen muß, da sonst die Möglichkeit der Machtausübung nicht gegeben ist. Macht stellt kein personales Charakteristikum dar, sondern ist eine soziale Relation, sie ist ‚relational'. Macht ist Ausdruck einer *spezifischen zweiseitigen Beziehung* und *keine Eigenschaft,* über die jemand frei verfügen kann (Schneider 1978, S. 5). Sie ist zwar eine gegenseitige, aber unausgewogene Beziehung.

(2) Zweck dieses Prozesses ist, die **Zielsetzung des Machtinhabers zu realisieren**.

(3) Wenn von der Möglichkeit der Machtausübung gesprochen wird, so bedeutet dies letztendlich, daß nicht die eigentliche Machtausübung entscheidendes Kriterium ist, sondern bereits *das Vorhandensein von Möglichkeiten* ausreicht, einem Individuum ein be-

stimmtes Verhalten aufzuzwingen. Es kann folglich zwischen **faktischer**, d. h. tatsächlich praktizierender Machtausübung (aktualisierte Macht) und **potentieller oder latenter** Macht unterschieden werden (Schneider 1978, S. 6; Bachrach/Baratz 1975, S. 62f.; Grand 1970, S. 24f.).

(4) Es sei ausdrücklich betont, daß Macht durch **Ungleichgewichtigkeit** gekennzeichnet ist, d. h. keine gleichgewichtigen Machtbeziehungen vorliegen. Macht ist vielmehr ein Kräfteverhältnis, aus dem die eine Partei mehr profitieren kann als die andere, „bei dem aber gleichfalls der eine dem anderen nie völlig ausgeliefert ist" (Crozier/Friedberg 1979, S. 41).

(5) Das Definitionselement **„Widerstand"** hat in der Literatur umfangreiche Diskussionen ausgelöst. Einerseits wird nur dann von Macht gesprochen, wenn es gilt, einen Widerstand zu überwinden, andererseits wird jede Form der Einflußnahme als Macht bezeichnet (Krüger 1976, S. 3f.), d. h. es erfolgt eine *synonyme Verwendung von Einfluß und Macht* (Kießler/Scholl 1976, S. 211; Zelger 1980, S. 5). Während im erstgenannten Ansatz der Begriff *Einfluß als Oberbegriff* aufgefaßt wird und *Macht eine spezifische Ausprägung des Einflusses* darstellt (Irle 1971, S. 13), wird im letztgenannten Ansatz keine Unterscheidung zwischen Einfluß und Macht vorgenommen. Eine solch weite Fassung, die jede Änderung der Handlungsprämissen bzw. der Sinngehalte von Personen, die auf die Aktivitäten anderer zurückzuführen sind, als Ergebnis von Macht bezeichnet, erscheint äußerst unzweckmäßig (Braun/Schreyögg 1980, S. 28); denn dadurch würden insbesondere argumentative oder sympathiegeleitete Diskussionsergebnisse, die z. B. in Form der Überzeugung oder Verständigung das Verhalten der Diskussionspartner beeinflußt haben, sich nicht mehr von den nichtfreiwilligen Verständigungen unterscheiden lassen. Macht ist als eine spezifische Erscheinungsform des Einflusses aufzufassen. Es soll nur dann von Macht gesprochen werden, wenn es gilt, *einen Widerstand zu überwinden.* Zwar wird es bei einer Abgrenzung von Einfluß und Macht definitorische Grauzonen geben, jedoch sollte dies nicht als Grund dafür gesehen werden, eine derartige Differenzierung nicht zu vollziehen, da ansonsten die Gefahr einer terminologischen Verwässerung besteht.

Macht wird deshalb als das Einwirken von Individuen (bzw. Gruppen) auf das (die) Aktionsfeld(er) anderer Individuen (bzw. Gruppen) auch gegen den Widerstand des (der) anderen angesehen. Macht stellt *kein* personales Charakteristikum dar. Sie ist vielmehr eine **soziale Relation** und insofern nur in *zwischenmenschlichen* Beziehungen möglich. Macht ist auch nur als ein *Potential* an Einflußmöglichkeiten aufzufassen, d. h. Macht weist lediglich auf die *Möglichkeit* bzw. *Fähigkeit* hin, auf den Verhaltens- und Handlungsspielraum anderer unter Verfolgung eigener Interessen einzuwirken. Sie besitzt deshalb eher eine *dauerhafte* (nicht jedoch eine überdauernde) als eine *momentane Komponente,* da sie sich nicht nur in ihrer spezifischen Ausübung seitens des (Macht-)Aktors, sondern auch in dem längerfristigen Empfinden des (Macht-)Unterworfenen bzw. Empfängers („subjektive Rezeption") widerspiegelt. Nicht nur die *tatsächlich* praktizierte Machtausübung, sondern auch die potentielle, seitens des der Macht Ausgesetzten *antizipierte* Macht besitzt maßgebliche Bedeutung (Braun/Schreyögg 1980, S. 25f.). Die Macht ist jedoch auch eine ständigen Veränderungen ausgesetzte Variable, deren momentanes Erscheinungsbild einer Vielfalt an Kräften, die sowohl eine bestimmte Richtung verfolgen als auch sich anderen entgegensetzen, entspricht. Dieses Fließgleichgewicht der Macht ist in seiner Stärke und Richtung als auch in seiner Qualität dynamischen Wandlungen unterzogen (Schneider 1978, S. 33).

Macht kann als ein **soziales Phänomen** bezeichnet werden, das eine Person in die Lage versetzt, (ein oder mehrere) andere Individuen dazu zu veranlassen, seine Interessen bzw. Ziele – freiwillig oder unter Androhung von Zwängen – auf den Interessen- und Entscheidungsraum des/der anderen zu übertragen und darauf einzuwirken.

Macht ist eine nur erschlossene, „intervenierende Variable" (Krüger 1976, S. 15; Schneider 1978, S. 5), die zwischen der auf Machtressourcen basierenden Einflußabsicht als unabhängiger und der (Aus-)Wirkung der Einflußausübung als abhängiger Variablen eingebettet ist (vgl. Abb. 13):

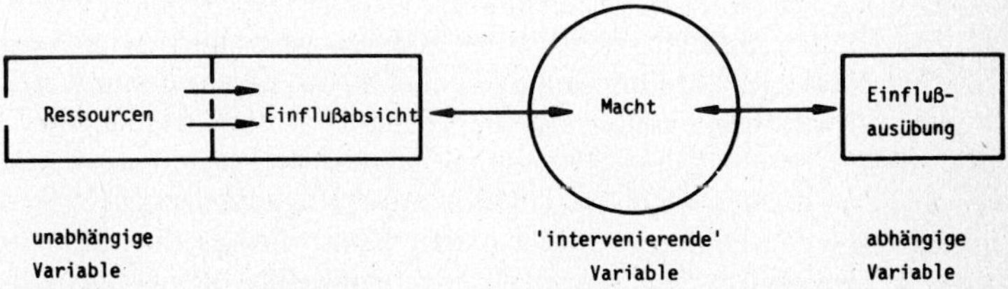

Abbildung 13: Die ‚intervenierende' Variable der Macht (in Abänderung von Schneider 1978, S. 5)

Maßgebliche konstruktive Gesichtspunkte für die Definition von Macht hat auf deutscher Seite Luhmann (1969) skizziert. So wird dort einerseits der Aspekt der **Kausalität der Macht** aufgegriffen, der allen Machtkonstellationen implizit zugrundegelegt werden muß. Wenn eine Person (A) Macht über eine andere Person (B) besitzt, so muß auch gelten, daß das Verhalten der machtunterworfenen Person (B) aus dem Verhalten der machtausübenden Person (A) resultiert, d. h. das Verhalten von A das Verhalten von B verursacht. Wenn die Kausalbeziehung bestimmt werden kann, so lassen sich auch Einfluß und Macht definieren und vice versa (Simon 1957, S. 5; Luhmann 1969, S. 149ff.). Andererseits stellt die Macht einer Person (A) über eine andere (B) lediglich einen *Teil* der verhaltensbestimmenden Ursachen dar. Das Verhalten des Machtunterworfenen (B) wird darüber hinaus auch von anderen verhaltensrelevanten Kausalitätsfaktoren bestimmt. In diesem Sinne sprechen auch Kießler/Scholl (1976, S. 215) von einem „multivariaten Kausalmodell" der Macht, bei dem das Ausmaß der Macht von A über B „dem Anteil der *Varianz* des Verhaltens von B, die durch A's Verhalten determiniert ist", entspricht. Das jeweilige *Ausmaß* der Macht, das Machtvolumen, wird dabei sowohl durch die *Anzahl* der Kausalitätsbeziehungen als auch durch deren Richtung bzw. ‚*Gerichtetheit*' (direkt oder indirekt) und *Stärke* bestimmt:

$$M = f(x, y, z);\ \text{wobei} \begin{cases} x = \text{Anzahl der Kausalitätsbeziehungen} \\ y = \text{Richtung der Kausalitätsbeziehungen} \\ z = \text{Stärke der Kausalitätsbeziehungen} \end{cases}$$

Über die Verknüpfung der drei Funktionsparameter lassen sich nur tendenzielle Aussagen machen. So kann eine dominierende Einflußgröße, z. B. eine manifeste Bedrohung des Arbeitsplatzes, das Verhalten des Machtunterworfenen in weitaus stärkerem Maße beeinflussen als z. B. mehrere schwache Beziehungen. Auch dürfte bei einer direkten Machtgerichtetheit lediglich eine Kausalitätsbeziehung größere Machtwirkungen zeigen als eine Vielzahl von indirekten Relationen.

Macht ist ein Kennzeichen des Führers. Sie ermöglicht ihm, zielorientiert Einfluß zu nehmen und/oder soziale Kontrolle auszüben. Abzugrenzen vom Begriff Macht ist der Begriff **Autorität**, die im allgemeinen enger im Sinne von **legitimer Macht** aufgefaßt wird. Autorität ist Macht, die sich *formal rechtfertigen* läßt, und die in einer bestimmten

Situation mit dem bestehenden Wertsystem einer Person, einer Gruppe oder einer Institution übereinstimmt (Etzioni 1968, S. 360; Schneider 1978, S. 39ff.).

3.32 Machtbasen

3.321 Überblick

Die konkrete Ausübung von Macht seitens eines Individuums (bzw. einer Gruppe) ist u. a. abhängig von den sogenannten **Machtbasen**. Diese Grundlagen der Macht, über die ein Individuum verfügen oder die es sich zunutze machen kann, stellen zunächst lediglich *passives* bzw. *ruhendes Potential* dar. Erst die tatsächliche Ausübung von Macht aktiviert dieses. Unter Machtgrundlagen (Machtbasen) sollen *alle ökonomischen und nicht-ökonomischen* Möglichkeiten oder Ressourcen subsumiert werden, die einem Machtausübenden *zur Durchsetzung seiner Interessen* zur Verfügung stehen (Krüger 1976, S. 12). Eine Klassifikation der in der Literatur vorgenommenen Untergliederungen in unterschiedliche Machtgrundlagen gibt Dorow (1978, S. 187), der die Machtgrundlagen sehr anschaulich als **Determinierungspotential** und die Machtausübung als **Determinierungsprozeß** beschreibt. Hier soll für die weitere Diskussion der Machtbasen auf die Einteilung von French/Raven (1959, S. 155ff.; 1960, S. 612ff.) zurückgegriffen werden, die die folgenden fünf Machtgrundlagen unterscheiden (vgl. Abb. 14):

(1) Reward power	=	Macht durch Belohnung
(2) Coercive power	=	Macht durch Bestrafung
(3) Expert power	=	Expertenmacht
(4) Referent power	=	Macht durch Identifikation
(5) Legitimate power	=	Macht durch Legitimation

In der Literatur werden (1) Reward power und (2) Coercive power teilweise zur sogenannten Sanktionsmacht zusammengefaßt. Der Grund für diese Vorgehensweise ist darin zu sehen, daß diese beiden Machtbasen auf Sanktionen, d. h. auf positive wie negative Verstärkungen als gemeinsame Basis zurückzuführen sind (z. B. Bamberger/Gmür/Käser 1972, S. 218ff.). Auch wenn im folgenden die Machtbasen einzeln diskutiert werden, sei explizit darauf hingewiesen, daß diese in der Realität meist in kombinierter Form auftreten (Klis 1970, S. 109).

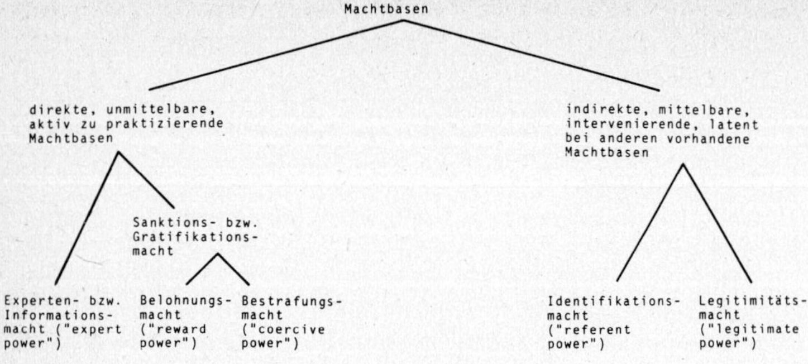

Abbildung 14: Grundlagen der Macht (Machtbasen)

Organisationsmitglieder verfügen meist über *mehrere* Machtbasen, deren Stärke und Qualität unterschiedlich ausgeprägt sind, und deren Ausübung sowohl von der jeweiligen *Situation* als auch von *Stärke* und *Qualität* der übrigen an der Durchsetzung von Zielen interessierten Entscheidungssubjekte abhängig sein kann. Machtbasen stellen dabei keine (Einzel-)Kausalitäten dar, vielmehr sind sie im *Systemzusammenhang* der *Selektion* von *Handlungsalternativen* zu sehen, die zum Wohle der Bestandserhaltung und Ordnung von Handlungssystemen (Hradil 1980, S. 50) bzw. zur Transformation und gleichzeitiger Potenzierung der Reduktionsleistung individueller Entscheidungen (Luhmann 1967, S. 634) in Organisationen vorgenommen werden. Macht ist derjenige *strukturabhängige* Selektionsvorgang, der zur Reduktion von Komplexität ausgeübt wird, d. h. der „Selektivitätsverstärkung" dienlich ist (Luhmann 1969, S. 168). Gleichermaßen kann aber auch Macht genauso gut zur Ausweitung von Komplexität dienlich sein (Krüger 1976, S. 119). Auch die konkrete Praktizierung von Macht ist *relativ*. Sie wird erst im Verhältnis zu den Machtbasen anderer Personen (Gruppen) transparent („relative Machtdifferenz"; Chmielewicz 1975, S. 26).

In Organisationen lassen sich Machtbeziehungen in zweifacher Weise lokalisieren (Chmielewicz 1975, S. 25f.):

(1) die **Innen**macht-Relationen, die sich insbesondere in mitgliederbezogenen Machtauseinandersetzungen akzentuieren;
(2) die **Außen**macht-Relationen, die sich vorwiegend auf Machtauseinandersetzungen von Institutionen untereinander bzw. deren Leiter, d. h. auf die Beziehungen von Unternehmungen zur Umwelt beschränken.

Im folgenden wird ausschließlich das Innenmachtverhältnis der Führung betrachtet. Dies schließt allerdings nicht aus, daß Analogien zum Außenmachtverhältnis hergestellt werden können.

3.322 Macht durch Belohnung

Belohnungsmacht ist gegeben, wenn der Führer die Möglichkeit hat, einem Organisationsmitglied Belohnungen zukommen zu lassen. In der Unternehmung verfügt der Vorgesetzte über eine Reihe von Belohnungsmöglichkeiten, so daß dieser Machtbasis im Führungsprozeß ein hoher Stellenwert zukommt. Neben den **finanziellen Anreizen** kommt der **Befriedigung immaterieller Bedürfnisse** eine entscheidende Bedeutung zu, und zwar um so mehr, je weniger der einzelne die Möglichkeit hat, die Arbeitsleistung in quantitativer und/oder qualitativer Hinsicht zu beeinflussen. Dies bedeutet, daß finanzielle Anreize häufig erst dann die angestrebte Wirkung zeigen, wenn den immateriellen Bedürfnissen gleichzeitig Rechnung getragen wird. Zu den immateriellen Anreizen zählen z. B. Beförderung, Statussymbol, Lob und Kritik, soziale Anerkennung, Weiterbildungsmaßnahmen etc. (Nick 1972, S. 234ff.).
Die Möglichkeit der bewußten Gestaltung der Umwelt (Arbeitsplatz) durch den Führer und die damit verbundene Ausschaltung bestimmter Handlungsalternativen wird auch als *„ökologische Macht“* bezeichnet (Irle 1969, Sp. 587).

3.323 Macht durch Bestrafung

Die Bestrafungsmacht ist das Gegenstück zur Belohnungsmacht. Sie basiert auf der Möglichkeit, durch den Einsatz der *Androhung von Bestrafung* ein entsprechendes Verhalten zu erreichen (French/Raven 1960, S. 614). Zwang (‚coercion‘) beruht auf der Verfügung von Mitteln, mit denen der Handlungsspielraum anderer begrenzt werden kann. Insofern basiert die Macht durch Zwänge auf der Überzeugung des Machtunterworfenen, er werde vom Machtausübenden bestraft, wenn er sich dessen Wünschen und Interessen widersetzt (Schneider 1978, S. 17). Dabei ist zwischen der (An-)Drohung, d. h. dem Ankündigen einer negativen Sanktion, und dem tatsächlichen Vollzug einer Bestrafung zu unterscheiden. Beim Einsatz von Drohungen ist davon auszugehen, daß diese in der Regel nicht beliebig steigerbar sind, da

einem Organisationsmitglied die grundsätzliche Möglichkeit offensteht, aus der Organisation auszuscheiden, wenn das von ihm wahrgenommene Anreiz-Beitrags-Verhältnis nicht mehr seinen Vorstellungen entspricht. Es ist eher davon auszugehen, daß es nur einen individuell unterschiedlichen, relativen Bereich gibt, innerhalb dessen der Machtausübende Drohungen aussprechen kann, ohne daß der machtunterworfene Organisationsteilnehmer Widerstand aufbaut, dessen letzte Konsequenz im Ausscheiden aus dem System liegt. Es ist jedoch auch denkbar, daß der Machtausübende bewußt seine Bestrafungsmacht ‚strapaziert', um ein bestimmtes Organisationsmitglied zum Austritt aus der Organisation zu zwingen.
Bestrafungen können beispielsweise sein: Versetzung an einen anderen Arbeitsplatz mit schlechteren Arbeitsbedingungen, Entlassung, Gehalts- oder Lohnkürzungen. Die Wirksamkeit der Bestrafung wird im allgemeinen nur dann anerkannt, wenn es sich um die Einhaltung von allgemein akzeptierten **Normen** oder **Wertvorstellungen** handelt. Es bestehen erhebliche Zweifel, ob durch die Anwendung von Bestrafungen ein bejahendes Verhalten seitens des Betroffenen erreicht werden kann (Krüger 1976, S. 13). Es erscheint wahrscheinlicher, daß das Individuum ein Verhalten an den Tag legt, welches gerade noch eine weitere Bestrafung vermeidet (Böhnisch 1979, S. 142f.). Das bedeutet, daß auch die Arbeits- bzw. Leistungseffizienz der Organisationsmitglieder in diesem Fall an der untersten Grenze liegen wird.
Von Bedeutung kann auch die Kombination von „reward" und „coercive power" zum Ziele der Verhaltensmodifikation sein. Böhnisch (1979, S. 146f.) erachtet die Belohnungsmacht zwar als eine sinnvolle und notwendige Ergänzung zur Bestrafungsmacht, jedoch lehnt er die Umkehrung, also Bestrafungsmacht komplementär zur Belohnungsmacht ohne eine Begründung als nicht stichhaltig ab. In beiden Fällen erscheint jedoch eine Kombination dieser Machtbasen aus den folgenden Gründen sinnvoll (Brose/Corsten 1983, S. 158f.):

(1) Bedingt durch die Möglichkeit, daß der Beeinflussende sowohl das angestrebte Verhalten belohnt als auch das zu vermeidene Verhalten bestraft, wächst durch die Kontrastierung die Attraktivität des angestrebten Verhaltens.
(2) Durch den Einsatz beider Machtbasen erhöht sich auch die Transparenz aus der Sicht des Zubeeinflussenden. Dies liegt darin begründet, daß dem Zubeeinflussenden einerseits vor Augen geführt wird, welches Verhalten in einer konkreten Situation seitens des Beeinflussenden erwünscht ist und andererseits auch das zu vermeidende Verhalten offenkundig wird.

Diese Argumente sind auch im Rahmen der **Anreiz-Beitrags-Theorie** von Bedeutung. Durch die Kontrastierung von Belohnungen und Bestrafungen einerseits und durch die Erhöhung der Transparenz andererseits wird dem Zubeeinflussenden die Möglichkeit geboten, auf der Grundlage des veränderten Anreiz-Beitrags-Verhältnisses eine Entscheidung über sein Verhalten zu treffen. Dadurch wäre es denkbar, höhere Reibungsverluste zu vermeiden (Corsten 1982, S. 352f.).

3.324 Expertenmacht

„Expert power" bedeutet, daß der Beeinflussende auf einem bestimmten Wissensgebiet besondere Informationen besitzt, also als ein Experte angesehen werden kann (French/Raven 1960, S. 620). Die wesentliche Machtgrundlage der Experten bilden folglich ihre Informationspotentiale, wobei die Qualität der Entscheidungen vorwiegend von dem jeweiligen Informationsstand der Entscheidungsträger abhängt. Der Sachverstand von Experten stellt informationstheoretisch nichts anderes als einen **Informationsvorteil** dar, d. h. der Zubeeinflussende verfügt selbst nicht über die erforderlichen Informationen, und er glaubt, diese durch den Beeinflussenden erlangen zu können (Klis 1969, S. 112; Krüger 1976, S. 13). Dabei ist weniger die objektive als vielmehr die seitens des Zubeeinflussenden subjektiv wahrgenommene Sachkompetenz von Bedeutung. Informationen werden natürlich ebenfalls bei den bisher genannten Machtbasen ausgetauscht. Der wesentliche Unterschied hierzu ist jedoch darin zu sehen, daß im Rahmen der Belohnungs- und Bestrafungsmacht die Informationen nur das eher unbedeutende Bindeglied zwischen Beeinflussendem und Zubeeinflussendem darstellen, während sie im Rahmen der Expertenmacht die eigentliche, ausschließlich relevante Basis der Macht bilden (Irle 1971, S. 26).
Einige Autoren (Collins/Raven 1969, S. 102ff.; Raven/Kruglanski 1970, S. 69ff.; Staehle 1980, S. 319f.; Wunderer/Grunwald 1980 I, S. 55) plädieren für eine Unterscheidung von *Experten-* und *Informationsmacht.* Dieser Auffassung können wir uns jedoch nicht anschließen. Die Trennung von „expert power" und „informational power" ist ein äußerst schwieriges Unterfangen, weil (Experten-)Wissen und Information in einem engen Zusammenhang stehen.

3.325 Macht durch Identifikation

„Referent power“ basiert auf der Identifikation eines Individuums mit einem anderen Identifikationsobjekt (French/Raven 1960, S. 618). Dabei gelten als **Identifikationsobjekte** vor allem einzelne Personen, Gruppen, Organisationen und/oder gesellschaftliche Normen und Ziele. Unter Identifikation ist generell eine emotionale Bindung einer Person an ein Identifikationsobjekt zu verstehen, die sich darin manifestiert, daß diese Person das Identifikationsobjekt kopiert, ihm zu gefallen sucht oder ihm nacheifert (Klis 1969, S. 111). Der Geführte übernimmt die Werte und Überzeugungen des Führers und billigt die Handlungen durch sein eigenes Arbeitsverhalten. Oft geschieht es durch das Karrieredenken der Mitarbeiter, daß sie sich im hohen Maße mit den Vorgesetzten identifizieren. Das Verhalten der sich identifizierenden Person wird in diesem Falle also beeinflußbar (Weber 1971, S. 1).
Im Rahmen der weiteren Überlegungen soll als Identifikationsobjekt eine einzelne Person – der Führer oder Vorgesetzte – als Machtinhaber betrachtet werden. Allgemein kann davon ausgegangen werden, daß mit steigendem **Identifikationsgrad** auch die Machtausübungsmöglichkeiten des Machtinhabers über den Machtunterworfenen zunehmen. Diese Machtbasis kann zunächst nur als etwas passiv Vorhandenes aufgefaßt werden (Klis 1969, S. 112f.), das u. U. nur latent vorhanden ist oder sogar dem Führer nicht bewußt zu sein braucht. Erst durch eine spezifische Handlung des Machtinhabers wird sie aktiv bzw. aktiviert. Des weiteren ist zu berücksichtigen, daß eine Person die Erzeugung einer Identifikation nicht unmittelbar bewirken, sondern dies lediglich durch den Einsatz ihrer Ressourcen versuchen kann (Krüger 1976, S. 15). Der Identifikationsmechanismus stellt insofern eine Entscheidung dar, die im Rahmen aller sozialen Beziehungen (Interaktionen) relevant werden kann. Experten- und Referenzmacht sind abhängig von **Überzeugung und Manipulation**. Das Vorhandensein der Überzeugungskraft des Führenden wird den Gruppenmitgliedern bei jedem Überzeugungsversuch bewußt, während die Manipulation von Informationen weitgehend verborgen bleibt.

3.326 Legitimation durch Macht

Die legitime Macht beruht auf der Anerkennung allgemeiner Normen. Es handelt sich bei dieser Machtform um die Überzeugung des

Machtunterworfenen, daß der Machtinhaber das Recht besitzt, legitime Macht auszuüben, und daß der Machtunterworfene deshalb die Pflicht hat, diesen Anordnungen Folge zu leisten. Der von der Macht eines anderen Überzeugte hat dabei bestimmte *Werte internalisiert,* die den Gehorsam gegenüber Anweisungen eines hierarchisch Übergeordneten begründen. Der Führer bedient sich der verinnerlichten Werte des zu beeinflussenden Individuums, um den Einfluß ausüben zu können. Dabei akzeptiert das Individuum in einem bestimmten Indifferenzbereich, daß der Führer das legitime Recht hat, Weisungen zu geben. Die Anerkennung der legitimen Macht ist mit der Status- und Rollenverteilung zwischen den Organisationsmitgliedern verbunden.
Legitime Macht wird in den Sozialwissenschaften häufig als **positionale Autorität** bezeichnet, die ein Vorgesetzter aufgrund seiner hierarchischen Überordnung besitzt (Klis 1969, S. 110; Böhnisch 1979, S. 140). Es handelt sich somit um eine Verteilung der Macht entlang der organisatorischen Linienbeziehungen (Mintzberg 1979, S. 135; Schanz 1982, S. 187). Sie drückt sich faktisch darin aus, daß der jeweilige Positionsinhaber Vorgesetzter für die nachgeordneten Mitarbeiter ist und Führungsbefugnisse besitzt.
Entscheidungsbefugnisse werden im Rahmen der **Dezentralisation** im unterschiedlichen Umfange vom Vorgesetzten an (nachrangige) Mitarbeiter vergeben (Delegation von Entscheidungsmacht). Eine Organisation ist vollkommen dezentralisiert, wenn das gesamte Ausmaß an Entscheidungsbefugnis bzw. -macht völlig gleich verteilt ist (dezentraler Machtausgleich, Machtgleichgewicht). Sie ist **zentralisiert**, wenn sich lediglich eine Person im Besitz sämtlicher Entscheidungsbefugnisse befindet (zentrale Machteinseitigkeit; Machtungleichgewicht). Innerhalb dieses Kontinuums an Entscheidungsbefugnis existiert eine Vielzahl an Zwischenformen, deren reale Ausgestaltung vielschichtiger Art sein kann (Abb. 15).

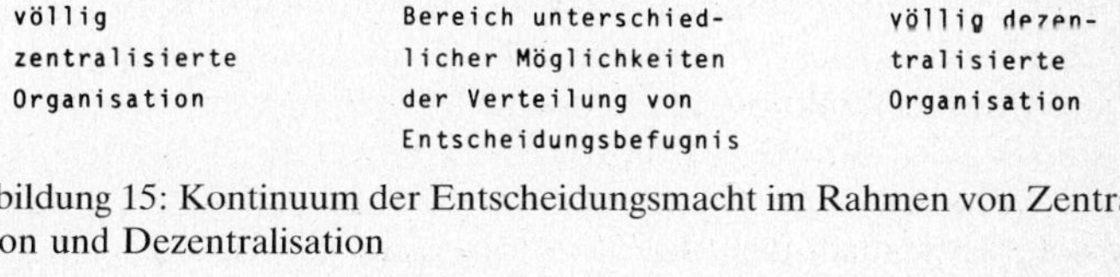

Abbildung 15: Kontinuum der Entscheidungsmacht im Rahmen von Zentralisation und Dezentralisation

Die *Gründe* für die Delegation von Entscheidungsmacht sind vielfältig. Im wesentlichen werden drei Effekte akzentuiert (Mintzberg 1979, S. 182ff.; Schanz 1982, S. 188ff.):

(1) Delegation von Entscheidungen aufgrund der Begrenztheit von kognitiver Informationsaufnahme und -verarbeitung.
(2) Delegation von Entscheidungen zur Verbesserung der Reaktionsfähigkeit und -zeit bei lokalen Anforderungen.
(3) Delegation von Entscheidungen zur Motivationssteigerung der Mitarbeiter (Grochla 1972, S. 119ff.).

Diesen positiven Delegationseffekten stehen allerdings gewisse *Nachteile* gegenüber. So werden als negative Folgeerscheinungen im wesentlichen

(1) das generelle Koordinationsproblem,
(2) Sickerverluste an Entscheidungsmacht und
(3) zusätzlicher Bedarf an formalen Koordinationsinstrumenten genannt (Schanz 1982, S. 188ff.).

Erst durch die Ausweitung der wechselseitigen Abstimmung und durch zusätzliche Verbindungseinrichtungen (Mintzberg 1979, S. 190f.) können Delegationsprobleme beseitigt werden. Allerdings werfen neue Koordinationsmechanismen auch neue Probleme auf, die nicht mehr im Zusammenhang mit der ursprünglichen Delegationsproblematik zusammenhängen.

Im Rahmen des Einsatzes der Legitimationsmacht muß – ebenso wie bei den bereits angesprochenen Machtbasen – beachtet werden, daß der Betroffene diese Macht nur innerhalb eines bestimmten Bereiches akzeptiert. Ist der Einsatz dieser Machtbasis für den davon Betroffenen mit gravierenden Deprimationserlebnissen verbunden, so muß mit dem Auftreten von Widerständen gerechnet werden. Verändert sich dadurch das Anreiz-Beitrags-Verhältnis grundlegend zum Nachteil des Betroffenen, so kann dieser als „ultima ratio" aus der Organisation ausscheiden und sich der Machtausübung vollständig entziehen. Die Möglichkeit, durch verstärkte Kontrollen die auftretenden Widerstände zu überwinden, dürfte nur in beschränktem Maße wirksam sein. Widersprechen beispielsweise die durchgeführten Kontrollen den individuellen Normen und Wertvorstellungen der Betroffenen, so wäre als Reaktion durchaus eine Verhaltensweise denkbar, die darauf abzielt, derartige Kontrollen zu umgehen (Böhnisch 1979, S. 141). Ebenso ist es möglich, daß der Betroffene lediglich kurz vor, während oder auch nach den Kontrollen ein vom Vorgesetzten gewünschtes Verhalten zeigt, während der übrigen (Arbeits-)Zeit jedoch ein grundsätzlich anderes, konträres Verhalten entwickelt. Abschließend sei noch einmal explizit betont, daß, auch wenn eine separate Behandlung der einzelnen Machtbasen erfolgte, in der Regel mehrere Machtbasen in kombinierter Form zum Einsatz gelangen werden. Die angeführten Machtbasen schließen sich nicht gegenseitig aus. Sie können durchaus kombiniert und mit unterschiedlicher Gewichtung im Führungsprozeß gehandhabt werden. Über die kombinierte Wirkung der unterschiedlichen Machtbasen sind den Verfassern keine Untersuchungen bekannt. Faktoranalytische Ergebnisse lassen jedoch eine annähernde Bestätigung des Klassifikationsschemas zu (Wunderer/Grunwald 1980 I, S. 67). Hypothetisch kann dabei angenommen werden, daß die „legitimate power" sehr häufig in Kombination mit „reward power" und „coercive power" auftritt. „Expert power" scheint nicht an eine spezielle „legitimate power" gebunden, sondern kann grundsätzlich auf allen Ebenen in Erscheinung treten. Als die wichtigsten Machtbasen werden von Krüger (1976, S. 14f.) die Experten- und die Sanktionsmacht angesehen. Eine Überlegenheit des Machttyps ‚Information und Expertenwissen' wird auch bei Schneider (1978, S. 19f.) betont. „In den hochentwickelten Industriegesellschaften ist man heute geneigt, die informative Macht, ... als mit unserem christlich-abendländischen Welt- und Menschenbild sowie den Postulaten des Grundgesetzes der Bundesrepublik Deutschland am ehesten verträglich anzusehen. Darüber hinaus scheint im Arbeitsleben die informative Macht (d. h. das Expertenwissen), verglichen mit den anderen Machtquellen, auf lange Sicht am wirksamsten und stabilsten" (Wunderer/Grunwald 1980 I, S. 68) zu sein.

3.33 Ansätze zur Weiterentwicklung von formellen Machtbeziehungen

Außer den gesetzlichen Regelungen wird seit geraumer Zeit auch von Möglichkeiten Gebrauch gemacht, die formellen Machtbeziehungen in der Unternehmung auf freiwilliger Basis zu verfassen. Die Modellvorschlage dazu sind so vielfältig, daß lediglich einige Grundformen dargestellt werden. Als wichtigste Varianten für freiwillige Unternehmungsverfassungen gelten **Partnerschaft** und **Mitunternehmerschaft** (Kolbinger 1957; Vilmar 1973 a, S. 30ff. und S. 219ff.; 1973 b).
Partnerschaft bedeutet generell eine unternehmungsintern festgelegte

Form der Zusammenarbeit zwischen Unternehmungsleitung und Mitarbeitern (Maier 1969, S. 96). Ziel der Partnerschaftskonzeption ist es, das Verhältnis von Arbeit, Kapital und Unternehmungsleitung unter gleichzeitiger Berücksichtigung der ökonomischen Interessen von Arbeitgebern und Arbeitnehmern zu verbessern. Als Mittel hierzu dienen (Remer 1978, S. 185ff.):

(1) *Unternehmungsindividuelle Regelungen*
Diese unterscheiden sich von der gesetzlichen Mitbestimmung hauptsächlich in zwei Punkten:
(1.1) Mitbestimmung wird als Chance zur Mitleistung interpretiert, d. h. es wird von einem gemeinsamen Leistungsziel ausgegangen, an dem sich Inhalt und Umfang der Mitbestimmung orientieren sollte. Die Mitbestimmung hat ihre Grenzen dort, wo die Arbeitnehmer völlig andere Interessen als die Arbeitgeber verfolgen könnten und wo ihre Mitleistungsfähigkeit angezweifelt wird.
(1.2) Die Arbeitnehmer sollen direkt mitbestimmen, d. h. an die Stelle des „unmündigen", durch Gewerkschaft und Betriebsrat vertretenen Arbeitnehmers soll der mündige eigenverantwortliche und selbstbestimmte Partner treten.

(2) *Beteiligung der Mitarbeiter am Unternehmungs- oder Betriebsergebnis (Erfolgsbeteiligung)*
Ausdrücklich handelt es sich hierbei nicht um eine Form des Leistungslohnes, sondern es wird der einzelne direkt am Gesamterfolg beteiligt. Dabei ist es in diesem Zusammenhang relativ unerheblich, welche Art von Erfolgsbeteiligung gewählt wird. Wichtig dagegen erscheint, daß der einzelne sich als Partner nicht allein um seine eigene Leistung sorgt, sondern ein Interesse daran gewinnt, daß alle Mitarbeiter in Kooperation den Gesamterfolg steigern.

Eine Veränderung formeller Machtbeziehungen durch Partnerschaftsverträge muß an den Gegebenheiten und Anforderungen der Personalstruktur gemessen werden. Im Hinblick auf eine eventuelle Leistungssteigerung könnte das Partnerschaftskonzept insofern von *Vorteil* sein, als es das Gruppendenken fördert und erfolgsorientierte Einstellungen produziert. Es kann auch zur Zufriedenheit der Arbeitnehmer beitragen, da diese sich leichter mit bestimmten Leistungsprinzipien identifizieren können. Der Selbstverwirklichung mag Partnerschaft insofern dienen, als das Prinzip der Selbstbestimmung stärker zur Anwendung kommt als im Mitbestimmungsrecht.

Kritisch läßt sich gegen die Partnerschaftsidee u. a. einwenden, daß sie aufgrund unterschiedlicher Motivationsstrukturen der Mitarbeiter unpraktikabel ist, denn nicht jeder Arbeitnehmer ist an einer Erfolgssteigerung und -beteiligung interessiert. Zudem lenkt sie die Mitbestimmung der Arbeitnehmer einseitig auf das Leistungsdenken und zwängt die Selbstverwirklichung letztlich in ökonomische Formen. Insbesondere die Gewerkschaften hegen einiges Mißtrauen gegen Partnerschaftsmodelle, da diese den gewerkschaftlichen Aktionsradius sowohl auf der Ebene der Mitbestimmung als auch bei der Tarifgestaltung einschränken.

Das Prinzip der **Mitunternehmerschaft** beteiligt die Mitarbeiter am Kapital der Unternehmung. Sie tragen absolutes unternehmerisches Risiko. Damit werden Probleme der formellen Machtbeziehungen eigentumsrechtlich angefaßt und Mitbestimmungsgesetze überflüssig gemacht. Die meisten Mitunternehmerschaftsverfassungen zeichnen sich dadurch aus, daß sie den Gegensatz zwischen Eigentümern und Arbeitnehmern privatwirtschaftlich kapitalistisch zu lösen versuchen. Die Mitarbeiter werden privat am Kapital und an den Kapitalerträgen beteiligt. Mitarbeiter können dabei (unter Einhaltung bestimmter Sperr-Regeln) nicht nur über ihren Ertrags-, sondern auch über ihren Kapitalanteil verfügen.

Wie bei der Partnerschaft stellt sich auch bei der Mitunternehmerschaft die Frage, was diese zu **Effizienz, Zufriedenheit** und **Selbstverwirklichung** der Arbeitnehmer beitragen können. Da sich Partnerschaft und Mitunternehmerschaft nur durch das Prinzip der Beteiligung am Kapital (Kapitalertrag und Kapitalrisiko) unterscheiden, können die oben getroffenen Feststellungen über die Wirksamkeit der Partnerschaft weitgehend auch auf die Mitunternehmerschaft bezogen werden. Sie enthalten jedoch ein noch stärkeres Gewicht dadurch, daß der Arbeitnehmer nun sowohl als Bezieher von Arbeitsentgelt als auch als Eigentümer in den Leistungsprozeß der Unternehmung integriert wird (Remer 1978, S. 190).

Breit gestreutes, nicht ohne weiteres frei verfügbares *Eigentum an den Produktionsmitteln* verschafft dem einzelnen kaum einen großen Vorteil im tatsächlichen Machtgefuge der Unternehmung, da seine persönliche Leistungskapazität stark begrenzt ist. Größere Zufriedenheit kann auch nur aus dem subjektiven Empfinden der beteiligten Arbeitnehmer, Einfluß zu besitzen und aus der objektiven Erfolgsbeteiligung resultieren.

Durch Partnerschaft und Mitunternehmerschaft werden den Arbeitnehmern als Gruppe zusätzliche, wenngleich nur mittelbare Möglichkeiten eingeräumt, auch auf Unternehmungsebene mitzubestimmen. Andererseits aber wird die Macht des einzelnen durch die komplizierten Netze der *Arbeitsorganisation* und des *sozialen Systems* begrenzt. Deshalb muß gleichzeitig auch beim organisatorischen Detail, bei den Aufgabenbeziehungen, Leistungsbeziehungen und Arbeitsplätzen angesetzt werden. Da jedoch derartige strukturelle Eingriffe niemals zu perfekten, d. h. Selbstverwirklichung, Zufriedenheit und Leistung hinreichend garantierenden Lösungen führen, bleiben Einzelmaßnahmen übrig, die eher von Fall zu Fall ergriffen werden müssen.

3.4 Gruppe

3.41 Begriff und Wesen der Gruppe

Die „Human-Relations"-Bewegung, die durch die Hawthorne-Experimente initiiert wurde, sah in den sozialen Kontakten der Mitglieder einer Arbeitsgruppe untereinander eine wesentliche Einflußgröße für das Arbeitsverhalten.
Der Mensch denkt, fühlt und handelt sowohl im Betrieb als auch im Privatleben nicht nur als isoliertes Individuum, sondern als Mitglied von Gruppen. *Gruppenmitglieder beeinflussen sich im Denken, Fühlen und Verhalten gegenseitig.* Eine Variable des Führungsprozesses ist die Gruppe im Betrieb, wobei die *Arbeitsmotivation, der Zusammenhang von Gruppenverhalten und Leistung, das Fehlverhalten* und das *sonstige Verhalten innerhalb der Arbeitsgruppe* und *gegenüber Außenstehenden interessiert.* Neben der zwangsläufigen Mitgliedschaft in Arbeitsgruppen wird das Handeln des arbeitenden Menschen durch die freiwillige Mitgliedschaft in informellen Gruppen (Freundschafts-, Interessengruppen) bestimmt, deren Ziele nicht unbedingt mit denen des Betriebes konform sein müssen.
„Unter einer Gruppe verstehen wir eine Reihe von Personen, die in einer bestimmten Zeitspanne häufig miteinander Umgang haben und deren Anzahl so gering ist, daß jede Person mit allen und anderen Personen in Verbindung treten kann, und zwar nicht nur unmittelbar über andere Menschen, sondern von Angesicht zu Angesicht... Bei einem zufälligen Zusammentreffen flüchtiger Bekannter sprechen wir nicht von einer Gruppe." (Homans 1960, S. 29)

Die **Arbeitsgruppe** ist in einem hierarchisch strukturierten System, wie dem Betrieb, durch einen Vorgesetzten und durch eine begrenzte Anzahl von Mitarbeitern gekennzeichnet. Arbeitsgruppen stellen Subsysteme dar, die sich oft nur vorübergehend zur Erfüllung einer zeitgebundenen Aufgabe bilden. Mitgliedschaft, Struktur, Aufgabe, Rolle und Status jedes Gruppenmitgliedes und die Beziehungen zwischen ihnen werden von anderen außerhalb der Arbeitsgruppe bestehenden Organen bestimmt. Der eigentliche Grund für die Bildung von Arbeitsgruppen ist die **Arbeitsteilung**.
In der Betriebssoziologie und der Betriebspsychologie werden derartig gruppenextern strukturierte Gruppen, die einen Teil eines Organisationsplans darstellen, als **formale (formelle) Gruppen** bezeichnet, im Gegensatz zu **informalen (informellen) Gruppen**, die nicht aufgrund der formal definierten Ziele bzw. Zwecke des Betriebes geplant und organisiert werden, sondern die gruppenintern **Rollen** und den **Status** festlegen. Diese Gegenüberstellung von formalen und informalen Gruppen ist auf Kritik gestoßen (Rosenstiel 1975, S. 41 f.). Rosenstiel und andere sehen in den Strukturen, die als formale Gruppen bezeichnet werden, lediglich Planeinheiten, die noch keine Gruppen sind. Sie werden erst zu Gruppen, sobald die Menschen nach Plan eingesetzt werden und interagieren. Rosenstiel plädiert für eine Differenzierung mit fließenden Übergängen zwischen Gruppen, deren Zusammensetzung und Aktivitäten nach Plan bzw. nicht nach Plan bestimmt sind. Die Abweichungen vom Plan sind dann in planverträgliche und planunverträgliche Abweichungen zu unterscheiden (Rosenstiel 1975, S. 273).
Die informale Struktur geht aus der formalen Struktur hervor. Als Folge von Interaktionen innerhalb der Gruppe entstehen neue Aktivitäten, die mit der formalen Struktur nicht intendiert werden. Die Gruppenmitglieder entwickeln Gefühle der Zu- und Abneigung füreinander, es kommt zu gegenseitigen Hilfeleistungen, Arbeitsaustausch, Streitigkeiten und Unterhaltungen. Innerhalb der Gruppe bilden sich Cliquen und der Ansatz zu einem neuen Kommunikationsgewebe, das in einem formal nicht legitimierten Führer zusammenläuft. Die informale Struktur wirkt wiederum auf die formale Struktur zurück und modifiziert diese (Homans 1960, S. 159ff.). Informal organisiertes Verhalten ist eine Reaktion auf die formale Struktur und kann nur verstanden werden, wenn es auf diese bezogen wird. Vielfach untersucht wurde in diesem Zusammenhang die Setzung von **Leistungsstandards (Normen).** Leistungsstandards sind eine solidarische Verhaltensweise gegenüber dem Betrieb, mit der erhöhte Leistungsforde-

rungen der Organisation abgewiesen werden. Die Existenz dieser Leistungsstandards ist ein Hinweis auf die Schutzfunktion der informalen Gruppe, der immer dann besondere Bedeutung zukommt, wenn die Sicherheitsbedürfnisse der Mitglieder durch betriebliche Maßnahmen tangiert werden.
Sicherheitsbedürfnisse dürften häufig durch eingeschränkte Informations- und Kommunikationsmöglichkeiten aktualisiert werden. Eine Informationspolitik, die am Informationsbedarf der Mitarbeiter orientiert ist und Kommunikationsstrukturen schafft, die es dem Mitarbeiter ermöglichen, von sich aus aktiv zu werden, um die gewünschten Informationen einzuholen, z. B. durch die Einrichtung von **Mitarbeitergesprächen,** kann dazu beitragen, Verhaltensunsicherheiten und Mißverständnisse zu vermeiden.
In den Mittelpunkt personalwirtschaftlichen Interesses können dann die positiven Auswirkungen informaler Kommunikation auf die **Arbeitszufriedenheit** der Mitarbeiter und damit auch auf die **Fluktuation** und **Fehlzeiten** treten. Arbeitsgruppen leisten einen wichtigen Beitrag zur Integration neuer Mitarbeiter, bieten Gelegenheit zu spontanen sozialen Kontakten und gewährleisten die Weiterleitung notwendiger Informationen bis zu den auf der untersten Stufe der Betriebshierarchie stehenden Mitarbeitern. Die Gruppe befriedigt individuelle Bedürfnisse nach Anerkennung, Wertschätzung und Geborgenheit. Durch die Rückwirkung auf die formale Struktur hilft die Gruppe auch bei der Anpassung der Arbeit an den Menschen (Burisch 1973, S. 102f.).
Die Zufriedenheit der Mitarbeiter wird in hochkohäsiven Gruppen am größten sein. **Kohäsion** ist ein Maß für die Beliebtheit und den Zusammenhalt der Gruppe. Sie kann durch die Beantwortung folgender Fragen gemessen werden:

- Finden Sie, daß Sie wirklich ein Teil Ihrer Arbeitsgruppe sind?
- Wenn Sie die Möglichkeit hätten, dieselbe Arbeit zu gleichem Lohn in einer anderen Arbeitsgruppe zu verrichten, würden Sie daran denken, nach dort überzuwechseln?
- Wie steht Ihre Arbeitsgruppe im Vergleich mit anderen Arbeitsgruppen in der Fabrik in folgender Hinsicht da?
- Wie kommen die Arbeiter miteinander aus, wie halten sie zusammen, wie helfen sie einander bei der Arbeit? (Homans 1972, S. 106).

Kohäsion steht im Zusammenhang mit verschiedenen biographischen Variablen. Zu diesen Variablen zählen Alter, Ausbildung, Dauer der

Betriebszugehörigkeit. Hinzu tritt eine gewisse Übereinstimmung hinsichtlich der politischen und religiösen Einstellungen und Werthaltungen. Die Probleme bei der Integration von Gastarbeitern sowie der große Zusammenhalt zwischen Gastarbeitern veranschaulichen die Bedeutung dieser Variablen.
Hochkohäsive Arbeitsgruppen sind unter anderem dadurch gekennzeichnet, daß zwischen der Produktivität der einzelnen Mitglieder nur eine geringe Variabilität besteht, d. h., jedes Mitglied hält die von der Gruppe gesetzte Leistungsnorm ein. Zwischen der individuellen Produktivität in **schwachkohäsiven Gruppen** besteht dagegen eine hohe Variabilität.
Damit ist noch nichts über die absolute Höhe des Leistungsstandards ausgesagt. Sie kann im Intergruppenvergleich auch bei kohäsiven Gruppen variieren. Der durch die Gruppe angestrebte Leistungsstandard hängt von vielen Einflüssen ab. Besondere Bedeutung dürfte dem Anreizsystem in Verbindung mit den Erwartungen hinsichtlich der Konsequenz hoher Leistung auf die **Sicherheit der Arbeitsplätze** und die zukünftige Gestaltung der **Leistungszulagen** zukommen. Diese Erwartungen sind abhängig von den in der Vergangenheit im Betrieb gemachten Erfahrungen.
Seit einigen Jahren tritt die unter den Stichworten **job rotation, job enlargement, job enrichment** und **selbststeuernde Arbeitsgruppe** bekanntgewordene Diskussion neuer Formen der Arbeitsstrukturierung in den Vordergund. Gleichzeitig mit dem Abbau repetitiver Teilarbeiten zugunsten komplexerer und abwechslungsreicherer Tätigkeiten wird hier versucht, erweiterte **Kommunikationsmöglichkeiten** für die Mitarbeiter zu schaffen. Dabei ergeben sich neue sozialpsychologische Probleme. Besonders bei der teilautonomen Arbeitsgruppe ist Kommunikation nicht nur möglich, sondern zur Leistungserstellung sogar in hohem Maße erforderlich, da den selbststeuernden Gruppen im Hinblick auf Leistungserstellung relativ viel Autonomie zugestanden wird. So entscheidet die Gruppe selbst, wer wann welche Aufgabe ausführt und gibt dazu die Arbeitsgeschwindigkeit vor. Das demokratische Prinzip in der Gruppe führt dabei zwangsläufig zu der Überstimmung von Minderheiten und zur Bevormundung von Außenseitern durch die Mehrheit der Gruppe. Anstelle der Abhängigkeit von der technischen Einrichtung tritt hier unter Umständen die Fremdbestimmung durch die Gruppe, die schwerer erträglich sein kann als die Abhängigkeit von technischen Anlagen, da eine solche Gruppe Außenseitern gegenüber keine Schutz- und Entlastungsfunktion übernimmt (Schultz 1976, S. 235).

3.42 Gruppenleistung

Früher war man der Meinung, daß die Gruppe dem Individuum generell überlegen sei. Die neueren Untersuchungen weisen jedoch darauf hin, daß die Art des Problems für die **Leistungsüberlegenheit** der Gruppe ausschlaggebend ist. Besteht das Problem nur aus wenigen Teilen, so entspricht die Qualität der Gruppenlösung häufig der des begabtesten einzelnen Gruppenmitgliedes. Sind die Probleme in mehreren Schritten zu lösen, so kann die Gruppenleistung der Individuallösung überlegen sein, wenn sich die zur Lösung erforderlichen Kenntnisse und Fertigkeiten auf die Mitglieder verteilen. Gruppenlösungen haben sich gegenüber der isoliert gefundenen Lösung des begabtesten Gruppenmitgliedes dann als unterlegen erwiesen, wenn es sich um mehrstufige Probleme handelt, bei denen eine Arbeitsteilung nur schwer möglich ist, die einen Überblick über das Problem erfordern und nur sukzessiv gelöst werden können.
Weiterhin spielen der Führungsstil, die Zusammensetzung der Gruppe, wie Alter, Ausbildung, Einstellungen und Bedürfnisse der Mitarbeiter, die Person des Gruppenführers, die Kommunikationsstruktur und das Anreizsystem eine Rolle. Nach Glueck (1976, S. 86) ist die **Effektivität der Gruppe** von folgenden Punkten abhängig:

1. Größe der Gruppe: Gruppen, deren Aufgabe das Lösen von Problemen ist, sollten aus maximal 7 Teilnehmern bestehen. Bei sogenannten „fact-finding-groups" sollte die Gruppengröße maximal 14 betragen.
2. Gruppen mit gerader Teilnehmerzahl entscheiden sorgfältiger als Gruppen mit ungerader Mitgliederzahl.
3. Die Art der Aufgabe: Gruppen mit hinsichtlich Alter, Ausbildung, Erfahrung usw. homogener Mitgliedschaft leisten mehr bei Aufgaben, die einfach sind und ein hohes Maß an wechselseitiger Kooperation erfordern. Heterogen zusammengesetzte Gruppen leisten mehr bei komplexen Aufgaben, die Kreativität erfordern und bei deren Bearbeitung die verbrauchte Zeit nur eine untergeordnete Rolle spielt.
4. Räumliche Nähe und Kohäsion: Gruppen, deren Mitglieder räumlich näher beieinander arbeiten, können leichter untereinander kommunizieren. Dadurch nimmt die Kohäsion der Gruppe sowie die Arbeitseffektivität zu.

Zur Gewährleistung einer hohen **Kommunikationsdichte** erscheint eine Vollstruktur der **Kommunikationskanäle** günstig.

„Die Vollstruktur ermöglicht die größtmögliche Zahl der Verbindungungen und Informationskommunikation unter den Gruppenmitgliedern. Auf den Betrieb übertragen heißt das: Die Aufgabenbereiche sind nicht streng abgegrenzt und exakt definiert, es gibt nicht den sogenannten Dienstweg, vielmehr setzt sich jeder unmittelbar mit dem anderen in Verbindung (Stirn 1970, S. 500). Eine hohe Kommunikationsintensität birgt die Gefahr in sich, daß es zur Gruppenspaltung und somit zur Cliquenbildung kommt. Für den inneren Zusammenhalt ist weiterhin die Art des Führungsverhaltens ausschlaggebend. Das Verhalten des Gruppenführers muß von allen Mitgliedern akzeptiert werden.

Außer den **Intragruppenbeziehungen** sollten auch die **Intergruppenbeziehungen** beachtet werden. Das Verständnis zwischen Gruppen kann mehr oder weniger gut sein. Ihre Mitglieder können entweder kooperativ sein, gegeneinander arbeiten oder sich voneinander fernhalten. Die Gefahr, daß die Kommunikationsdichte zu anderen Gruppen Lücken zeigt, kann in einer hohen Gruppenkohäsion begründet sein. Das Ausmaß an Verständnis wird durch gleiche oder zumindest ähnliche Werte und Ziele begünstigt. Ist eine Zielkongruenz zwischen den Zielen der Gruppen und des Betriebs gegeben, so ist ein kooperatives Arbeitsverhalten zu erwarten. Eine Indifferenz im Verhalten wird hingegen bei Bewußtsein von andersartigen oder fremdartigen Werten und Zielen aufkommen. Eine oberflächliche und lockere Kommunikation wird bei Neutralität entstehen, die aber einer reibungslosen Erfüllung der Aufgaben des Betriebs unter Umständen nicht mehr entspricht. In einer weiteren Steigerung können die Intergruppenbeziehungen in Verständnislosigkeit füreinander, in Feindseligkeit und Gegnerschaft umschlagen.

Es empfiehlt sich daher auch nicht, den Aufbau der informellen Beziehungen sich selbst zu überlassen. Hier liegt zweifellos ein Aufgabenschwerpunkt der Leiter. Auch durch spezielle Lernmethoden wie Rollenspiel oder Sensitivity-Training kann die Intergruppendynamik gefördert werden.

Außer den genannten gruppeninternen und gruppenexternen Determinanten hat die Gruppengröße Einfluß auf die Leistungsfähigkeit und das Gruppenverhalten. Mit zunehmender Größe wird die Interaktion erschwert. Weiterhin besteht die Gefahr, daß große Gruppen in Subgruppen zerfallen.

3.5 Kommunikation

3.51 Begriffe und Wesen der Kommunikation

Unter Kommunikation wird ein Prozeß verstanden, durch den eine Information oder Nachricht von einem Sender zu einem Empfänger übermittelt wird (Coenenberg 1966, S. 36). Die Mindestvoraussetzungen für eine Kommunikation sind:
- Ein *Informationssender,*
- ein *Informationsempfänger,*
- ein Instrument für den Transport des Kommunikationsinhalts vom Sende- zum Empfangsort: *ein Kanal.*

Der allgemeine Kommunikationsbegriff beinhaltet auch die Informations- oder Nachrichtenübermittlung zwischen Mensch und Maschine und zwischen Maschinen. Von sozialer Kommunikation spricht man, wenn Sender und Empfänger Personen (oder Gruppen) sind.
Ein einseitiger Informations- oder Nachrichtenfluß ist insbesondere bei sozialer Kommunikation wenig wünschenswert, d. h. die Kommunikationsteilnehmer sollten sowohl Sender als auch Empfänger sein.

Für den Transport der Kommunikationsinhalte vom Sender zum Empfänger stehen **formale** und **informale Kanäle** und **Kanäle aus dem Privatbereich** zur Verfügung. Dient die Informations- oder Nachrichtenübermittlung der Aufgabenerfüllung und ist sie an betriebliche Regelungen gebunden, spricht man von formaler (formeller) Kommunikation im Gegensatz zur informalen (informellen) Kommunikation, die keiner betrieblichen Regelung unterliegt. Die Abgrenzung ist schwierig, da betriebliche Regelungen oft nicht schriftlich festgelegt sind. Hinsichtlich der Aufgabenerfüllung kann der Kommunikationsinhalt gebunden oder ungebunden sein.
Die Kommunikation kann einmal den Zweck erfüllen, den Entscheidungsträger in zielorientiert handelnden Systemen mit Informationen und Nachrichten zu versorgen, zum anderen wird durch Kommunikation auf menschliches Verhalten Einfluß genommen. Das formale Kanalsystem ist nach den Zielen und Zwecken des Betriebes ausgerichtet und unterliegt daher einer Reihe von Beschränkungen. Ein **optimales Kommunikationssystem** ist unter diesen Voraussetzungen ein Kompromiß zwischen zwei konfliktären Zielsetzungen. Zum einen gilt es, die Kosten für die Gesamtzahl der Kanäle zu minimieren und zum anderen der Forderung nach schneller, vollständiger und störungsfreier Informations- oder Nachrichtenübermittlung nachzukommen.

Die Hauptstrukturen, in denen die Kommunikation in Kleingruppen stattfinden kann, zeigt die Abbildung 16:

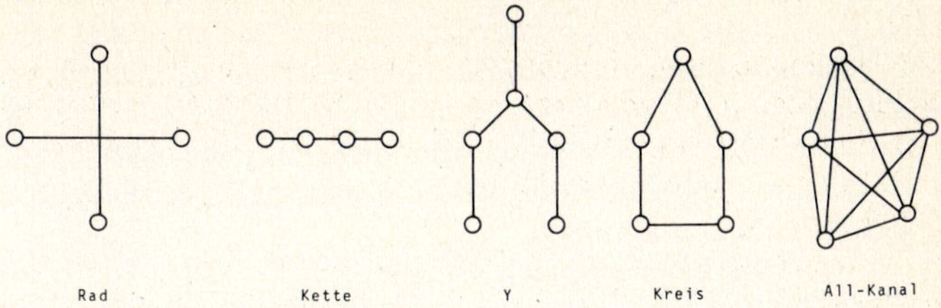

Abbildung 16: Kommunikationsnetze

3.52 Wirkung auf Bedürfnisbefriedigung, Zufriedenheit und Leistung

Die Kommunikation dient außer der Übertragung betriebsnotwendiger Informationen auch der Befriedigung vieler Bedürfnisse der Mitarbeiter. Die Kommunikation kann das individuelle Sicherheitsbedürfnis befriedigen, weil der Mitarbeiter seinen Verhaltensspielraum einzuschätzen vermag, Bedrohungen rechtzeitig erkennen, sich darauf einstellen und sich somit absichern kann. Sie dient weiterhin dem **Bedürfnis nach Kontakt. Wertschätzungs-** und **Selbstverwirklichungsbedürfnisse** werden teilweise ebenfalls durch Kommunikation befriedigt. Erst die Kommunikation mit anderen Mitarbeitern vermittelt dem Individuum einen Überblick über den Betrieb als Ganzes und den Stellenwert der eigenen Tätigkeit. Kommunikationsteilnahme und der Grad der Informiertheit sind bedeutende **Statussymbole.**
Die menschliche Kapazität, Informationen und Nachrichten aufzunehmen und zu verarbeiten, ist quantitativ, qualitativ und zeitlich beschränkt. Die optimale Informationsmenge wird zwischen den individuellen Minimalbedürfnissen und der maximalen individuellen Kapazität liegen. Werden durch die formale Kommunikation nicht alle Bedürfnisse befriedigt, wird der Mitarbeiter geneigt sein, in die informalen und privaten Kommunikationsbeziehungen auszuweichen, um einer möglichen sozialen Isolation entgegenzuwirken. Mangelnde Kommunikation kann erhöhten **Absentismus** und **Fluktuation** auslösen. Kommunikationsbeschränkungen können sich also negativ auf die Zufriedenheit auswirken.

Ohne Kommunikation ist eine Leistungserstellung nicht möglich, da für die Aufgabenerfüllung Informationen und Nachrichten erforderlich sind. Formale und informale Kommunikation wirken aber auch auf die Motivation, indem sie der Bedürfnisbefriedigung dienen.
Bei der formalen Kommunikation kommt dem Vorgesetzten eine zentrale Bedeutung zu. Ist diese Kommunikation einseitig, z. B. in Form von Anweisungen, die dem Mitarbeiter nicht einsichtig sind, kann es zur Frustration der Mitarbeiter und zu negativen Auswirkungen auf das Arbeitsverhalten kommen.
Hier ist das **Mitarbeitergespräch** (Neuberger 1973), das von beiden Seiten initiiert werden kann, der einseitigen Kommunikation vorzuziehen. Das Mitarbeitergespräch als institutionalisierte Einrichtung ermöglicht schnelle und sichere Deckung des aktuellen Informationsbedarfs, weil der direkte Kontakt zwischen Sender und Empfänger Gelegenheit bietet, eventuell unvollständige Informationen zu ergänzen und den richtigen Empfang der Informationen zu überprüfen.

3.6 Konflikte

3.61 Begriffe und Wesen der Konflikte

Konflikte sind ein universelles, notwendiges Element des gesellschaftlichen Zusammenseins (Dahrendorf 1962, S. 114). Konflikt bedeutet in erster Linie *Zusammenstoß* (confligere = zusammenstoßen, aneinandergeraten), wobei umgangssprachlich die Begriffe *Konflikt* und *Konkurrenz* teilweise eine synonyme Verwendung erfahren und als Gegensatz zur Kooperation angesehen werden (Esser 1975, S. 19ff.; Krysmanski 1977, S. 8ff.; Wunderer/Grunwald 1980 II, S. 234ff.). Konflikt kann allgemein als ein Widerstreit von mindestens zwei untereinander unzuvereinbarenden Tendenzen (Hofstätter 1971, S. 182), als „Inkompatibilitäten zwischen Zielsetzungen oder Wertvorstellungen von Akteuren" (Galtung 1975, S. 110; ähnlich Grunwald 1982, S. 52) oder als „Aufeinandertreffen diskrepanter Präferenzen" (Mayntz 1975, Sp. 2177) verstanden werden. An diesen allgemeinen Definitionen wird die Mannigfaltigkeit der Erscheinungsformen des Konfliktes ersichtlich, die von „leichten Spannungen" bis zu „gewalttätigen Auseinandersetzungen" reicht (Oechsler 1979, S. 11). Dieses Spektrum kann auch als **Konfliktintensität** bezeichnet werden, deren Skalierung jedoch beim heutigen Stand der Forschung kaum in operationaler Form möglich ist. Es macht aber auch deutlich, daß

Konflikt ebenso mit *Vereinigung* in Zusammenhang gebracht werden muß. Der Konflikt bietet die Chance zu einer fruchtbaren Synthese der verschiedenartigen, widerstreitenden Tendenzen (Zander 1981, S. 167). Als *allgemeine Voraussetzung* für das Entstehen von Konflikten sind folgende Faktoren zu nennen (Bräutigam 1972, S. 7f.):

(1) Es müssen mindestens zwei Verhaltenstendenzen gleichzeitig existieren, die in sich unvereinbar oder zumindest widerspruchsvoll sind.

(2) Es muß ein Entscheidungsdruck bestehen, da sonst ein Ausweichen oder ‚Sich-aus-dem-Felde-gehen' möglich ist.

(3) Es müssen vitale Bedürfnisse betroffen sein.

Je nach Art der beteiligten Konfliktpartner lassen sich unterschiedliche **Konfliktebenen** beschreiben (Abbildung 17):

Konflikt-Ebene / Konfliktzusammenhang	systeminterner Konflikt	Konflikte zwischen Systemen
Individuum	intrapersoneller Konflikt	interpersoneller Konflikt
Gruppe	Intragruppenkonflikt	Intergruppenkonflikt
Organisation	Intraorganisationskonflikt	Interorganisationskonflikt
Staat	Intranationaler Konflikt	Internationaler Konflikt

Abbildung 17. Klassifikation unterschiedlicher Konfliktebenen

Von den der **funktionalistischen Schule** zuzurechnenden Betriebssoziologen wird der innerbetriebliche Konflikt als dysfunktionales, d. h. der effizienten Gestaltung organisatorischer Abläufe schädliches Element betrachtet, dessen Beseitigung die ganze Aufmerksamkeit gilt. Die Ursachen für Konflikte werden im Individuum gesucht. Sie werden zurückgeführt auf fehlerhafte und verzerrte Einstellungen als Folge gestörter emotionaler Beziehungen. Da strukturelle Ursachen gänzlich verneint werden, beschränkt sich die Konfliktbehandlung auf

emotionale Entlastung und die Anpassung von Selbst- und Idealkonzept an die betrieblichen Erfordernisse durch psychologische Gespräche (Mayo 1966). Die Kritik am Funktionalismus richtet sich gegen die wirklichkeitsferne Annahme, daß Organisationen reibungslos funktionieren und grundsätzlich harmonische Gebilde sind.
Entgegengesetzt ist der Standpunkt der **konflikttheoretischen Soziologie.** Konflikte werden als strukturell bedingt und damit als unvermeidbar angesehen. Daher gilt die Aufmerksamkeit der Vertreter dieses Standpunkts ausschließlich der rationalen Regelung der Konfliktaustragung. Konflikte sind die Ursache sozialen Wandels und damit die notwendige Voraussetzung für sozialen Fortschritt (Coser 1967, S. 8ff.). Hinreichende Bedingung zur Nutzung der positiven Möglichkeiten, die allen Konflikten innewohnen, ist für den Konflikttheoretiker die Kanalisierung der Konflikte. Dazu müssen sich die Kontrahenten organisieren, legitimierte Sprecher ihrer Gruppen benennen und sich über Spielregeln einigen, nach denen die Konflikte ausgetragen werden (Dahrendorf 1959, S. 48ff.).
Konflikte können zwischen Organisationen und Umwelt sowie innerhalb der Organisation auftreten und sind auf das Aufeinandertreffen *unterschiedlicher Präferenzen* zurückzuführen. Carlisle (1976, S. 436) nennt folgende Vor- und Nachteile von Konflikten:

Vorteile
1. Der Konflikt ist eine Voraussetzung für den Wandel.
2. Der Konflikt setzt Energie und Aktivität frei.
3. Der Konflikt fördert das Interesse, den Wissensdurst und Ideen.
4. Intergruppenkonflikte fördern die Gruppenkohäsion.
5. Der Konflikt kann zu einer Reduzierung von Spannungen führen.

Nachteile
1. Der extreme Konflikt kann zu Instabilität und Chaos führen.
2. Der Konflikt unterbricht den Handlungsfluß und verändert die Organisation.
3. Der extreme Konflikt reduziert das Vertrauen in die Vernunft und verursacht emotionales Verhalten.

Konflikte besitzen eine Vielzahl von Dimensionen. Sie können unterschieden werden nach (Marr/Stitzel 1979, S. 92f.)
(1) der **Sichtbarkeit,** d. h., es gibt manifeste, perzeptierte und latente Konflikte,
(2) der **Intensität** ihrer Erscheinung, d. h., Konflikte können stark oder schwach sein,

(3) der **Häufigkeit** ihres Auftretens, d. h., es können sporadisch bzw. seltene oder häufige bzw. oftmalige Konflikte sein,
(4) dem **Zeitpunkt** ihrer Erscheinung und ihres Auftretens, d. h., Konflikte können spontan entstehen oder kumulativ bzw. kontinuierlich vorhanden sein.

Ferner läßt sich
(5) die **Art** von Konflikten unterscheiden. Dabei können Wertkonflikte, formale und sachspezifische Konflikte oder Austausch-, Ziel- und Verteilungskonflikte dichotomisiert werden.

Weitere Unterscheidungen können
(6) die beteiligten Konfliktparteien,
(7) die Konfliktursachen oder
(8) den Konfliktgegenstand
betreffen.

Eine Systematik der Möglichkeiten zur Handhabung von manifesten Konflikten findet sich bei Bidlingmaier (1966, S. 132; Abbildung 18):

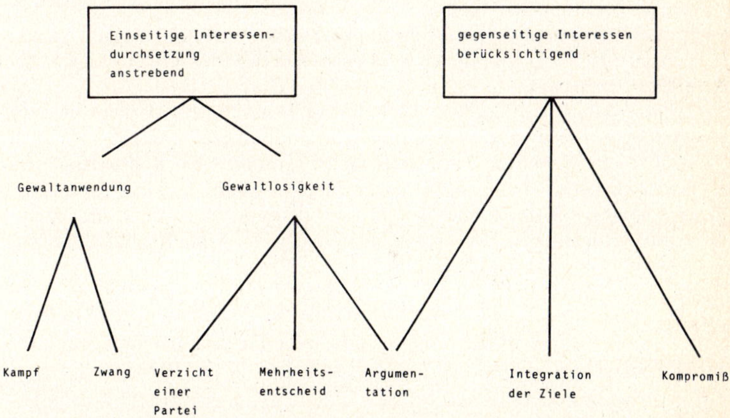

Abbildung 18: Möglichkeiten zur Handhabung manifester Konflikte

Jede dieser **Konfliktstrategien** kann zum Gegenstand formeller, entlastender Regelungen gemacht werden, d. h. es wird bereits vor dem jeweiligen Konfliktfall festgelegt, wie die **Konflikthandhabung** ablaufen soll. Formelle **Machtbeziehungen** (vgl. 33) spielen dabei eine bedeutende Rolle. Neben machtbezogenen Konfliktregelungen kommen aber auch noch andere Formen generalisierender Konfliktmechanismen in Betracht, wie die Formalisierung des Führungsverhaltens, der Problemlösungsmethoden und der Kommunikationsvorgänge oder die Institutionalisierung von Aussprachen sowie gruppendynamisches Training.

Im Hinblick auf das menschliche Verhalten im Betrieb interessieren insbesondere die *Konfliktursachen,* die *Verhaltensmuster der am Konflikt beteiligten Personen,* der *Konfliktverlauf,* die *Möglichkeiten der Konfliktvermeidung sowie die Konflikthandhabung.*

In der Literatur werden die **Konfliktursachen** häufig für eine Typologie der Konflikte verwendet. So unterscheidet Dahrendorf (1959, S. 53) als wichtigste Konfliktursachen:

1. *Persönliche Reibungen,* z. B. aufgrund persönlicher Spannungen, Sympathie-, Antipathie-, verschiedener Persönlichkeitsmerkmale.
2. *Probleme der Organisation,* z. B. strukturelle Unklarheiten gewisser Positionen, Fehlen von Aufstiegsmöglichkeiten.
3. *Technische Entwicklung,* z. B. soziale und wirtschaftliche Konsequenzen bei der Einführung neuer Arbeitsmethoden oder der Durchführung von Rationalisierungsmaßnahmen.
4. *Arbeitsbedingungen,* z. B. Umgebungseinflüsse am Arbeitsplatz, Beziehungen zum Vorgesetzten und Kollegen, Sicherheit des Arbeitsplatzes, Arbeitszufriedenheit.
5. *Lohnverhältnisse;* Lohn bzw. Einkommen ist das Mittel, mit dem extrinsische Bedürfnisse befriedigt werden. Lohnforderungen haben aber auch symbolische Funktion; Tarif- oder Gehaltsgruppen sind Kennzeichen des Sozialprestiges.
6. *Herrschaftsverhältnisse;* hierbei wird der betriebliche Konflikt als Machtkampf interpretiert. Die Herrschaftsstruktur wird unmittelbarer Gegenstand betrieblicher Konflikte.

In der neueren Literatur werden häufig in Anlehnung an Galtung (1972, S. 177ff.) **struktur-** und **verhaltensbedingte Ursachen** und **Verlaufsformen** unterschieden (z. B. Oechsler 1979; 1974, S. 129ff.). Strukturbedingte Anlässe sind durch die Organisationsstruktur gegeben (z. B. in der Kommunikationsstruktur, in den Aufgaben mit Rollenstruktur, in der technischen Struktur und in der Einfluß- und Herrschaftsstruktur).

Verhaltensbedingte Konflikte entstehen insbesondere aus unterschiedlichen Werthaltungen und Interessenlagen sowie aus den unterschiedlichen Wahrnehmungen und Interpretationen von Situationen.

Sofern Konflikte nicht vermieden werden können, gilt es, sie zu lösen. Da es sich bei der Konfliktbeilegung nur um Quasilösungen handelt, spricht man statt dessen von **Konflikthandhabung** oder **Konfliktregelung.** Der entscheidende Punkt für die Konflikthandhabung ist die Ursachenfindung.

3.62 Konflikthandhabung

Für die weiteren Überlegungen wird die Unterscheidung von **intra-** und **interpersonellen (-individuellen)** Konflikten (Rosenstiel 1980, S. 165) getroffen. Von einem *intra*individuellen Konflikt wird dann gesprochen, wenn bei *einem* Individuum unvereinbare Handlungstendenzen existieren, während an einem *inter*individuellen Konflikt mindestens *zwei Personen* beteiligt sein müssen.

Für die Handhabung **intraindividueller** Konflikte bieten sich im wesentlichen folgende zwei Möglichkeiten an: **Suchverhalten** und **Anspruchsanpassung** (Kirsch 1977 I, S. 106ff.).

Ist das Individuum mit dem gewohnheitsmäßigen Verhalten nicht einverstanden, so wird ein Suchverhalten ausgelöst. Im Rahmen des individuellen Suchverhaltens forscht das Individuum entweder nach weiteren Alternativen, um dann zu einer Lösung auf der Basis einer akzeptableren, ‚besseren' Alternative zu gelangen, oder es strebt eine Verfeinerung der Bewertung durch das Hinzuziehen zusätzlicher Zielkriterien an, um auf dieser Grundlage eine Differenzierung der Handlungsalternativen zu ermöglichen (Dorow 1978, S. 94f.; Krüger 1972, S. 86ff.).

Gelingt die Konflikthandhabung aufgrund intraindividueller Suchprozesse nicht, so stellt sich dem Individuum als weitere Möglichkeit die **Veränderung** bzw. **Neudefinition seines Anspruchniveaus,** d. h., es erfolgt eine **Anspruchsniveauanpassung.**

„Eine durch Suchverhalten und Anspruchsanpassung charakterisierte Konfliktbewältigung, die vorwiegend in der bewußten Sphäre des einzelnen stattfindet, bewirkt in erster Linie einen Lernvorgang. Das Individuum hat entweder auf dem Weg der Suche eine befriedigende Lösungsalternative gefunden und damit das Problem überwunden, oder aber die Barriere durch eine Anspruchsanpassung durchbrochen, womit eine realistischere Selbsteinschätzung verbunden ist" (Krüger 1972, S. 87). Ist eine Konfliktbewältigung auf der Basis des Suchverhaltens oder der Anspruchsniveauänderung nicht möglich, so erlebt das Individuum eine **Frustration,** die mit Verhaltensweisen einhergeht, die aus der mangelnden Anpassung resultieren. Hieraus kann zur Vorbeugung von erneut auftretenden, möglicherweise ebenfalls

nicht zu bewältigenden intrapersonellen Konflikten resultieren, daß das Individuum, um sein gestörtes Selbstgefühl wieder herzustellen, eine Konflikthandhabung auf der Grundlage von Abwehrmechanismen anstrebt bzw. künftig betreiben wird.
Ursache des Konfliktes kann beispielsweise Nichtakzeptanz oder Unsicherheit sein. Welche Form der Regelung bei *interindividuellen (sozialen) Konflikten* gewählt wird, hängt von der subjektiven Bedeutung der Streitfrage, den Erfolgschancen und den Kosten der Handhabung verglichen mit den Kosten anderer Alternativen ab (Mayntz 1975, Sp. 2181). Dabei ist allerdings zu beachten, daß zwischen diesen und den intraindividuellen Konflikten umfangreiche Verflechtungen existieren (Mayntz 1975, Sp. 2177). Als generelle Ursachen der **Entstehung** von interpersonalen Konflikten gelten (Dorow/Grunwald 1980, S. 509ff.):

(1) Interdependenzen der gegensätzlichen Zielsetzungen der Konfliktparteien,
(2) deren Wahrnehmung und
(3) der Wunsch, die eigenen Zielsetzungen, auch wenn sie der Konfliktpartner gefährdet, zu realisieren.

Interessant ist in diesem Zusammenhang eine Einteilung von Konfliktarten, die auf Lewin (1935) zurückgeht und bei der zwischen den drei folgenden Konfliktsituationen unterschieden wird (Hofstätter 1970, S. 182; Krech/Crutchfield 1971, S. 357ff.; Abbildung 19):

Konflikthandhabung einer Partei durch … Konflikthandhabung der anderen Partei durch …	Annäherung	Vermeidung
Annäherung	Annäherungs-Annäherungs-Konflikt	Annäherungs-Vermeidungs-Konflikt
Vermeidung	Annäherungs-Vermeidungs-Konflikt	Vermeidungs-Vermeidungs-Konflikt

Abbildung 19: Handhabung von intrapersonellen Konfliktsituationen

Beim **Annäherungs-Annäherungs-Konflikt** handelt es sich um eine Konfliktsituation, in der sich ein Individuum oder eine Gruppe zwischen zwei positiv bewerteten Objekten entscheiden muß. Diese Situation dürfte für die Betroffenen am leichtesten zu verarbeiten sein.
Beim **Vermeidungs-Vermeidungs-Konflikt** liegen zwei negativ beurteilte Objekte vor, die gleichzeitig vermieden werden sollen. An dieser Konfliktsituation wird deutlich, warum der Entscheidungsdruck oft als eine allgemeine Voraussetzung für Konflikte genannt wird, da sonst eine Vermeidung durch die Anwendung der Strategie des ‚Aus-dem-Felde-gehens' erfolgen würde. Das Individuum oder die Gruppe würden in diesem Falle die Entscheidung immer wieder hinausschieben. Am häufigsten und auch am beunruhigendsten dürfte jedoch der **Annäherungs-Vermeidungs-Konflikt** in der Realität sein. Er ist dadurch gekennzeichnet, daß ein Objekt aus positiv und negativ bewerteten Komponenten besteht, d. h., es liegt ein ‚ambivalentes' Objekt vor.
Der Grund- oder Basiskonflikt kann durch weitere Ursachen verstärkt bzw. erst bewußt gemacht werden. Derartige Faktoren sind z. B. (Zander 1981, S. 169):
- Persönliche Vorurteile und Antipathien,
- Profilierungsinteressen oder
- Organisationsmängel (unklare Kompetenzverteilung; mangelnde Kommunikation; ungenaue Entscheidungsvorbereitung).

Zur interpersonellen Konflikthandhabung soll die Systematisierung von Thiele (1968, S. 117ff.) herangezogen werden, die auf dem Ansatz von Blake, Shepard und Mouton (1964) basiert. Es werden die drei folgenden Fragen zur Konfliktbewältigung herangezogen:
(1) **Grad des Konfliktbewußtseins**
In welchem Umfang ist ein bestehender Konflikt den beteiligten Entscheidungsträgern bewußt?
(2) **Umgehbarkeit des Konfliktes**
Läßt sich der Konflikt umgehen? Wenn ja, mit welchen Konsequenzen ist zu rechnen?
(3) **Interessenausgleich der Konfliktparteien**
Ist es möglich, einen Interessenausgleich herzustellen? Wenn ja, mit Hilfe welcher Maßnahmen?

Auf der Grundlage dieser Fragenkomplexe lassen sich dann die folgenden vier Handlungsmöglichkeiten unterscheiden (Thiele 1968, S. 117f.):

Handlungsmöglichkeit 1; Typ A
Konflikt unumgehbar – Interessenausgleich möglich

Handlungsmöglichkeit 2; Typ B
Konflikt umgehbar – Interessenausgleich unmöglich

Handlungsmöglichkeit 3; Typ C
Konflikt unumgehbar – Interessenausgleich unmöglich

Handlungsmöglichkeit 4; Typ D
Konflikt latent vorhanden – Bewußtmachung notwendig

Während Typ A und C zu der Kategorie der *Konfliktaustragung* zusammengefaßt werden können (Krüger 1972, S. 93), handelt es sich beim Typ B um die Form der *Konfliktumgehung* und bei Typ D um die Kategorie der *Konfliktbewußtmachung*. Die einzelnen Formen sollen nachfolgend diskutiert werden (Esser 1975, S. 121ff.; Krüger 1972, S. 93ff.; Thiele 1968, S. 123ff.; vgl. Abbildung 20):

Interessen Konflikt	Interessenausgleich möglich	Interessenausgleich nicht möglich
Konflikt kann nicht umgangen werden	Konfliktaustragung mit Interessenausgleich – Typ C –	Konfliktaustragung ohne Interessenausgleich – Typ A –
Konflikt kann umgangen werden	Interessenausgleich ermöglicht Konfliktumgehung (nicht relevant, da keine Konflikthandhabung)	Konfliktumgehung erforderlich, da Interessenausgleich nicht möglich – Typ B –
Konflikt latent vorhanden	Konfliktbewußtmachung – Typ D –	

Abbildung 20: Konflikt/Interessen – Raster

Sofern eine Partei die Macht hat, **Sanktionen** zu verwirklichen, sind die Durchsetzungschancen für die eigenen Interessen gut. Leiter, denen aufgrund ihrer Stellung in der Hierarchie eine Macht übertragen wird, können in Betrieben insbesondere Konflikte gleichrangiger untergeordneter Personen regeln.
Eine weitere Form ist die Konfliktregelung durch **Motivation bzw. Überzeugung.** Die Konflikthandhabung durch Motivation dient dem Ausgleich von Interessen und Bedürfnissen, während die Regelung durch Überzeugung durch das Abwägen sachlicher Argumente strukturell bedingte Konflikte betrifft.
Verhandeln und **Kompromißbildung** sind ebenfalls eine Form der Konfliktregelung. Die Schlichtung stellt in dieser Gruppe eine Sonderform dar. Bei der Schlichtung wird die Entscheidungsfindung an einen nicht am Konflikt beteiligten Dritten übertragen.
Als letzte Form wäre die **Veränderung im System der Beteiligten** zu nennen. Wählt ein Mitarbeiter oder eine Gruppe diese Form der Konfliktregelung, so bedeutet das eine Versetzung innerhalb des Betriebes oder ein Ausscheiden aus dem Betrieb.
Welche der konkreten Ausgestaltungsmöglichkeiten der Konflikthandhabung in einer bestimmten Situation realisiert werden, hängt neben den Persönlichkeitsfaktoren der am Konflikt Beteiligten und den unternehmungsspezifischen Merkmalen, wie praktizierter Führungsstil, Organisationsform, Unternehmungsphilosophie, vor allem von der *subjektiven Bedeutung* des Konfliktgegenstandes und von den **Erfolgschancen** ab, die sich die am Konflikt beteiligten Parteien ausrechnen (Mayntz 1975, Sp. 2181). Bei der Behandlung möglicher Formen der Konfliktaustragung ist jedoch grundsätzlich zu bedenken, daß Konflikte nicht ausgelöscht oder über längere Zeiträume unterdrückt werden können, „so daß es primär auf eine konstruktive Konfliktregelung ankommt" (Wegener 1982, S. 206); d. h. nicht der Konflikt als solcher stellt eine Bedrohung der Organisation dar, sondern vielmehr deren Verdrängung bzw. deren Nichtverarbeitung.
Die Abbildung 21 gibt einen gestrafften Überblick über die möglichen Formen der **Konflikthandhabung** und deren Merkmale (vgl. ausführlich Brose/Corsten 1983, S. 187ff.):

Konflikt unumgehbar, Interessenausgleich unmöglich			Konflikt unumgehbar, Interessenausgleich möglich			Konflikt unumgehbar, Interessenausgleich unmöglich		
Konfliktaustragung					Konfliktumleitung			
Gewinn-Verlust Machtkampf	Drittparteien-Urteil	Zufallsurteil	Problemlösung	Streitwert-Teilung	Friedliche Koexistenz	Rückzug	Isolation	Indifferenz/ Ignoranz
unter Einsatz verschiedener Arten der Macht wird ein Sieger ermittelt; dessen Alternative dominiert	unbeteiligter Dritter soll Sieger und Unterlegenen feststellen; wird häufig nach ergebnislosem Machtkampf eingesetzt	Entscheidungsfindung ist dem Zufall überlassen; Konfliktparteien scheuen jede Art von Konfrontation, die bewußt herbeigeführt wird	von den Konfliktparteien wird gemeinsam eine akzeptierbare Lösung gesucht, die bei Konfliktausbruch noch nicht bekannt ist (kreative Konfliktlösung)	durch gegenseitiges Aushandeln und Verhandeln versuchen die Parteien ihre meistbevorzugte Alternative so weit wie möglich zu realisieren	Existenz des Konfliktes wird gemäß Übereinkunft der Parteien bewußt ignoriert; Konfliktaustragung mit Hilfe anderer Methoden wäre für die zukünftige Zusammenarbeit nachteilig	typische Haltung von Entscheidungsträgern, die bei vorhergehenden Konflikten unterlegen sind; Konflikt selbst bleibt ungelöst; das sich zurückziehende Individuum nimmt unbewußt eine Anspruchsanpassung vor	typische Haltung von Entscheidungsträgern, die aus vorgelagerten Konfliktepisoden stets als Sieger hervorgegangen sind	Interessengegensätze werden durch gefühlsmäßige und gedankliche Neutralisierung nicht zu Konfliktursachen
aktive Verhaltensform	⟷	passive Verhaltensform	aktive Verhaltensform	⟷	passive Verhaltensform	aktive Verhaltensform	⟷	passive Verhaltensform
niedrige Kooperationsbereitschaft, im Extremfall ruinöser Wettbewerb			hohe Kooperationsbereitschaft, Zusammenarbeit			mittlere Kooperationsbereitschaft, vor allem Anpassung		

Abbildung 21: Formen und Merkmale der Konflikthandhabung

3.63 Konfliktwirkungen

Die Wirkung von Konflikten ist abhängig vom **Verlauf** der Konfliktregelung. Nicht der Konflikt sui generis ist funktional bzw. dysfunktional, sondern das, **was** die Konfliktbeteiligten aus einem Konflikt machen, d. h. Art, Verlauf und **Ergebnis** von Konfliktregelungen ist für die spätere Auswirkung relevant (Marr/Stitzel 1979, S. 97ff.). Abbildung 22 zeigt die Wirkungsmatrix funktionaler und dysfunktionaler Konflikte:

Zielkriterien / Konfliktwirkungen	allgemein	ökonomische Effizienz	soziale Effizienz
funktional	- Problemmeldung, - Problemverständnis, - Lösungsdruck, - Interaktion	- Verbesserung der Lösungsqualität/ Auffinden innovativer Lösungen, - höhere Anpassungsfähigkeit, Klärung der Kompetenz-, Verantwortungs- und Aufgabenbereiche, - Leistungssteigerung und Loyalität	- Berücksichtigung der Mitarbeiterbedürfnisse - Verbesserung des Organisationsklimas, o Beseitigung aufgestauter Spannungen, o Solidarisierungseffekt, - Lernen (soziale Sensibilisierung, Konflikttoleranz, Konfliktaustragung, Diskussionsfähigkeit Kooperationsfähigkeit)
dysfunktional	- organisatorische Störungen, - sozio-emotionale Störungen	- Verschlechterung der Leistungs-Kosten-Relation: o Störung des Leistungsprozesses, o Verminderung der Leistungsabgabe (Leistungsrestriktion, erhöhter Ausschuß) o Leistungsentzug (Absentismus/ Fluktuation), o Opportunitäts- und Folgekosten, - Verminderung der organisatorischen Integration und Stabilität	- Frustration durch Nichtberücksichtigung der Mitarbeiterbedürfnisse, - Verschlechterung der sozialen Beziehungen, - physische und/oder psychische Belastungen

Abbildung 22: Wirkungen funktionaler und dysfunktionaler Konflikte Marr/Stitzel 1979, S. 99)

Je nach den spezifischen Beziehungsmustern der Konfliktaustragung lassen sich

(1) symmetrische Interaktionsformen (Muszynski 1975, S. 320ff.) und

(2) komplementäre Interaktionsformen

unterscheiden.

Während sich **symmetrische Interaktionen** (idealtypisch) durch eine Gleichartigkeit der Interaktionspartner auszeichnen, stellt die **komplementäre Interaktion** die (idealtypische) Form von unterschiedlich gearteten, sich gegenseitig ergänzenden oder widersprechenden Akteuren dar.
Die symmetrische Form ist vorwiegend für *horizontale* Interaktionsprozesse, die komplementäre für *vertikale* und informale Beziehungen, „die ein diffuses Rollenverhalten zulassen, einen partikularen Beziehungsrahmen haben, auf emotionellen Beziehungen beruhen und wertrationale Handlungsorientierungen voraussetzen" (Muszynski 1975, S. 321) geeignet. Eine Verknüpfung von Interaktionsformen und Konfliktwirkungen ergibt die folgende Taxonomie für **Konfliktformen** (Abb. 23).

Interaktionsform / Konfliktwirkung	symmetrisch	komplementär
funktional	symmetrisch/funktionale Konflikte	komplementär/funktionale Konflikte
dysfunktional	symmetrisch/dysfunktionale Konflikte	komplementär/dysfunktionale Konflikte

Abbildung 23: Konfliktwirkungen und Interaktionsformen

Im Falle eines *symmetrisch/funktionalen Konfliktes* besitzen die Interaktionspartner gleich- oder ähnlichgeartete Ziele bzw. Interessen. Zur Erreichung dieser Ziele werden jedoch unterschiedliche Mittel bzw. Instrumente und/oder Strategien gutgeheißen. Die Konfliktwirkungen sind überwiegend positiv bzw. effizienzsteigernd (Mittelkonflikt).

Bei *symmetrisch/dysfunktionalen Konflikten* ergeben sich trotz weitgehender Übereinstimmung von Zielen bzw. Interessen überwiegend negative, der Effizienz von Organisationen abträgliche Effekte. Dies kann zum einen auf der Unverträglichkeit der unterschiedlichen Mittel und/oder Strategien der Interaktionspartner beruhen; andererseits ist es auch denkbar, daß die den Zielsystemen übergeordneten Werte- und Normenstrukturen die Ursache der Dysfunktionalität sein können.
Die *komplementär/funktionalen Konflikte* der Konfliktaustragung entstehen aufgrund gegensätzlicher, jedoch sich ergänzender Ziele und Interessen der Beteiligten. Dabei können auch die Mittel und Strategien zur Zielrealisierung sich gegenseitig ergänzen bzw. harmonieren. Andererseits ist es denkbar, daß diese weitgehend symmetrisch sind.
Die Form der *komplementär/dysfunktionalen Konflikte* besitzt einen überwiegend negativen Effizienzaspekt. Dieser beruht darauf, daß die Ziele und Interessen der Interaktionspartner dergestalt komplementär sind, daß eine Vereinbarkeit bzw. Verträglichkeit nur auf Kosten von organisationsstrukturellen und/oder sozioemotionalen Störungen hergestellt werden kann.
Die idealtypischen Formen von **Interaktion** und **Konfliktwirkung** sind in der Realität interdependent. Die Ursache- und Wirkungsbeziehungen (‚Kausal/Finalkette') sind nicht klar ersichtlich. Es ergeben sich im Verlauf von Konflikten ständig neue Relationen zwischen Ursache und Wirkungen, die zudem durch Rückkopplungen verstärkt, abgeschwächt oder aufgehoben werden können (Marr/Stitzel 1979, S. 101 ff.). Wesentliche Bedeutung bei organisatorischen Fragestellungen muß daher dem Aspekt der Unternehmung als System konfliktärer Handlungs- und Interaktionsspielräume beigemessen werden, um Ansatzpunkte für die Gestaltung eines auf Machtregulierung bzw. Machtausgleich ausgerichteten Konfliktbereiches der Unternehmung abzuleiten.
Die Merkmale einer **generellen Konfliktregelung** durch formalisierte Machtbeziehungen sind vor allem (Galtung 1972, S. 135 ff.):
(1) Der Entscheidungsmechanismus,
(2) der Sanktionsmechanismus und
(3) der Beendigungsmechanismus.

Diese Merkmale der Konfliktregelung werden durch Unternehmungs- und Betriebsverfassung für den einzelnen Konfliktfall nicht hinreichend strukturiert. Es werden nämlich in erster Linie die materiell-sachlichen Interessenkonflikte von Eigentümern bzw. Kapitalgebern und Arbeitnehmern bzw. Gewerkschaften geregelt. Die Konflikte zwischen Vorgesetzten, Abteilungen, Technikern und Kaufleuten, ideelle Konflikte, Wertkonflikte (z. B. Priorität der Liquidität gegenüber Rentabilität), Konflikte über den Mitteleinsatz etc. müssen häufig unstrukturiert von Fall zu Fall ausgetragen werden. Die sich dadurch ergebenden Belastungen und Reibungsverluste sowie die individuell bedingte Unfähigkeit zum richtigen Verhalten im Konfliktfall können unter anderem dadurch geglättet werden, daß man für erwartungsgemäß wiederkehrende Konfliktfälle eine bestimmte *Machtverteilung im Entscheidungs-, Sanktions- und Beendigungsmechanismus* vorsieht.

„Eine entsprechende Machtverteilung vereinfacht jedoch die Handhabung manifester Konflikte nur dann, wenn die Macht, je nach Konfliktfall, asymmetrisch verteilt wird, d. h. wenn eine Konfliktpartei die oben genannten Mechanismen mehr oder weniger beherrscht. Solcher Art machtregulierte Konflikthandhabung ist zwar schnell und bequem durchzuführen, tendiert aber zu Zwang und Verzicht und provoziert dann Folgekonflikte, die latent im Ganzen und manifest im Detail auftreten. Um Folgekonflikte zu verhindern, muß man also zur symmetrischen Machtverteilung bei der Konflikthandhabung übergehen. Auf gesetzlicher Ebene wird dies z. B. durch Einrichtung paritätisch besetzter Einigungsstellen oder durch Arbeitsgerichte erreicht. Organisatorische Modelle symmetrischer Machtverteilung im Konfliktfall deuten sich mit der sogenannten Divisionalen Organisation, der Matrix-Organisation und den teilautonomen Gruppen“ an (Remer 1978, S. 192f.).

Der Übergang von der asymmetrischen zur symmetrischen Konflikthandhabung läuft auf die Notwendigkeit gegenseitiger Interessenberücksichtigung hinaus, d. h., die Verfahren der Argumentation, Integration und Kompromißsuche treten in den Vordergrund. Formelle Machtbeziehungen werden ersetzt durch Konferenz- und Aushandlungstechniken (bargaining) oder durch verschiedene „Sozialtechniken“, wie beispielsweise das sensitivity training oder das Konfrontationsverfahren (third party consultation; Krüger 1972, S. 152ff.). Der Entlastungseffekt machtregulierter Konflikthandhabung bleibt dabei zwar auf der Strecke, aber langfristig können sich bestimmte Vorteile für Leistung, Zufriedenheit und Selbstverwirklichung ergeben, wie die Vermeidung von Folgekonflikten oder die größere Identifikation mit Problemlösungen (Remer 1978, S. 193).

Fragen zu Kapitel 3

1. Wunderer/Grunwald nennen elf Merkmale, die zu einer angemessenen Analyse des komplexen Führungsphänomens erforderlich sind. Nennen Sie diese Merkmale und erklären Sie deren Inhalte! (3.1)
2. In welchem Zusammenhang stehen Motivation, Motiv, Anreiz, Einstellung und Wahrnehmung? (3.21)
3. Welche Bedeutung hat die fünfstufige Bedürfnishierarchie nach Maslow bezüglich der Erklärung der Arbeitsmotivation?(3.221)
4. Welche Bedürfnisklassen unterscheidet die ERG-Theorie von Alderfer und in welcher Beziehung stehen die Bedürfnisse zueinander? (3.222)
5. Wovon hängt im Zwei-Faktoren-Modell von Herzberg die Arbeitszufriedenheit ab? (3.223)
6. Welche Annahmen kennzeichnen die Theorie der Leistungsmotivation von Atkinson und zu welchem Ergebnis führt die formale Analyse? (3.224)
7. Wie können im Rahmen der Gleichheitstheorie von Adams aufgrund interpersonellen Vergleichs Leistungsanreize entstehen? (3.225)
8. Welche Komponenten des Motivationsgeschehens unterscheidet Vroom und unter welchen Voraussetzungen erbringt der Mitarbeiter eine hohe Leistung? (3.226)
9. Welche Rolle spielt die Erwartung bei Lawler? (3.227)
10. Was wird unter „Machtbasen“ verstanden? (3.321)
11. Warum ist eine Kombination von Belohnungs- und Bestrafungsmacht sinnvoll? (3.323)
12. Diskutieren Sie, ob und inwieweit eine Differenzierung zwischen Experten- und Informationsmacht vorgenommen werden soll! (3.324)
13. Wie kommt eine Machtbeziehung durch Identifikation zwischen Führer und Geführtem zustande? (3.325)

14. Welche Rolle spielt die Delegation von Entscheidungen im Rahmen der legitimen Macht? (3.326)

15. Untersuchen Sie den Beitrag der wichtigsten Varianten für freiwillige Unternehmensverfassungen, die der Weiterentwicklung formeller Machtbeziehungen dienen können, im Hinblick auf Effizienz, Zufriedenheit und Selbstverwirklichung! (3.33)

16. Welche positiven Auswirkungen läßt die Bildung von Arbeitsgruppen erwarten? (3.41)

17. Unter welchen Bedingungen kann die Gruppenleistung der Individuallösung überlegen sein? (3.42)

18. Welche Zusammenhänge bestehen zwischen Kommunikation, Bedürfnisbefriedigung, Zufriedenheit und Leistung? (3.52)

19. Nennen Sie wichtige Konfliktursachen! (3.61)

20. Wie lassen sich intra- und interpersonelle Konflikte handhaben? (3.62)

21. Welche Konfliktwirkungen lassen sich in Abhängigkeit von symmetrischen und komplementären Interaktionsformen unterscheiden? (3.63)

22. Kennzeichnen Sie die Merkmale einer generellen Konfliktregelung durch formalisierte Machtbeziehungen! (3.63)

4. Führungsstile

4.1 Begriff des Führungsstils

Der Begriff des Führungsstils nimmt in der Führungsliteratur eine zentrale Stellung ein. Meistens wird er zur Beschreibung und Erklärung komplexer Führungsprozesse recht großzügig gehandhabt und unterschiedlich weit gefaßt. Zudem werden die Begriffe Führung und Führungsstil häufig synonym verwandt und zum Teil sogar gleichbedeutend mit den Führungstechniken (vgl. 8) verwendet.
Unter einem **Führungsstil** kann deshalb die spezifische Form der Verhaltensbeeinflussung verstanden werden, die seitens des „Führers" im Interaktionsprozeß mit seinen Geführten Anwendung findet (Bleicher 1974, S. 189; Kupsch/Picot 1973, S. 374). Fiedler (1967, S. 36) unterscheidet zwischen Führungsstil und Führungsverhalten, wobei er unter **Führungsverhalten** das *aktuelle Verhalten* eines „Führers" in einer konkreten Situation versteht, während er den **Führungsstil** als eine *situationsübergreifende generelle Disposition* auffaßt, die als Struktur oder Rahmenbedingung dem situationsvariierenden Führungsverhalten zugrundeliegt. Führungsstil und Führungsverhalten sind identisch, wenn das Führungsverhalten in einer bestimmten Situation der einheitlich-methodischen Grundposition des Führers entspricht. Sie sind lediglich dann wirksam zu unterscheiden, wenn sich ein Führer in einer konkreten Situation (bewußt oder unbewußt) wesentlich von seiner verhaltensbestimmten Einstellung entfernt und eine andere als die ‚gewohnte', situationsunabhängige Verhaltensweise an den Tag legt.
Wir verstehen unter Führungsstil ein Führungsverhalten, das an einer einheitlichen methodischen Grundhaltung orientiert ist. Es handelt sich um situationsunabhängige, regelmäßig wiederkehrende Verhaltensmuster des Vorgesetzten gegenüber Mitarbeitern.

4.2 Klassische Führungstypologien

Die Führungsstilliteratur ist durch eine typologisierende Betrachtungsweise gekennzeichnet, die bipolar angeordnete Eigenschaften und Verhaltensweisen von Vorgesetzten beschreibt. Die klassische Dreiteilung zwischen **demokratischen, autokratischen** und **laissez-faire Führungsstilen** basiert auf Kurt Lewin (1935; Lewin/Lippitt/White 1939). Die Abbildung 24 veranschaulicht die Lewinsche Führungstypologie (Hicks/Gullett 1975, S. 303):

Der **autokratische Führer** bestimmt und lenkt die Aktivitäten und Ziele der einzelnen und der Gruppe. Er teilt jedem Mitglied seine Tätigkeiten und Mitarbeiter zu. Bei der Bewertung der Tätigkeiten läßt er erkennen, nach welchem Maßstab er wertet.

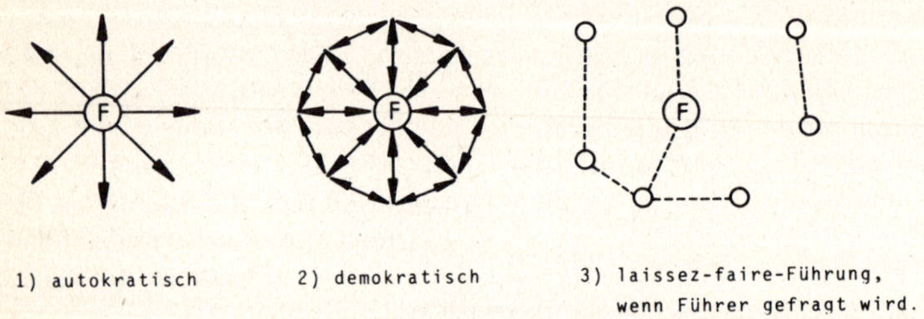

Abbildung 24: Typologie klassischer Führungsstile

Der **demokratische Führer** ermutigt die Gruppenmitglieder, ihre Aktivitäten und Ziele zum Gegenstand von Gruppendiskussionen und -entscheidungen zu machen. Bei der Bewertung ihrer Tätigkeit versucht er stets, die objektiven Beurteilungsgründe den Mitgliedern darzulegen.
Der **Laissez-faire-Führer** spielt eine freundliche, aber passive Rolle und gibt den Gruppenmitgliedern volle Freiheit. Auf Fragen antwortet er mit den gewünschten Informationen, ohne Vorschläge zu machen. Überdies vermeidet er, die Tätigkeiten einzelner oder der gesamten Gruppe positiv oder negativ zu bewerten (Tausch/Tausch 1973; Bastine 1972, S. 1685f.).

Die Ergebnisse der Lewinschen Experimente, wonach ein demokratischer Führungsstil dem autokratischen oder Laissez-faire-Stil hinsichtlich der Gruppenleistung, der allgemeinen Zufriedenheit sowie der sozialintegrativen Verhaltensweisen der Gruppenmitglieder grundsätzlich überlegen sei, sind in unzulässiger Weise verallgemeinert worden. Ungeachtet des eingeschränkten Geltungs- und Gültigkeitsbereiches dieser Experimente wurden die Ergebnisse unkritisch auf Führungssituationen in Verwaltung und Industrie übertragen, und zwar mit der allgemeinen Empfehlung, im Interesse höherer Leistung und größerer Zufriedenheit der Mitarbeiter stets einen kooperativen Führungsstil zu praktizieren. Eine Analyse der Lewinschen Experimente legt jedoch nahe, solchen Empfehlungen mit größter Vorsicht zu begegnen (Neuberger 1976b, S. 147f.; Steinkamp 1973, S. 115f.; Wunderer/Grunwald 1980 I, S. 223f.):

- Es handelte sich um Laborexperimente mit Kindern als Versuchspersonen, die in keiner festen Gruppenstruktur einer Organisation eingebunden waren und deren Tätigkeit keine für sie existentielle Bedeutung hatte.
- Lewin war daran interessiert, daß ein demokratischer Führungsstil grundsätzlich überlegen sei. Die Vermutung liegt nahe, daß diese Erwartungshaltung beim Versuchsleiter einen Einfluß auf die experimentellen Ergebnisse ausübte (Mertens 1975).
- Nachfolgeuntersuchungen zeigten z. T. inkonsistente Ergebnisse (Stogdill 1974, S. 368f.).
- Die Führer wurden vom Versuchsleiter den Gruppen aufgezwungen. Sie waren nur Handelnde und nicht Betroffene, so daß soziale Interaktionsprozesse zwischen Führer und Gruppe weitestgehend eliminiert wurden.

Die typologische Dreiteilung der Führungsstile beinhaltet schwerwiegende *Nachteile.* Das grundsätzliche Charakteristikum und zugleich ihr Problem ist ihre idealtypische Konzeption, die eine empirische Überprüfung erschwert, ja sogar verhindert. Es dürfte höchst unwahrscheinlich sein, die Komplexität des Führungsprozesses mit dieser Dreiteilung zu erfassen. Typologien stellen zwar nützliche methodische und didaktische Instrumente dar, mit denen vielfältige unübersichtliche Verhaltensweisen auf wenige wiederkehrende Verhaltensmuster reduziert, Ordnung in die Vielfalt der Variablen gebracht und damit eine schnelle Orientierung und Verständigung ermöglicht werden. Sie sind jedoch – nicht zuletzt wegen ihrer unzureichenden Operationalisierung – für die Erklärung und Vorhersage von Führungsverhalten weniger brauchbar. Diese Mängel sind derart schwerwiegend, daß die neuere Forschung zunehmend von den klassischen Typologien abrückt und sie durch empirisch ermittelte Faktoren bzw. Dimensionen zu ersetzen versucht (vgl. Tausch/Tausch 1973, S. 170f.; Lukesch 1975, S. 62.f.).

Ferner ist die Verwendung der Adjektive „autoritär" und „demokratisch" normativ akzentuiert, wodurch die Ergebnisse vieler empirischer Untersuchungen beeinflußt werden. Dahinter können sich häufig nicht-explizierte ideologische Positionen verbergen.

Weit verbreitet ist auch die Unterscheidung in vier Klassen von Führungsstilen (Staehle 1980, S. 345f.):

(1) Der **Patriarchalische Führungsstil** basiert auf der Autorität des Familienvaters (Patriarch) und dessen unbefragte Anerkennung durch die Familienmitglieder. Der Vater wird als Führer empfunden. Der Patriarch ist zur Treue und Fürsorge gegenüber den Geführten (die z. T. wie Kinder behandelt werden) verpflichtet und erwartet als Gegenleistung Dankbarkeit, Loyalität, Treue und Gehorsam. Die Organisationsstruktur besteht lediglich aus einer Führungsinstanz und keinerlei Delegation von Entscheidungsbefugnis.
(2) Der **Charismatische Führungsstil** begründet den Herrschaftsanspruch des Führers durch besondere, einmalige Persönlichkeitszüge. Charismatische Führer sind besonders gefragt in Krisen- oder Notsituationen, in denen der Glaube an eine Rettung durch den Führer die Zuversicht zu rationalen Problemlösungsstrategien verdrängt hat. Charismatische Führer können auf eine Unterstützung durch strukturelle Maßnahmen verzichten, denn sie beziehen ihren Erfolg vor allem aus der persönlichen Erscheinung.
(3) Der **Autokratische Führungsstil** ist vornehmlich in großen Organisationen anzutreffen. Der Autokrat bedient sich zur Herrschaftsausübung eines umfänglichen hierarchischen Führungsapparates, wobei nachgeordnete Linieninstanzen die Entscheidungen des Autokraten durchsetzen. Es besteht also kein unmittelbarer persönlicher Kontakt zwischen Führer und Geführten wie beim patriarchalischen oder charismatischen Führungsstil.
(4) Der **Bürokratische Führungsstil** bildet die extreme Form der Strukturierung und Reglementierung organisatorischer Verhaltensweisen, wie durch Richtlinien, Stellenbeschreibungen, Dienstanordnungen. An Stelle der Willkür des Autokraten tritt die Sachkompetenz des Bürokraten, die als legale Herrschaft von den Geführten akzeptiert wird.

Im Schrifttum hat sich überwiegend eine stark abstrahierte, klassifikatorische *Zweiteilung* der idealisierten Arten von Führungsstilen durchgesetzt. So wird einerseits der **autoritative** (autoritäre, absolutistische), andererseits der **kooperative** (partizipative, demokratische) Führungsstil unterschieden. Die klassische, auf Lewin und seine Schüler zurückgehende Führungsstiltypologie setzt als *dritten* Führungstypus die „Laissez-faire"-Führung hinzu, die allen Gruppenmitgliedern in Organisationen vollste Freiheiten zugesteht. Diesem Führungsstil wird jedoch schon im Ansatz das Element der Notwendigkeit einer

Führung bestritten, da er auf reiner Selbstbestimmung und Eigenständigkeit der Gruppenmitglieder basiert. Folgende weitere Gegensatzpaare sind gebräuchlich:

autoritär	**kooperativ**
direkt	nicht direkt
führerzentriert	gruppenzentriert
zentralisiert	verteilt
kontrollierend	partizipativ
imperativ	kooperativ
autoritativ	partizipativ

Es handelt sich um **eindimensionale Führungsstile,** die sich als Extrempunkte auf einer Strecke darstellen lassen:

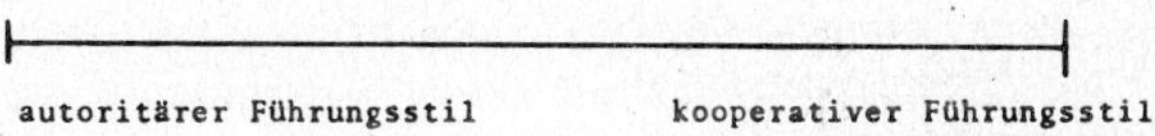

Abbildung 25: Eindimensionale Darstellung des autoritären und kooperativen Führungsstils

Diese reinen Ausprägungen von Führungsstilen gibt es in der Praxis nicht. Die praktizierten Führungsstile liegen zwischen den beiden Polen der idealtypischen Führungsstile. Kriterien für die Unterscheidung der Führungsstile sind das Ausmaß der Zuordnung von Aktivitäten der Führer und Mitarbeiter und der Grad der Einbeziehung der Mitarbeiter in den Prozeß der Entscheidung und Willensdurchsetzung (Führungsprozeß). Liegt die Aktivität einseitig bei dem Führenden und sind die Mitarbeiter nicht in den Führungsprozeß einbezogen, so soll von **autoritärer Führung** die Rede sein. Liegt die Aktivität gleichmäßig bei Vorgesetzten und Mitarbeitern und sind letztere gleichberechtigt in den Führungsprozeß einbezogen, so handelt es sich um **kooperative Führung.**

Der *autoritäre Führungsstil* läßt sich vereinfachend mit folgenden Merkmalen beschreiben (v. Eckardstein/Schnellinger 1978, S. 112):
- Es besteht eine Trennung von Entscheidung, Ausführung und Kontrolle.
- Allein der Vorgesetzte hat Entscheidungs- und Anweisungskompetenz.

- Der Mitarbeiter kann die Anweisungen nur akzeptieren und ausführen.
- Der Vorgesetzte kontrolliert ohne Ankündigung, ob seine Anweisungen ausgeführt werden.
- Der Untergebene hat gegenüber seinem Vorgesetzten kein Kontrollrecht.

Diese Merkmale bestimmen auch die Führungsmittel des autoritär führenden Vorgesetzten. Da er allein alles entscheidet, gibt es bei ihm auch keine Delegation. Die Mitarbeiter verstehen sich nur als Befehlsempfänger, sind deshalb nur selten kreativ und besitzen ein indifferentes Verhältnis gegenüber dem Vorgesetzten und dem Betrieb. Da sich der Vorgesetzte die interessanten Aufgaben vorbehält, werden die Mitarbeiter nur gering durch die Arbeit motiviert.

Der *kooperative Führungsstil* ist dadurch gekennzeichnet, daß die Mitarbeiter am Führungsprozeß partizipieren. Während z. B. der autoritäre Vorgesetzte das Ziel allein bestimmt und bekanntgibt, bezieht der kooperative Vorgesetzte seine Mitarbeiter in den Zielfindungsprozeß mit ein. Der kooperative Führungsstil kann durch folgende Merkmale beschrieben werden (v. Eckardstein/Schnellinger 1978, S. 125):
- Die Trennung von Entscheidung, Ausführung und Kontrolle wird gemildert.
- Durch das Prinzip der Delegation werden die Entscheidungen auf diejenige betriebliche Ebene verlagert, die die größte fachliche Kompetenz besitzt (Partizipation der Mitarbeiter).
- Der Mitarbeiter kontrolliert sich selbst. Die Selbstkontrolle löst die Fremdkontrolle ab.
- In Mitarbeiterbesprechungen stellt der Vorgesetzte mit seinen Mitarbeitern interpersonale Kontakte her.
- Der Mitarbeiter hat gegenüber dem Vorgesetzten Kontrollrechte.

Da die *Partizipation* (vgl. 2.35) ein wesentliches Merkmal der kooperativen Führung (vgl. 2.34) ist, wird diese häufig mit dem **partizipativen Führungsstil** gleichgesetzt. Den bereits genannten Begriff des demokratischen Führungsstils halten wir nicht für besonders glücklich, da er vom Wort her den Gedanken nahelegt, daß die Gruppe den Vorgesetzten wählt. Dies ist in Betrieben kaum der Fall. Partizipation ist die Beteiligung der Mitarbeiter am Entscheidungsprozeß, für den der Vorgesetzte die Verantwortung trägt. Durch die Partizipation verlagert sich die Führung von einer bestimmten Person auf die Gruppe, so daß deren Vorgesetzter nur eine initiierende oder koordinierende Funktion hat. Im Extremfall kann er sogar überflüssig werden. Die Mitarbeiter übernehmen damit auch mehr Verantwortung.

Der Partizipation wird eine *starke motivierende Kraft* zugesprochen. Dadurch verringert sich die Abhängigkeit des Mitarbeiters vom Vorgesetzten, so daß die Motivation seinen Ansprüchen entsprechend zu einer Befriedigung der Wertschätzungs- und Selbstverwirklichungsbedürfnisse wesentlich beitragen kann. Weiterhin trägt der partizipative Führungsstil zur Minderung potentieller Konflikte zwischen den persönlichen Bedürfnissen und den Betriebszielen bei. Die Mitbestimmung und Mitwirkung erfordert einen emanzipierten Mitarbeiter. Vom Übergang zur partizipativen Führung wird generell eine Erhöhung der Arbeitsleistung erwartet (Vroom 1964, S. 226f.). Praktische Erfahrungen haben gezeigt, daß bei partizipativer Führung von den Mitarbeitern nicht nur die formale Norm erfüllt, sondern diese sogar überschritten wird (Marx 1971, S. 27). Die Einführung neuer Führungskonzeptionen, insbesondere des kooperativen Führungsstils, ist mit der Entwicklung spezieller Führungstechniken verbunden, die unter dem Begriff **„Management by…“** bekannt geworden sind (vgl. 8.).

Die Kritik an der typologischen Unterteilung von Führungsstilen ist recht umfangreich und massiv. Insbesondere die *idealtypische Konzeptionierung,* durch die der empirische Nachweis von Führungsstilen stark erschwert wird, hat dazu geführt, statt dessen empirisch ermittelte Faktoren bzw. Dimensionen des Führungsverhaltens zu sammeln und daraus *realtypische Führungsstile* zu entwickeln, aus denen theoriegeleitete, differenziertere Aussagen über die Führungsstilpraxis bzw. über das tatsächliche Führungsverhalten in Unternehmungen abgeleitet werden können (Wunderer/Grunwald 1980 I, S. 223f. und S. 272ff.).

Fragen zu Kapitel 4

1. Was wird unter „Führungsstil“ verstanden? (4.1)
2. Welche Nachteile beinhaltet die Dreiteilung der Führungsstile in der klassischen Führungstypologie? (4.2)
3. Worin unterscheiden sich patriarchialischer, charismatischer, autokratischer und bürokratischer Führungsstil? (4.2)
4. Geben Sie die Merkmale des autoritären und des kooperativen Führungsstils an! (4.2)
5. Warum wird der Partizipation bzw. dem partizipativen Führungsstil eine stark motivierende Kraft zugesprochen? (4.2)

5. Theorien der Führung

5.1 Die der Führung zugrunde liegenden Menschenbilder

Führungskonzeptionen gehen von bestimmten Annahmen über den Menschen aus, die als **Menschen-** oder **Persönlichkeitsbild** bezeichnet werden.
Anhand der Theorie X und der Theorie Y von McGregor sollen hier zunächst zwei konträre Persönlichkeitsbilder dargestellt werden. Danach wird eine jüngere Klassifizierung von Menschenbildern vorgestellt, die von Schein stammt.

In der Theorie X wird ein unvollkommenes und einseitiges Bild des Menschen beschrieben, das der klassischen Führungskonzeption zugrunde liegt. Die wichtigsten Annahmen lauten (McGregor 1960, S. 33ff.):

(1) Der durchschnittliche Mensch hat eine angeborene Abscheu vor der Arbeit und wird, soweit es möglich ist, die Arbeit meiden.
(2) Daher müssen die meisten Menschen unter Strafandrohung zur Arbeit gezwungen, kontrolliert und geführt werden, damit sie einen angemessenen Beitrag zur Zielerreichung leisten.
(3) Der durchschnittliche Mitarbeiter möchte gern gelenkt werden, er meidet die Verantwortung, hat wenig Ehrgeiz und wünscht die Sicherheit über alles.

Die Theorie Y beschreibt das „neue Menschenbild", das von der Integration individueller und betrieblicher Zielsetzungen. Die Führung muß danach den Rahmen schaffen, innerhalb dessen der arbeitende Mensch seine persönlichen Ziele erreichen kann, indem er sein Arbeitsverhalten auf die Ziele der Unternehmung ausrichtet. Die Annahmen der Theorie Y lauten (McGregor 1960, S. 47ff.):

(1) Der Mensch hat keine angeborene Abneigung gegen die Arbeit. Die Arbeit ist so natürlich wie Spiel und Ruhe, und sie kann eine Quelle der Zufriedenheit sein.
(2) Wenn der Mensch sich mit den Zielen der Unternehmung identifiziert, übt er Selbstdisziplin und Selbstkontrolle. Fremdkontrolle und Strafandrohung sind keine geeigneten Mittel.
(3) Die Verpflichtung gegenüber den Zielsetzungen ist eine Funktion der Belohnungen.

(4) Bei entsprechender Anleitung sucht der Mensch sogar die Verantwortung.
(5) Einfallsreichtum und Kreativität sind in der arbeitenden Bevölkerung weit verbreitet.
(6) Das geistige Potential wird im industriellen Leben kaum aktiviert.

Die Begrenztheit zielorientierten Zusammenarbeitens ist demnach nicht auf die Mitarbeiter, sondern auf das Unvermögen der Führung

Menschenbild	Organisatorische Konsequenzen
1. rational-economic man Ist in erster Linie durch monetäre Anreize motiviert; ist passiv und wird von der Organisation manipuliert, motiviert und kontrolliert; sein Handeln ist rational; Annahmen der Theorie X.	Klassische Management-Funktionen: Planen, Organisieren, Motivieren, Kontrollieren; Organisation und deren Effizienz stehen im Mittelpunkt; Organisation hat die Aufgabe, irrationales Verhalten zu neutralisieren und kontrollieren.
2. social man Ist in erster Linie durch soziale Bedürfnisse motiviert; als Folge der Sinnentleerung der Arbeit wird in sozialen Beziehungen am Arbeitsplatz Ersatzbefriedigung gesucht; wird stärker durch soziale Normen seiner Arbeitsgruppe als durch Anreize und Kontrollen des Vorgesetzten gelenkt; Annahmen der Human-Relations Bewegung.	Aufbau und Förderung von Gruppen; soziale Anerkennung der Mitarbeiter durch Manager und Gruppe; die Bedürfnisse nach Anerkennung, Zugehörigkeitsgefühl und Identität müssen befriedigt werden; Gruppenanreizsysteme treten an die Stelle von individuellen.
3. self-actualizing man Menschliche Bedürfnisse lassen sich in einer Hierarchie anordnen; der Mensch strebt nach Autonomie und bevorzugt Selbst-Motivation und Selbst-Kontrolle; es gibt keinen zwangsläufigen Konflikt zwischen Selbstverwirklichung und organisatorischer Zielerreichung; Annahmen der Theorie Y.	Manager sind Unterstützer und Förderer (nicht Motivierer und Kontrolleure); Delegation von Entscheidungen; Übergang von Amts-Autorität zu Fach-Autorität; Übergang von extrinischer Motivation zu intrinsischer Motivation; Mitbestimmung am Arbeitsplatz.
4. complex man Ist äußerst wandlungsfähig; die Dringlichkeit der Bedürfnisse unterliegt Wandel; der Mensch ist lernfähig, erwirbt neue Motive; in unterschiedlichen Systemen werden unterschiedliche Motive bedeutsam; Annahmen der Situationstheorie.	Manager sind Diagnostiker von Situationen; sie müssen Unterschiede erkennen können und eigenes Verhalten situationsgemäß variieren können; es gibt keine generell richtige Organisation.

Abbildung 26: Menschenbilder und organisatorische Konsequenzen nach Schein (Staehle 1980, S. 203; Scanlan/Keys 1979, S. 369f.)

zurückzuführen. Die Theorie X und die Theorie Y sind stark vereinfachende Beschreibungen gegensätzlicher Menschenbilder.
Schein (1970, S. 47ff.) legt in seiner Typologie nach der historischen Entwicklung vier Persönlichkeitsbilder zugrunde. Die wichtigsten Merkmale der Typologie von Schein sind übersichtlich in der Abbildung 26 zusammengefaßt.

Im **„complex man"** ist nach Schein der heutige Mensch in der Industriegesellschaft charakterisiert, jedoch sind in bestimmten Situationen und bei bestimmten Mitarbeitern die Annahmen der anderen Menschenbilder nicht auszuschließen.
Das Menschenbild unterliegt einem Wandel, der sich im wesentlichen auf die Bereiche Werthaltungen, Lebensstil, Erziehung und Beruf sowie Organisationsphilosophie (Delhees 1975, S. 3ff.) bezieht (vgl. Abb. 27).

Werthaltungen und Lebensstil	(1) Gleicheit	→	Verschiedenheit
	(2) Ausharren	→	Lebensfreude
	(3) Aufeinanderfolge	→	Gleichzeitigkeit
	(4) Beständigkeit	→	Mobilität
	(5) Besitz	→	Miete, Verleih
	(6) Güter	→	Dienstleistungen
Erziehung und Beruf	(7) Unwissenheit	→	Aufklärung
	(8) Leistungsdenken	→	Selbsverwirklichung
	(9) Autoritäre Haltung	→	Demokratische Haltung
	(10) Negative Verstärkung	→	Positive Verstärkung
Organisations-philosophie	(11) Entfremdung	→	Humanisierung der Arbeit
	(12) Vertikales Informationssystem	→	Horizontales Informationssystem
	(13) Einzeltätigkeit	→	Gruppenarbeit

Übergang
von → nach

Abbildung 27: Veränderungen im Menschenbild (nach Delhees 1975, S. 3ff.)

Dieses gewandelte Menschenbild rückt den Menschen als Individuum in sämtlichen Bereichen des Lebens in den Mittelpunkt. Durch das von ihm und für ihn getätigte wirtschaftliche Handeln muß deshalb „ein positiver Beitrag zur Entfaltung und zum Wohlbefinden des Menschen“ (Neuberger 1976 a, S. 13) geleistet werden. Die Unternehmung hat auf die Veränderungen im Wertesystem und Lebensstil, in der Ausbildung und der beruflichen Qualifikation der Arbeitskräfte mit Änderungen in der **Unternehmungsphilosophie** und Organisationsstruktur zu reagieren. Dabei gilt es, ein längerfristiges Gleichgewicht zwischen den Forderungen, die von der Organisation an ihre Mitglieder gestellt werden, und den persönlichen, außerorganisatorischen Bedürfnissen der Mitarbeiter herzustellen (Delhees 1975, S. 7). Diese Spannungen zwischen den Ansprüchen der Humansphäre und den sachrationalen Anforderungen der Leistungssphäre (Bleicher 1970, S. 4) sind weitgehend harmonisch zu regeln und im Sinne einer gesellschaftlichen Unternehmungsführung auszuschöpfen.

5.2 Die Funktionen der Führung

In den Sozialwissenschaften werden häufig die Führungsfunktionen auf die folgenden beiden Gruppen reduziert:

(1) Die **Zielerreichungsfunktionen,** die der Erreichung eines Gruppenzieles dienen **(Lokomotionsfunktion)** und

(2) die **Gruppenerhaltungsfunktion,** die den inneren Zusammenhalt und Bestand der Gruppe fördert **(Kohäsionsfunktion).**

Daraus wurde lange Zeit die Erkenntnis abgeleitet, daß in kleinen Gruppen zwei Führungsspezialisten auftreten können: Ein **instrumenteller Führer,** der Zielerreichungsfunktionen wahrnimmt und ein **sozio-emotionaler Führer,** der Gruppenerhaltungsfunktionen ausführt. Es besteht also eine Dualstruktur der Führung von Aufgaben- und Beliebtheitsführer. Es wird davon ausgegangen, daß beide Rollen unvereinbar sind, d. h. wer Tüchtigkeitsführer ist, kann nicht auch Beliebtheitsführer sein und umgekehrt. Wichtig ist, daß die beiden Führer zusammenarbeiten und, um das Gruppengleichgewicht zu erhalten, nicht miteinander rivalisieren, sondern sich gegenseitig unterstützen. Kommt es zu Störungen in der Zusammenarbeit, leidet darunter die Leistung und der Zusammenhalt der Gruppe. Beim Fehlen eines Tüchtigkeitsführers wird die Gruppenleistung und beim Fehlen eines Beliebtheitsführers die Gruppenmoral absinken. Mit der Funktionsstellung wird auch erklärt, daß es in vielen Arbeitsgruppen neben dem **formalen Führer** auch einen **informalen Führer** gibt.

In neueren Untersuchungen wird die These verbreitet, daß Führungs-Duale nur in solchen Gruppen auftreten, in denen der formale Führer seinen Führungsaufgaben nicht gerecht werden kann. Der Führer sollte sowohl leistungs- als auch mitarbeiterorientiert sein. Bei Leistungs- und Mitarbeiterorientierung handelt es sich nicht um entgegengesetzte Pole einer Dimension, sondern um zwei verschiedene Dimensionen. Die Entweder-Oder-These (Leistungs- oder Mitarbeiterorientierung) ist durch eine große Zahl von Untersuchungen vor allem in den USA widerlegt worden (Neuberger 1977, S. 77).
Müller/Hill (1977, S. 355) differenzieren die Dualstruktur, indem sie die Führungsfunktionen von Roby (1961) integrieren. Die Lokomotionsfunktion unterteilen sie schematisierend folgendermaßen:
„Der Führer hat dafür zu sorgen,

I daß in bezug auf die zu erfüllenden Aufgaben und zu lösenden Probleme *richtige Entscheide* getroffen werden,

II daß die Mitarbeiter im Sinne dieser Entscheide zielgerichtet tätig werden, d. h. daß die Entscheide auch *richtig implementiert* werden."

„Im Rahmen der ‚Kohäsionsfunktion' hat der Führer dafür zu sorgen,

III daß die Mitarbeiter in der Gruppe ihre persönlichen Ziele erreichen können, eine *Befriedigung* ihrer individuellen Bedürfnisse erfahren und damit in der Gruppe verbleiben,

IV daß die Mitarbeiter sich im Rahmen der gegebenen Aufgaben zu Mitdenkern und Problemlösern *entwickeln* und in der Arbeit engagieren können, so daß die Aktionsfähigkeit der Gruppe erhalten und erweitert wird."

Die Funktionen I und II richten sich vor allem auf den Einsatz der Mitarbeiter im Hinblick auf die Erfüllung der Aufgaben, während es sich bei den Funktionen II und IV um die Befriedigung individueller Interessen sowie um die Schaffung der Voraussetzungen für ein angemessenes Organisationsklima handelt.

Bleicher/Meyer (1976, S. 37ff.) bezeichnen die Lokomotionsfunktion und die Motivations- oder Kohäsionsfunktion als sogenannte derivative Führungsfunktionen, deren Aufgabe es ist, die **originären Führungsfunktionen** durch die Aufgabe konkretisierter Handlungsanweisungen und Aktionsmaßnahmen auszugestalten. Originäre Führungsfunktionen umfassen die zweck- und zielgerichtete Harmonisierung des Systems Unternehmung. Als ihre Instrumente werden Integration und Koordination genannt. Unter **Integration** wird der Prozeß der ‚Verganzheitlichung', d. h. die fortschreitende Bildung und Ausgestaltung eines Systems aus einem summativ geordneten Gebildekomplex verstanden (Bleicher/Meyer 1976, S. 49). Damit fassen die Autoren den Koordinationsprozeß und dessen Ergebnis als den Aufbau von spezifischen Strukturen auf, die durch einen dauerhaften Charakter gekennzeichnet sind (Bleicher/Mayer 1976, S. 50). Die originäre Führungsaufgabe beinhaltet insofern also vorrangig den Organisationsaspekt, innerhalb dessen die **Koordination** der Realisierung kurzfristiger Änderungs- bzw. Anpassungsmaßnahmen und/oder zur Problemlösung dienlich ist. Während Integration als eine ‚Ex-ante-Harmonisierung' aufgefaßt wird, ist die ‚Ex-post-Harmonisierung' durch Koordination eine „unter dem Druck bereits eingetretener handlungsauslösender Ereignisse eine einzelfallspezifische (kasuistische) Ungewißheitsreduktion durch abstimmende und zielausrichtende Tätigkeiten" (Bleicher/Meyer 1976, S. 51; vgl. 2.4).

5.3 Führungstheoretische Ansätze

5.31 Überblick

Führungstheorien konzentrieren sich auf die Erklärung der Bedingungen, die das Entstehen von Führung verursachen und auf den Gegenstandsbereich der Führung selbst. Sie versuchen, Aussagen darüber zu machen, wie ein Führer (in einer bestimmten Situation) Geführte in Richtung auf die Erfüllung bestimmter Aufgaben beeinflussen kann (Interaktion). Stogdill (1974, S. 17ff.) unterscheidet zwischen sechs Führungstheorien:

(1) *‚Great Man'-Theorien*
Der Führer unterscheidet sich von den Geführten durch außergewöhnliche Fähigkeiten und Eigenschaften. Die Führungsqualifikation wird als erbbar angesehen; eine aristokratische Klasse birgt Führungspotentiale in sich.

(2) *Umwelt-Theorien*
Besondere Umweltbedingungen (Krieg, Krise) bieten bestimmten Personen Gelegenheit, Führer zu werden.

(3) *Person-Situation-Theorien*
Der Führer muß über bestimmte Eigenschaften verfügen und auf die (Gruppen-)Situation eingehen.

(4) *Interaktion-Erwartungs-Theorien*
Führung löst Interaktionen aus und motiviert durch das Wahrnehmen bzw. Auslösen von Erwartungen auf Belohnungen.
(5) *Humanistische Theorien*
Führung soll neben der Erreichung organisatorischer Ziele auch Wachstum, Entwicklung und Selbstverwirklichung der Organisationsmitglieder ermöglichen.
(6) *Austausch-Theorien*
Der Input des Führers im Problemlösungsprozeß wird durch den Output der Geführten honoriert und umgekehrt.

In der amerikanischen Führungsliteratur (z. B. Hellriegel/Slocum 1978; Brown/Moberg 1980; Luthans 1976; Filley/House/Kerr 1976) wird jedoch lediglich zwischen drei Ansätzen unterschieden:
(1) Eigenschafts-Ansatz (Trait Approach)
(2) Verhaltens-Ansatz (Behavioral Approach)
(3) Situations-Ansatz (Situational/Contingency Approach)

Ebenso beschränkt sich die deutschsprachige Führungslehre auf drei (bzw. zwei) Ansätze (z. B. Staehle 1980).

5.32 Der Eigenschafts-Ansatz

Der älteste Erklärungsansatz der Führung ist die sog. **Eigenschaftstheorie.** Im Mittelpunkt ihres Forschungsinteresses steht die Frage nach dem Unterscheidungsverhalten von erfolgreichen und erfolglosen Führern. Dabei wurde eine endliche Menge von *meßbaren Persönlichkeitszügen* (‚traits'), die den Führer vor Nicht-Führern auszeichnet, dargestellt und untersucht (Filley/House/Kerr 1976, S. 313). Neben physischen und psychischen Eigenschaften gelten die Forschungsinteressen vornehmlich personalen Eigenschaften.
Ausgangspunkt des **Persönlichkeitsansatzes** ist also die Annahme, daß ein Führer bestimmte individuelle, physische oder psychologische Merkmale aufweist, durch die er sich von den Untergebenen bzw. Geführten abhebt. Hierbei kann es sich sowohl um ein einziges besonderes Charakteristikum als auch um ein Bündel von Persönlichkeitsmerkmalen handeln.
Die Eigenschaftstheorie geht immer von einem genialen einzelnen aus, von dessen ‚Wohl und Weh' die Gruppe abhängig ist, d. h. weder Geführte noch die situativen Umstände einer Aktion werden in diesem Ansatz berücksichtigt. Der Persönlichkeitsansatz ist deshalb auch als streng deterministischer, monofunktionaler Ansatz anzusehen.

Die Personalisierung bedeutet eine ins Psychologische gewendete Akzentuierung des rollentheoretischen Ansatzes. In ihrer einfachsten Form besagt die personalistische Führungstheorie: ‚Führer wird und bleibt, wer über bestimmte Persönlichkeitsvoraussetzungen verfügt'. Bei näherer Betrachtung entlarvt sich die Kurzschlüssigkeit dieses Zugangs: Weil ein Führer Entscheidungen zu treffen hat (normativ-funktionaler Ansatz), braucht er „Entscheidungsfähigkeit" (personalistischer Ansatz), weil er Mitarbeiter motivieren muß, braucht er „Begeisterungsvermögen", weil er mündlich und schriftlich informieren muß, braucht er „kommunikative Fähigkeiten"... (Neuberger 1977, S. 87).
Die Eigenschaftstheorie weist sich durch eine Loslösung von der konkreten Situation und eine Verallgemeinerung der Anforderungen aus. Der Eigenschaftsansatz belegt das Individuum mit einer **Alleinverantwortung.** Erfolg und Scheitern werden als Folgen einer dauerhaften angelegten Persönlichkeitsausstattung interpretiert, wobei eine Tendenz zur Verdinglichung festzustellen ist. Eigenschaften werden als fixe Größen betrachtet, die abrufbar und voneinander getrennt in der Persönlichkeit lagern. Eine solche Betrachtungsweise verkennt, daß Eigenschaften Konstrukte sind, die Verhaltensregelmäßigkeiten sinnvoll deuten. Wer bei Problemen mehr oder bessere Lösungen anbietet, besitzt Intelligenz, wer angesichts unüberwindlicher Schwierigkeiten dennoch nicht resigniert, besitzt Ausdauer, wer andere zu seinem Vorteil ausnutzt, ist ein Egoist. Die Verhaltensmanifestationen, die in grundsätzlich nicht eindeutigen Situationen gezeigt werden, werden auf Konstanten einer Person zurückgeführt. „In ihrer dogmatischen Form behauptet die Eigenschaftstheorie, daß alle Führer – und nur sie – einen gemeinsamen Charakterzug besäßen, der ihnen unter allen Bedingungen ihr Führertum sichert" (Neuberger 1976 b, S. 20).
Eigenschafts-Zuschreibungen resultieren letztlich jedoch aus der Beobachtung von Verhaltensweisen, in denen Personen und Situationen interagieren. Der Faktor **„Situation"** kann grundsätzlich nicht eliminiert werden. Nur wenn die Situation in den relevanten Aspekten kontrollierbar ist, kann ein Resultat dem Konto einer Person zugeschrieben werden. Situationen, in denen sich das Führungsverhalten ereignet, sind in der Regel jedoch hochkomplex und aus verschiedenen Perspektiven zu analysieren: was zuerst als „Ehrgeiz" erscheint, kann bei näherer Betrachtung „Angst", „Aggressivität", „Machthunger", „Eitelkeit", „Fürsorglichkeit" etc. sein. Diese Kulissenhaftigkeit zeigt, daß Eigenschaften nur pragmatische Konstrukte sind, die auf Situationsinterpretationen und Sinnbezügen aufbauen (Neuberger

1977, S. 87f.). In ihrer Erweiterung geht die Eigenschaftstheorie von der abgeschwächten Annahme aus, daß sich Führer und Geführte in einer Reihe von **Persönlichkeitsmerkmalen** unterscheiden.
Es überrascht deshalb nicht, wenn zu den wünschenswerten Führungseigenschaften („Wie soll ein Vorgesetzter sein?") praktisch alle sozial *hochbewerteten Eigenschaften* gehören, z. B. Energie, Initiative, Einfühlungs- und Durchsetzungsvermögen, Verantwortungsbewußtsein, Kontaktbereitschaft, Intelligenz, Takt, Streß-Resistenz, Anpassungsfähigkeit. Es kann einer Führungskraft nicht schaden, wenn sie diese Eigenschaften besitzt, doch es fragt sich, wieviele Führungskräfte es gibt, die über all diese Eigenschaften verfügen, und ob all diese Eigenschaften (gleich) relevant sind für die Bewährung in Führungsaufgaben. Die Charakterisierung des personalistischen Ansatzes als „Great Man Theory" weist darauf hin, daß man nur einem kleinen elitären Zirkel außergewöhnlicher Führungspersönlichkeiten die entsprechenden Qualifikationen zuschreiben kann.
Die Frage nach der Relevanz von Eigenschaften („Wie sind Vorgesetzte?") wurde in zahlreichen empirischen Studien untersucht. Auf der Grundlage einer sekundär-empirischen Auswertung von über 100 Untersuchungen hat Stogdill (1972, S. 86ff.) den Persönlichkeitsansatz, der eine signifikante Beziehung zwischen personalen Eigenschaften und Führungserfolg behauptet, auf seinen Aussagegehalt hin überprüft. Dabei wurden nur diejenigen Faktoren in eine Analyse einbezogen, die von mindestens drei Forschern untersucht worden sind. Auf der Grundlage dieser Literaturanalyse fand er, daß die untersuchten Persönlichkeitsfaktoren, wie Intelligenz, Redegewandtheit, Introversion/Extroversion, Stimmungsbeherrschung, Stimmungsoptimismus, Urteilskraft, Entschlossenheit etc. in den einzelnen Studien hinsichtlich ihrer Bedeutung erhebliche Unterschiede aufweisen. Einheitliche Aussagen etwa dergestalt, daß, wenn bestimmte Faktoren in einer entsprechenden Ausprägung vorhanden sind, diese Person eine erfolgreiche Führungspersönlichkeit darstellt, können nicht gemacht werden.
So kommt Stogdill (1972, S. 86ff.) zwar zu der Erkenntnis, daß sich die im Zusammenhang mit der Führung bedeutsamsten Faktoren auf die folgenden Eigenschaften reduzieren lassen:

1) Fähigkeit, wie Intelligenz, Vigilanz, Ausdrucksfähigkeit, Originalität, Urteilskraft,
2) Leistungen, wie Schulerfolg, Wissen, sportliche Erfolge,
3) Verantwortung, wie Zuverlässigkeit, Initiative, Kooperationsbereitschaft, Anpassungsfähigkeit, Humor,

4) Status, wie sozio-ökonomische Position, Popularität und
5) Situation, wie geistiges Niveau, Status, Fertigkeiten, Bedürfnisse und Interessen der Geführten, Aufgabenziele.

Direkte Zusammenhänge zwischen einzelnen Persönlichkeitszügen und der Führungsposition waren jedoch in den Studien nur selten auffindbar, und es zeigte sich immer wieder der bedeutende Einfluß der Situation.
Erschwerend kommt hinzu, daß zwischen den einzelnen Merkmalen mannigfache Interdependenzen und Überschneidungen, insbesondere solcher substitutiver Art, vorhanden sind. So ist es u. a. möglich, daß *mangelnde Intelligenz* durch eine überdurchschnittliche *Einsatzbereitschaft* kompensiert oder durch besondere Redegewandtheit zumindest kurz- bis mittelfristig verdeckt werden kann.

Stogdill (1948, S. 63; 1972, S. 62) kommt ferner zu dem folgenden Ergebnis: „Die folgenden Schlußfolgerungen werden von 15 und mehr der ausgewerteten Studien durchgängig positiv bestätigt:
(1) Die Durchschnittsperson, die eine Führungsposition einnimmt, übertrifft das Durchschnittsmitglied seiner Gruppe in folgender Hinsicht:
1. Intelligenz, 2. Schulerfolge, 3. Verläßlichkeit bei der Wahrnehmung von Verantwortung, 4. Aktivität und soziale Beteiligung und 5. sozio-ökonomischer Status.
(2) Die Qualitäten, Charakteristika und Fertigkeiten, die von einem Führer verlangt werden, werden in einem hohen Ausmaß durch die Anforderungen der Situation bestimmt, in der er als Führer fungieren muß."

Es muß angemerkt werden, daß die in die Sekundäranalyse einbezogenen Untersuchungen Stogdills aufgrund der Tatsache, daß sie
- unterschiedliche Methoden,
- unterschiedliche Definitionen,
- unterschiedliche Populationen und
- unterschiedliche Meßinstrumente

zugrunde legten, nur bedingt vergleichbar sind und somit allenfalls einen Hinweis und nicht einen Beweis geben können (Neuberger 1976 b, S. 24f.; eine Übersicht über weitere Sammelreferate S. 25ff.). Zudem hatten die meisten Untersuchungen, die Stogdill referierte, Querschnitts-Design, d. h. Führer und Geführte wurden zum gleichen Zeitpunkt miteinander verglichen. Aus lerntheoretischer Perspektive ist ein solcher Untersuchungsplan insofern unbefriedigend, als er die Änderungen der Persönlichkeit, die durch das Innehaben der Führungsposition bedingt ist, unberücksichtigt läßt. So kann z. B. der Träger einer Führungsrolle sicherer, selbstbewußter, kontaktfreudiger, aggressiver, gewandter usw. werden, als er vorher war.

Aus den Ergebnissen kann jedoch nicht gefolgert werden, daß **Persönlichkeitsvoraussetzungen für Führungsaufgaben** unwichtig sind. Es kann nur festgestellt werden, daß der lineare Zusammenhang zwischen herausgegriffenen Persönlichkeitsfaktoren und bestimmten Bewährungskriterien schwach ist und das Führungsphänomen lediglich unzureichend erklärt (Vroom 1976, S. 1527f.). Bei dieser Aussage sind folgende Elemente hervorzuheben, weil sie für die *Kritik des Eigenschaftsansatzes* von Bedeutung sind (Neuberger 1976 b, S. 181ff.; 1977, S. 89):

(1) Es wird ein schwacher linearer Zusammenhang unterstellt, aber nicht behauptet, bestimmte Eigenschaften führen zum Erfolg. Weil dieser Zusammenhang niedrig ist, folgt automatisch, daß andere Einflußgrößen als die berücksichtigten von Bedeutung sein müssen (z. B. die Situation) und/oder daß das zugrundeliegende statistische Modell des linearen Zusammenhangs ungeeignet ist, weil z. B. Schwellenwerte oder lineare Zusammenhänge den Verhältnissen eher gerecht würden.

(2) Die Aussage bezieht sich nur auf herausgegriffene Persönlichkeitsfaktoren. Es ist typisch für die Untersuchungen aus diesem Bereich, daß mit isolierten Eigenschaften gearbeitet wurde (Intelligenz, Dominanz, Extroversion) und dabei das spezifische Zusammenspiel dieser Eigenschaften oder die Struktur der Persönlichkeit außer acht gelassen wurden. Außerdem wird auf die Probleme der Messungen von Eigenschaften verwiesen. Es ist eine vielfach bestätigte Erfahrung, daß verschiedene Meßinstrumente (Tests, Fragebogen, Schätzskalen, Arbeitsproben usw.), die dieselbe Eigenschaft zu messen vorgeben, zu unterschiedlichen Ergebnissen kommen. Niedrige Korrelationen mit dem Erfolgskriterium können also auch auf unzulängliche Meßverfahren zurückgeführt werden.

(3) Was über die Eigenschaften gesagt wurde, gilt auch für die Kriterien selbst. Auch sie werden meist willkürlich herausgegriffen (Gesichtspunkt der leichten Verfügbarkeit), und es bleibt unberücksichtigt, ob und in welchem Umfang ein bestimmtes Maß (Gehaltshöhe, Vorgesetztenrating) für den Erfolg einer Führungskraft relevant ist – ganz abgesehen vom Problem der Reliabilität der Erfolgsmaße.

Zur grundsätzlichen **Kritik** am Eigenschaftsansatz kommen bei empirischer Prüfung noch weitere Argumente hinzu, die es nahelegen, vom eingeschränkten Denkmodell linearer und nicht bedingter Zusammenhänge zwischen Individuum und Erfolg abzugehen.

So kann zusammenfassend festgehalten werden, daß das Phänomen der Führung auf der Grundlage der Persönlichkeits- bzw. Eigenschaftstheorie nicht (erschöpfend) erklärt werden kann. Auch Stogdill (1972, S. 118f.) kommt zu dem Ergebnis, „daß Führung keine Sache eines passiven Status oder des bloßen Besitzes irgendeiner Kombination von Persönlichkeitszügen ist. Eher scheint es eine dynamische Beziehung zwischen den Mitgliedern einer Gruppe zu sein, in der der Führer durch aktive Teilnahme und die Demonstration seiner Befähigung, kooperative Aufgaben bis zur Vollendung durchzuführen, Status erlangt. Wesentliche Aspekte dieser Befähigung zur Organisation und Durchführung kooperativer Anstrengungen scheinen Intelligenz, Aufmerksamkeit gegenüber den Bedürfnissen und Motiven der anderen und Einsicht in Situationen zu sein, die darüber hinaus durch solche Eigenschaften wie Verantwortung, Initiative, Ausdauer und Selbstvertrauen verstärkt werden".

Eigenschaftstheoretische Ansätze geben keine Aussagen über die *Eigenschaften der Geführten,* die *Aufgabe* und die *notwendigen Interaktionen.* Sie sind insofern statisch, als sie nichts über die Entwicklung zum Führer und des Führers im Zeitablauf (Genese der Führung) aussagen. Sie können höchstens Hinweise darauf geben, warum ein Individuum zu einem bestimmten Zeitpunkt eine Führungsposition innehat, aber nicht, warum er in dieser Position erfolgreich oder erfolglos wirkt. Zudem hat die Praxis gezeigt, daß ein Führer mit führungsrelevanten Eigenschaften, wie Intelligenz, Initiative, Gerechtigkeitssinn, Humor etc. keineswegs universell einsetzbar und erfolgreich sein muß, denn erfolgreiche Führer im Sinne der Eigenschaftstheorie versagen häufig bei neuartigen Führungssituationen oder gewohntem Gruppenverhalten der Geführten (Staehle 1980, S. 341).
Trotz der mangelnden empirischen Evidenz für die Gültigkeit der Eigenschaftstheorie wird sie zumindest in der Praxis sehr geschätzt, vor allem natürlich von denjenigen, die die Führungspositionen innehaben, denn Manager finden darin eine Bestätigung ihrer besonderen Fähigkeiten und Eigenschaften, die sie möglicherweise gar nicht besitzen. Ihre große Verbreitung ist ferner auch auf ihre Einfachheit, Plausibilität und relativ leichte An- und Verwendbarkeit zurückzuführen.
Insgesamt gesehen, haben *empirische Überprüfungen* der personalistischen Führungstheorie gezeigt, daß „Persönlichkeit" allein nicht ausreichend für die Erklärung von Führungserfolgen ist. Andererseits kann als gesichert gelten, daß die Berücksichtigung von personalen Daten die Erfolgsprognose verbessert. „Es scheint eine Reihe von

Strukturmerkmalen zu geben, die allen Führungssituationen gemeinsam sind und für deren Bewältigung eine Reihe von Persönlichkeitsmerkmalen nützlich ist." (Neuberger 1977, S. 90).
Darüber hinaus aber ist jede konkrete Führungssituation durch eine große Zahl weiterer Bedingungen charakterisiert, die spezielle Fähigkeiten erfordern oder die nicht durch die Person des Führers beeinflußt werden. Dies können z. B. die Fähigkeiten der Geführten, die Kapitalausstattung einer Unternehmung, die Konjunkturlage einer Branche, die mitbestimmungsgesetzlichen Regelungen oder die politische Situation sein.

5.33 Der Verhaltensansatz der Führung

5.331 Überblick

Gegen Ende der vierziger Jahre wendet sich das Interesse der Führungsforschung aufgrund der unbefriedigenden Ergebnisse der Eigenschaftstheorie immer mehr ab von der Suche nach typischen Führereigenschaften (Wer ist Führer?) und hin zu dem Studium des Führungsverhaltens (Was tut ein Führer?). „Dieser Paradigmawechsel leitete eine Vielzahl typologisierender, experimenteller und empirischer Arbeiten ein, die im deutschsprachigen Raum vor allem unter dem Schlagwort **Führungsstil-Forschung** diskutiert werden" (Staehle 1980, S. 341). Kritisch ist zu den **Verhaltens-Ansätzen** über die Führung zu sagen, daß sie zwar Führungs- und Gruppenverhalten zu deuten und prognostizieren versuchen, dabei aber die wesentlichen Einflußfaktoren **‚Aufgabe'** und **‚Situation'** vernachlässigen (Staehle 1980).
Die Darstellungsweisen des Führungsverhaltens in der wirtschaftswissenschaftlichen Literatur lassen sich grob in zwei Gruppen aufteilen:
(1) Einerseits wurde versucht, das Führungsverhalten und die Funktionen der Führung durch *theoretische, idealtypische* Konzeptionen zu erfassen, um anhand einer rational-normativen Vorgehensweise das in der Realität vorfindbare Führungsverhalten darzustellen, zu begründen und/oder zuzuordnen.
(2) Andererseits wurde – aufgrund der Schwächen der erstgenannten Vorgehensweisen – versucht, das Führungsverhalten und die Funktionen der Führung durch *empirisch nachweisbare, real ermittelte* Konzeptionen zu belegen, um daraus theoriegeleitete verallgemeinerungsfähige Aussagensysteme abzuleiten.

Die Verknüpfung dieser beiden Ansätze des Führungsverhaltens ist sehr eng. Aus darstellungstechnischen Gründen wird jedoch eine getrennte Erörterung vorgezogen.
Im Schrifttum zu den theoretischen, idealtypischen Konzeptionen findet sich eine Vielzahl von Ansätzen, die eine oder mehrere Dimensionen des Führungsverhaltens bzw. der Führungsfunktionen darstellen.

5.332 Der eindimensionale Ansatz des Führungsverhaltens: Die Kontinuumtheorie von Tannenbaum/Schmidt

Eine große Verbreitung und Popularität in der Führungsliteratur besitzt die Klassifikation des Führungsverhaltens anhand der beiden Führungsstile autoritär und kooperativ, die auf Tannenbaum und Schmidt (1958; 1973) zurückgeht. Diese **Kontinuumtheorie** unterscheidet zwischen sieben Verhaltensweisen der Führung, die nach dem *Ausmaß der Autorität des Vorgesetzten* und der *Entscheidungsfreiheit der Mitarbeiter* gestaffelt sind (Abb. 28).
Anhand einer normativ-analytischen Vorgehensweise versuchen die Autoren diejenigen Faktoren zu bestimmen, die bei der Wahl des ‚richtigen' Führungsverhaltens zu berücksichtigen sind. Als *Determinanten* eines situationsgerechten Führungsstils ergeben sich:
(1) **Charakteristika des Vorgesetzten**
- Wertesystem
- Vertrauen in die Mitarbeiter
- Führungsqualitäten
- Sicherheitsempfinden in einer bestimmten Situation.

(2) **Charakteristika der Mitarbeiter**
- Erfahrung in der Entscheidungsfindung
- fachliche Kompetenz
- Problemengagement
- Ansprüche hinsichtlich beruflicher und persönlicher Entwicklung.

(3) **Charakteristika der Situation**
- Art der Organisation
- Eigenschaften der Gruppe
- Art des Problems
- zeitlicher Abstand zur Handlung (Staehle 1980, S. 349).

Unterschiedliche Konstellationen innerhalb der einzelnen Charakteristika erfordern einen unterschiedlichen Führungsstil. Es kann kei-

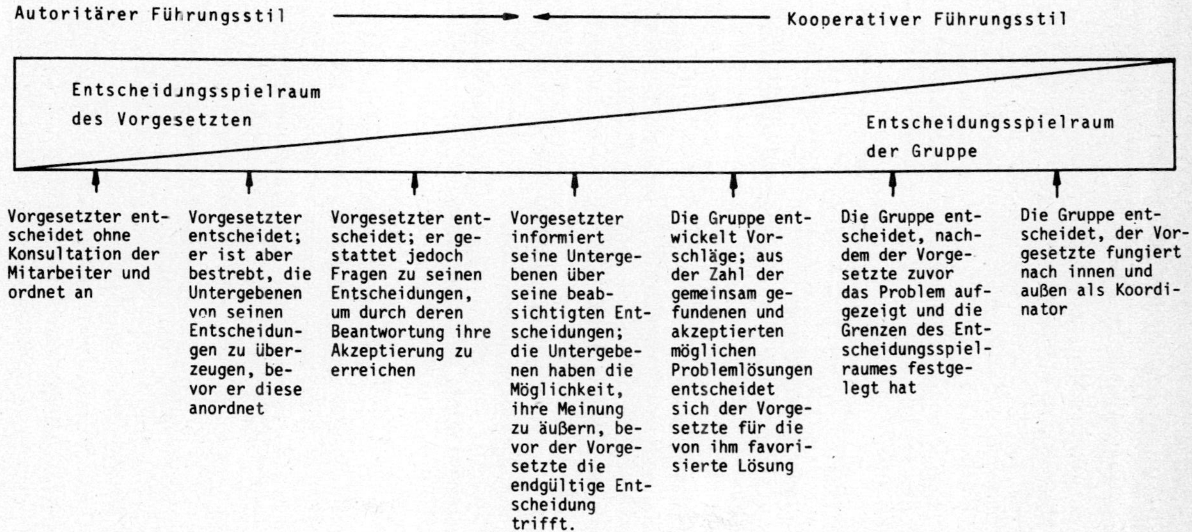

Abbildung 23: Kontinuum des Führungsverhaltens nach Tannenbaum/Schmidt

nen einzig richtigen Führungsstil für alle Situationen geben. Ein erfolgreicher Führer ist lediglich derjenige, der die verschiedenen situativen Einflußfaktoren realistisch einzuschätzen und sich mit seinem Führungsverhalten entsprechend darauf einzustellen vermag. Die Flexibilität des Führungsverhaltens ist der Schlüssel zum Führungserfolg (Staehle 1980, S. 349).
Die Typologie von Tannenbaum/Schmidt ist insofern als unzulänglich kritisiert worden (Wunderer/Grunwald 1980, I, S. 226), als sie nur einen Aspekt des Führungsverhaltens, nämlich die Entscheidungspartizipation, berücksichtigt. Daß diese Auffassung empirisch nicht haltbar ist, haben insbesondere Feldforschungen gezeigt.

5.333 Der zweidimensionale Ansatz: Das Führungsverhaltensgitter (Managerial Grid) von Blake/Mouton

In den USA haben Blake/Mouton (1964; 1968) verschiedene Versionen ihres **‚Managerial grid'** an Führungskräften empirisch überprüft, um deren Führungsverhalten einer wissenschaftlichen Erklärung zugänglich zu machen. Die Führung äußert sich zugleich als eine **sach-** und **personenbezogene Aufgabe.** Die beiden Dimensionen sind von Blake und Mouton verwendet worden, um verschiedene Kombinationen von Führungsvarianten zu charakterisieren. Sie konstruieren das sogenannte **Verhaltensgitter** (managerial grid), auf dem in der Waagerechten die Intensität der Produktionsorientierung und auf der Senkrechten die Intensität für die Ausübung der personenbezogenen Führungsfunktion aufgetragen ist.
Das Verhaltensgitter spiegelt die Wechselbeziehung zwischen den Führungsdimensionen **„Produktionsorientierung"** (concern for production) und **„Menschenorientierung"** (concern for people) wider. Jede Dimension ist gekennzeichnet durch neun Ausprägungsgrade, wobei 1 die geringste und 9 die höchste Ausprägung bezeichnet (Abb. 29). Damit lassen sich theoretisch insgesamt 81 Führungsstile unterscheiden. Von den Autoren werden nur die sog. Schlüssel-Führungsverhalten 1.1, 1.9, 9.1, 5.5 und 9.9 beschrieben.
In der linken unteren Ecke des Verhaltensgitters finden wir den *Führungsstil 1.1.* Beide Betonungen, Aufgaben- und Mitarbeiterorientierung, sind hier minimal. Beim *Führungsstil 9.1* richtet sich die Führungsaufgabe auf die Erreichung der Gruppenaufgabe. Die menschlichen Bedürfnisse werden vernachlässigt. Die Motivation soll durch

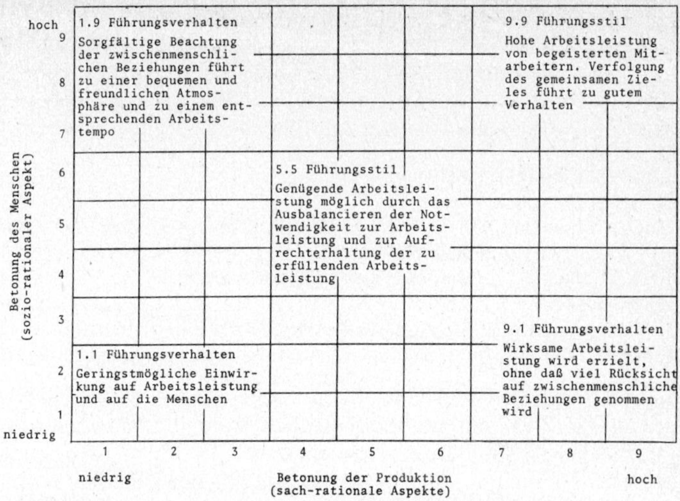

Abbildung 29: Das (Führungs-)Verhaltensgitter (Managerial Grid) nach Blake/Mouton (1968, S. 33)

die materiellen Gegenleistungen erreicht werden. Der *Führungsstil 1.9* ist durch eine minimale Betonung der Sachaufgaben und durch eine maximale Betonung der Mitarbeiter gekennzeichnet. Selbstverwirklichung und Zufriedenheit der Mitarbeiter haben Vorrang gegenüber der Leistungserstellung. Die *Form 5.5* repräsentiert einen Kompromiß zwischen aufgaben- und personenorientierter Führung. Der *Führungsstil 9.9* stellt den erstrebenswerten Zustand dar. Unter höchstmöglicher Zufriedenheit entfaltet der Mitarbeiter sein gesamtes Leistungspotential. Die Ziele der Mitarbeiter und des Betriebes werden gleichzeitig verwirklicht.
Jeder dieser fünf Führungsstile definiert ein genaues, aber differenziertes Bündel von Annahmen, wie sich Individuen tatsächlich in denjenigen Situationen verhalten, in denen bestimmte Aktivitäten durch Menschen erreicht werden sollen (Blake/Mouton 1968, S. 23). Neben dieser deskriptiven Komponente enthält das Konzept auch einen normativen Aspekt. Über die „Beste Theorie" lassen Blake und Mouton keine Zweifel aufkommen. Die Führungsstile werden als *pessimistisch* (9.1), als *unpraktisch* (5.5), als zu *idealistisch* (1.9) und als *unmöglich* (1.1) abqualifiziert. Als *erstrebenswert* bleibt allein „Theorie" 9.9 übrig (Blake/Mouton 1968, S. 304; Staehle 1980, S. 360f.).

Die Bevorzugung des 9.9 Führungsstils mag unverständlich sein, da Blake und Mouton zu Beginn ihrer Untersuchung darauf hinweisen, daß die Wahl des Führungsstils in einer gegebenen Situation für eine bestimmte Person von verschiedenen Einflußfaktoren abhängt. Als *Einflußfaktoren* nennen Blake/Mouton (1968, S. 26f.):

1. Die Organisation, in der eine Person tätig ist,
2. die Situation selbst,
3. die Wertvorstellungen, die die betreffende Person über den „richtigen" Weg, Menschen zu behandeln und Ziele zu erreichen, besitzt,
4. die Persönlichkeit, womit die Persönlichkeitsmerkmale des Führers gemeint sind und
5. die Gelegenheit, die ein Vorgesetzter hat, erlernte Verhaltensweisen auf konkrete Führungssituationen anzuwenden (alternative Führungsstile).

Sinnvolle Prognosen und Gestaltungsempfehlungen des möglichen Führungsverhaltens sind nur dann möglich, wenn die Annahmen mit der tatsächlichen Situation übereinstimmen. „Es wäre falsch, einen ‚ideologischen' Weg zu gehen, ohne die tatsächlichen Umstände zu berücksichtigen" (Blake/Mouton 1968, S. 24).
Dieser Versuchung unterliegen jedoch Blake und Mouton, wenn sie eine Führungstheorie (Führungsform 9.9) „für allgemeingültig" deklarieren und als universell effizient anwendbar empfehlen. Ähnliche Bedenken müssen angemeldet werden, wenn Blake und Mouton etwa die Hierarchie, als Herrschaft von wenigen über viele, als ein unveränderliches, grundsätzliches Charakteristikum aller Organisationen ansehen. Wer von einer solchen Ideologie ausgeht, muß sich dem Verdacht aussetzen, daß das stark propagierte Modell 9.9, das erfreulich *humanistische Züge* aufweist, letztlich doch nur ein Manipulationsinstrument in den Händen des oberen Management darstellt, das durch vergebliches Eingehen auf die Wünsche und Bedürfnisse der Mitarbeiter lediglich zur Leistungssteigerung motivieren soll" (Staehle 1980, S. 361).
Die Verhaltensgitter-Theorie wird in Seminaren weltweit trainiert. Wichtigstes Ziel dieser Seminare ist es, das eigene Verhalten sowie alternative Führungsmethoden zum Zwecke besserer und schnellerer Lösungen von Problemen zu bestimmen und zu üben. Dem Teilnehmer wird in seiner Arbeitsgruppe der Spiegel vorgehalten, indem er seinen persönlichen Führungsstil erlernt und erfährt, wie dieser auf die übrigen Gruppenmitglieder wirkt.

Die *Kritik am Verhaltensgitter* setzte an der generellen (Nicht-)Eignung an, reale Führungsprozesse zu beschreiben oder gar zu erklären.

Zwar veranschaulicht es in einfacher Weise den breiten Spielraum möglicher Führungsstile, und die abgebildeten 5 Führungsstile lassen vermuten, daß es in der Praxis eher leichter ist, einen autoritären als einen kooperativen Führungsstil zu identifizieren, da dessen Variationsbreite erheblich größer ist.
Die von Blake/Mouton empfohlene einzig optimale Führungsform 9.9 postuliert einen einlinigen monokausalen Zusammenhang zwischen einem bestimmten Führungsstil und dessen Auswirkungen. Feldexperimente haben diese Aussage dahingehend relativiert, daß zwischen einem bestimmten Führungsstil und den resultierenden Konsequenzen, wie Arbeitszufriedenheit, höhere Produktivität, geringere Fehlzeiten etc. keine eindeutige Beziehung besteht (Korman 1966; Neuberger 1976). Vielmehr sind stets die spezifischen Umstände zu berücksichtigen, unter denen Führungsverhalten auftritt. Demnach kann ein und derselbe Führungsstil aufgrund unterschiedlicher Bedingungen der Umwelt bzw. des Umsystems zu ganz verschiedenen Ergebnissen führen (Wunderer/Grunwald 1980 I, S. 230f.).

5.334 Dreidimensionale Ansätze: Die 3-D-Theorie des Führungsverhaltens von Reddin und die situative Theorie des Reifegrades der Führung von Hersey/Blanchard

Reddin (1967; 1970; 1977) unterscheidet in seinem Modell drei Dimensionen (3-D): **Aufgabenorientierung** (task orientation) (AO), **Beziehungs-,** bzw. **Kontaktorientierung** (relationship orientation) (BO) und **Effektivität.** Im Gegensatz zu Blake/Mouton bestreitet Reddin in seiner 3-D-Theorie der Führung die Existenz eines generell gültigen und „besten" Führungsstils. Er wählt bewußt *neutrale* Stilbezeichnungen, „um den Anklang zu vermeiden, daß einige Stilarten viel besser als andere seien... Niemand wird in eine Schublade gesteckt, wenn man ihn als ‚beziehungsorientiert' bezeichnet. Die Bezeichnung bedeutet – ... – daß er diesem Stil näher kommt als allen anderen – und nur das" (Reddin 1977, S. 43).
Ein bestimmter Grundstil kann je nach Ausprägung von BO bzw. AO (hoch oder niedrig) nur in Abhängigkeit von jeweils vorgefundenen Situationsvariablen, wie Technologie, Managementphilosophie, Mitarbeiter, effektiv oder ineffektiv sein. Darum werden die **Fähigkeit zur Situationsdiagnose** (Situationsgespür), die **Flexibilität des Vorge-**

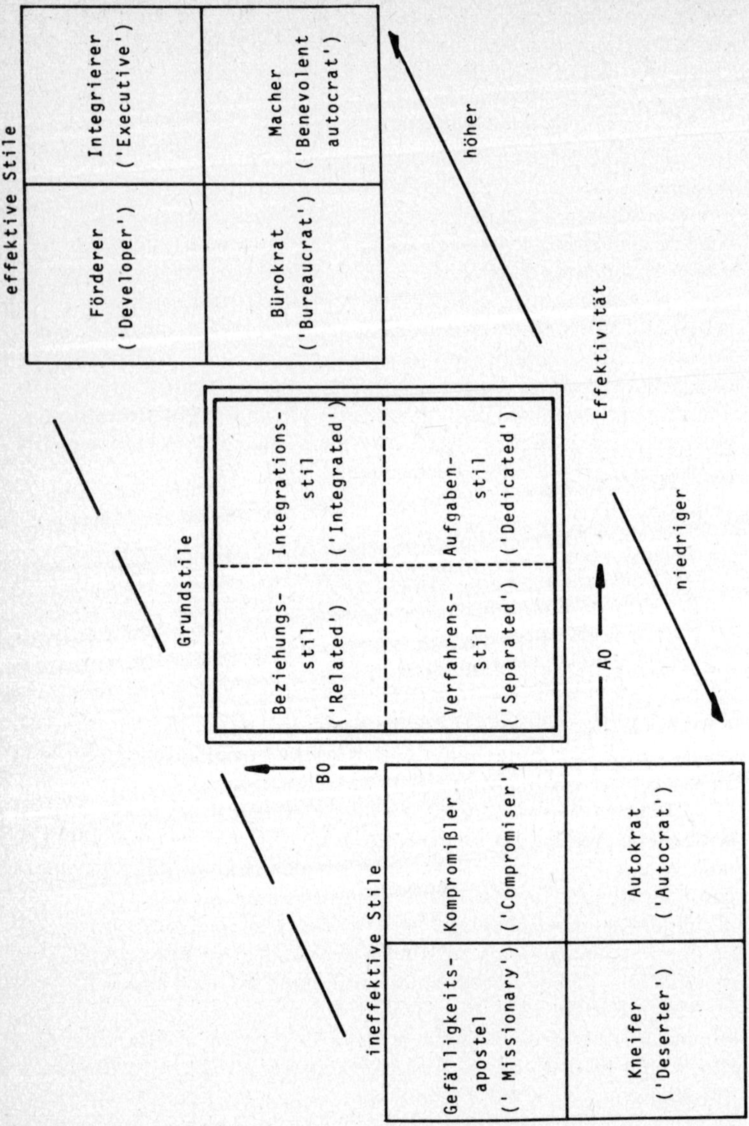

Abbildung 30: Die drei Dimensionen der 3-D-Theorie von Reddin (nach Reddin 1977, S. 28 und S. 244)

setzten (Stilflexibilität) sowie die **Fähigkeit zur Situationsveränderung** (Situationsmanagement) als die drei zentralen Führungseigenschaften betrachtet (Wunderer/Grunwald 1980 I, S. 232f.; Reddin 1977, S. 29f.).
Ähnlich dem Modell von Blake/Mouton werden als Grundstilarten gebildet (Reddin 1977, S. 43f.):
(1) Der Verfahrensstil,
(2) der Beziehungsstil,
(3) der Aufgabenstil und
(4) der Integrationsstil.

Reddin vertritt die Auffassung, daß alle vier Stilarten in Abhängigkeit von der spezifischen Situation, in der sie angewandt werden, effektiv oder ineffektiv sein können (vgl. Abb. 31).
Die Situation wird durch den Einfluß von
(1) Organisationsstruktur und Organisationsklima,
(2) Arbeitsweise, Aufgabenanforderungen,
(3) Vorgesetzten,
(4) Kollegen und
(5) Untergebenen
beschrieben.

Es gibt also nicht den einzig richtigen Führungsstil, sondern in verschiedenartigen Situationen werden auch unterschiedliche Führungsverhalten erforderlich. Die vier Grundstilarten der Führung sind (Reddin 1970, S. 30ff.; 1977, S. 48ff.; Staehle 1980, S. 362ff.):
Der **verfahrensorientiert Führende** (separated manager) verläßt sich primär auf Verfahren, Methoden, Systeme und bevorzugt stabile Umweltsituationen. Als Bürokrat (Bureaucrat) beherrscht er Routineprozesse durch straffe Organisation und Regelbeachtung. Als Kneifer (Deserter) beharrt er auf Regeln und Vorschriften, wo die Situation flexible Anpassung erfordert.
Der **beziehungsorientiert Führende** (related manager) betont gute zwischenmenschliche Beziehungen und berücksichtigt Mitarbeiterbedürfnisse. Als Förderer (Developer) delegiert er, soviel und soweit es die Situation erlaubt und sieht in der Mitarbeiterentwicklung keinen Selbstzweck, sondern erwartet langfristig bessere Aufgabenerfüllung. Als Gefälligkeitsapostel (Missionary) glaubt er, daß zufriedene Mitarbeiter auch mehr leisten werden und vernachlässigt die Aufgabenerreichung.
Der **aufgabenorientiert Führende** (dedicated manager) betont Leistungsergebnisse und denkt produktivitätsorientiert. Als Macher (Be-

nevolent Autocrat) setzt er realistische, aber anspruchsvolle Ziele und überzeugt durch Expertenwissen. Als Autokrat (Autocrat) überfordert er die Mitarbeiter und pocht auf Amtsautorität.
Der **integrationsorientiert Führende** (integrated manager) strebt nach einer gleichgewichtigen Beachtung von Mensch und Aufgabe. Als Integrierer (Executive) entscheidet und führt er kooperativ, motiviert und fördert seine Mitarbeiter zielorientiert. Als Kompromißler (Compromiser) meidet er Konfrontationen, zeigt Entscheidungsscheu und versucht, es allen recht zu machen. Keiner seiner Untergebenen soll unzufrieden werden.

Grundstilformen	effektiv genutzte Stile	ineffektiv genutzte Stile
Verfahrensstil	Bürokrat	Kneifer
Beziehungsstil	Förderer	Gefälligkeitsapostel
Aufgabenstil	Macher	Autokrat
Integrationsstil	Integrierer	Kompromißler

Abbildung 31: Grundstile, effektive und ineffektive Stile des Führungsverhaltens (Reddin 1977, S. 27)

Aus diesen Beschreibungen geht hervor, daß Reddins 3-D-Ansatz primär darauf ausgerichtet ist, die **Führungssituation** zu analysieren und diese richtig einzuschätzen und nicht – wie Blake/Mouton – den universell richtigen Führungsstil sucht (Staehle 1980, S. 363).
Dieses Modell wird didaktisch als besonders informativ angesehen, da es auf wichtige Situationsspezifika der Führung hinweist. So kann ein und derselbe Führungsstil sowohl Erfolg wie Mißerfolg bewirken, verschiedene Führungsstile können zum gleichen Erfolg führen. Als *Veranschaulichungsinstrument in Führungsseminaren* ist das 3-D-Modell noch besser geeignet als das Verhaltensgitter, da es auf situative Bedingungen der Führung hinweist (Wunderer/Grunwald 1980 I, S. 232) und die Führungseffektivität nicht nur von personalen, sondern von interaktiven und situativen Umständen abhängig macht.

Hersey/Blanchard (1972) knüpfen unmittelbar an das Konzept von Reddin an. Sie verwenden ebenfalls eine dreidimensionale Konzeption (Tri-Dimensional Effectiveness Model), bei dem das effektive und ineffektive Führungsverhalten unterschieden werden kann (1972, S. 83ff.). Darauf aufbauend machen sie die Wirksamkeit des jeweiligen Führungsverhaltens von einer Situationsvariablen abhängig, die sie **Reifegrad des Mitarbeiters** (maturity) nennen (Hersey/Blanchard 1972, S. 134ff.; Staehle 1980, S. 363ff.).

Der Reifegrad des Mitarbeiters wird von den Dimensionen
(1) **Leistungsmotivation** („achievement-motivation"),
(2) **Bereitschaft** („willingness") und **Fähigkeit zur Verantwortungsübernahme** („ability total responsibility") bestimmt. Weitere Faktoren sind
(3) die **aufgabenspezifische Ausbildung** („task relevant education") und
(4) die **Erfahrung** („experience of an individual or a group").

Die Wahl des Führungsstils durch einen Vorgesetzten hängt allein vom Reifegrad des jeweiligen Mitarbeiters ab. Bei *geringerer Reife* (mangelnder Fähigkeit und Motivation) muß der Mitarbeiter aufgabenorientiert geführt werden („telling"). Bei *mäßiger Reife* (mangelnder Fähigkeit, aber stärkere Motivation) muß der Vorgesetzte aufgaben- und mitarbeiterorientiert führen („selling"). Bei *höherem Reifegrad* (mangelnde Motivation bei gegebener Fähigkeit) ist der Führer erfolgreich, wenn er sich mehr mitarbeiter- als aufgabenorientiert verhält („participating"). Den *reifen Mitarbeiter* (fähig und willig) wird er am besten weitgehend selbständig arbeiten lassen („delegating"). Mit steigendem Reifegrad des Mitarbeiters soll der Vorgesetzte also seine Aufgabenorientierung reduzieren und seine Beziehungsorientierung verstärken. Wenn der Reifegrad über dem Durchschnitt liegt, sollen sowohl Aufgaben- als auch Beziehungsorientierung zurückgenommen werden. Die graphisch dargestellte Glockenkurve wird auch als ‚*Life Cycle Theory of Leadership*' bezeichnet (Hersey/Blanchard 1972, S. 134ff.; vgl. Abb. 32).

Die einzelnen Quadranten sind, wenn sie auch anders als bei Redding bezeichnet werden, mit dessen Grundstilen im großen Maße vereinbar. Die **Effektivität des Führungsverhaltens** hängt hier ebenfalls davon ab, ob der Führer den situationsadäquaten Führungsstil gewählt hat. Die Situation wird durch die gleichen Variablen beschrieben wie bei Reddin. Das Interesse der Autoren konzentriert sich primär auf

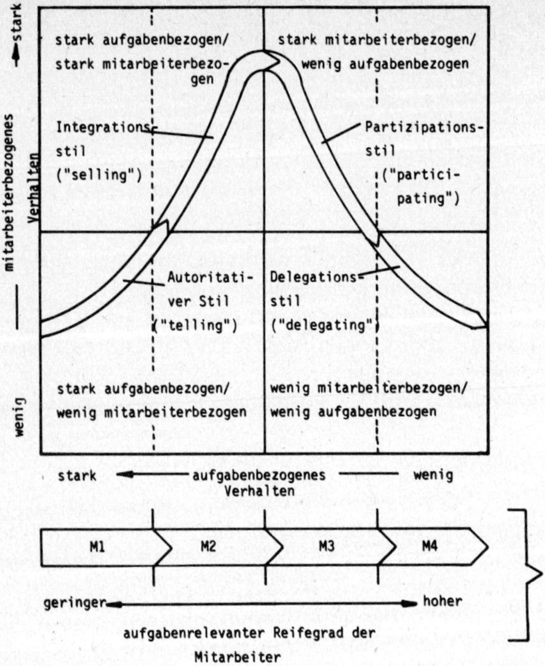

Abbildung 32: Die situative Theorie des Reifegrades der Führung von Hersey/Blanchard (1972, S. 142)

die Situationsvariable Reifegrad der Untergebenen, die dabei nicht absolut gesehen, sondern stets in Relation zur gestellten Aufgabe gesetzt wird. Ein und dieselbe Person kann also zum gleichen Zeitpunkt geringe Reife im Hinblick auf eine Aufgabe und hohe Reife im Hinblick auf eine andere Aufgabe zeigen.

Nach den Vorstellungen dieser ‚situativen Führungstheorie' soll sich der Führer keineswegs auf eine passive Anpassung seines Führungsverhaltens an die Entwicklung des Reifegrades seiner Mitarbeiter beschränken. Er soll vielmehr aktiv an deren Entwicklung und Förderung mitwirken. Dazu wird ein Zwei-Stufen-Prozeß vorgeschlagen (vgl. Abb. 33):

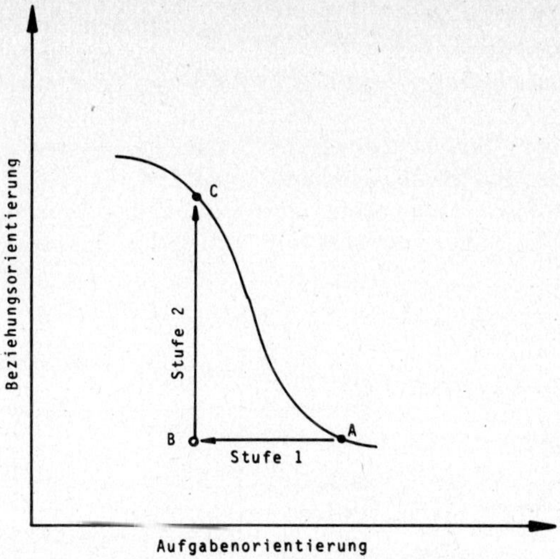

Abbildung 33: Zwei-Stufen-Prozeß der Mitarbeiterentwicklung (nach Hersey/Blanchard 1977, S. 196)

Auf der Stufe 1 delegiert der Vorgesetzte einen begrenzten Verantwortungsbereich (Reduzierung der Aufgabenorientierung von A nach B), den er bei guten Resultaten auf der Stufe 2 durch Belohnung, Anerkennung und weitere Förderung verstärkt (Verstärkung der Beziehungsorientierung B nach C). Dieser Prozeß der sukzessiven Approximation des Mitarbeiterverhaltens (Staehle 1980, S. 366) kann beliebig oft wiederholt werden.

Hersey/Blanchard haben mit der Betonung des Reifegrades einen wesentlichen Einflußfaktor des Führungserfolges beschrieben, andererseits aber andere Situationsvariable vernachlässigt. Damit kann eine einseitig aus dem „Reifegrad" des Mitarbeiters heraus interpretierte Führungstheorie entstehen, die wieder stark „eigenschaftstheoretische" Aspekte besitzt. Der Vorgesetzte kann nun jeden Führungsstil mit der besonderen „Natur" seiner Mitarbeiter begründen und dessen Praktizierung für unbedingt erforderlich halten. Es ist deshalb keineswegs überraschend, daß gerade dieses Konzept bei Vorgesetzten „enthusiastischen Beifall" (Gottschall 1978, S. 121) fand. Denn mit einfachen und möglichst „externalen" Zurechnungstheorien sind gerade leistungsorientierte Vorgesetzte besonders einverstanden (Wunderer/Grunwald 1980 I, S. 233f.).

5.335 Multidimensionale Ansätze: Das System organisatorischer Führungselemente von Bleicher/Meyer und das System von Lattmann

Bleicher (1969), Bleicher/Meyer (1976) haben ein **System abgestufter organisatorischer Führungselemente** entwickelt, die – je nach Ausprägung – zur Kennzeichnung eines *mehr autoritären oder mehr kooperativen Führungsstil* geeignet sind (vgl. Abb. 34 und Abb. 35).

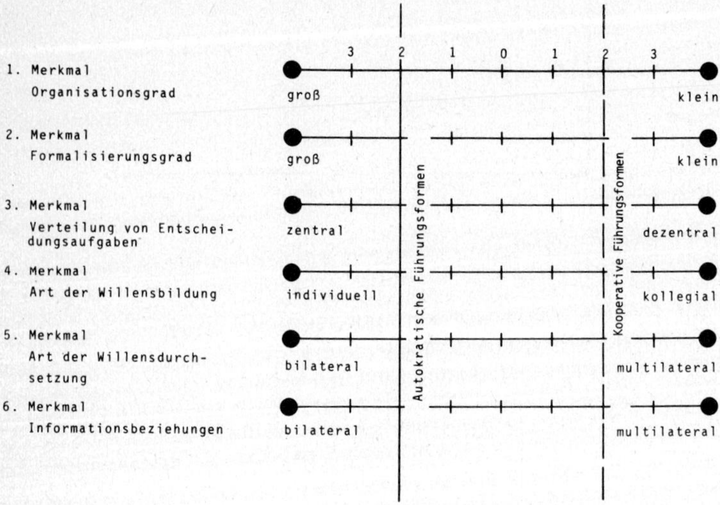

Abbildung 34: Ausprägungen von Organisations- und Führungselementen (Bleicher 1972, S. 272)

Führungsstil	
autoritativ	kooperativ
1. Führungsphilosophie	
Art des Führungsleitbildes	
Der Führer ist der Herr, die Geführten sind Untergebene und Gefolgsleute.	Der Führer ist Lenker und Koordinator einer Kooperation, die Geführten sind Mitarbeiter und Partner.
Unterstellungen über Mitarbeiter	
Sie haben eine Abneigung gegen die Arbeit. Es fehlt ihnen an Intelligenz, ihre Arbeit selbst einzuteilen (Zentralisation als Folge).	Sie finden Erfüllung in der Arbeit, wenn ihre persönlichen Ziele gleichzeitig realisierbar sind. Die Mitarbeiter sind hinreichend intelligent, selbst den jeweils besten Weg zu einer Lösung zu finden.
2. Organisationsstruktur	
Organisations- und Konkretisierungsgrad	
Konkretisierungsgrad der Aufgaben hoch. Detaillierte Festlegung der Aufgabenerfüllung.	Konkretisierungsgrad der Aufgaben gering. Nur Rahmenregelung (Zielvorgaben) für die Aufgabenerfüllung.
Formalisierungsgrad	
Klare, streng hierarchische Unterstellungsverhältnisse werden als allein möglich betrachtet. Daraus ergibt sich eine Isolierung des einzelnen Mitarbeiters. Da außer Gehorsam und Pflichterfüllung von der Masse der Untergebenen nichts erwartet wird, versucht man, die Autorität auf diese Weise abzusichern und den Gehorsam zu erzwingen.	Auflockerung der hierarchischen Bezüge, die durch informelle Beziehungen teilweise überdeckt, teilweise völlig substituiert werden. Abweichungen vom Organisationsplan werden solange toleriert, wie keine Störung des Arbeitsablaufes und keine Verminderung des Arbeitserfolges eintreten.

autoritativ	kooperativ
3. Willensbildung	
Entscheidungsvorbereitung	
Die Führung kann und weiß alles besser als die Untergebenen. Deswegen kann grundsätzlich auf Besprechung und Beratung mit ihnen verzichtet werden.	Die Führung ist, um zu einer sachgerechten Entscheidung zu kommen, auf die Mitwirkung der Mitarbeiter angewiesen. Deswegen wird der Einsatz von Koordinationsmitteln angestrebt (Stäbe, Kollegien).
Entscheidungsbildung	
Der Führer koordiniert durch Einzelentscheidungen, Singularinstanzen sind typisch (Direktorialprinzip).	Der Führer koordiniert durch Einschaltung der Mitarbeiter in den Entscheidungsprozeß. Dies kann organisatorisch durch die Bildung von Pluralinstanzen erzwungen sein. Wenn die demokratische Führung voll akzeptiert wird, kommt es auch ad hoc zu mehrheitlicher Beschlußfassung in Entscheidungskollegien (Kollegialprinzip).
Entscheidungspartizipation	
Die Führung deligiert nur Ausführungsaufgaben und -verantwortungen (Weisungsaufgaben im Sinne von Befehlsweitergabe eingeschlossen), aber keine Planungs-, Entscheidungs- und Kontrollaufgaben (-verantwortungen).	Neben Ausführungsaufgaben (-verantwortungen) werden auch Planungs-, Entscheidungs- und Kontrollaufgaben (-verantwortungen) deligiert. Die oberste Führung behält sich in diesen Bereichen nur Dienstaufsicht und Erfolgskontrolle vor.

autoritativ	kooperativ
4. Willensdurchsetzung	
Durchsetzung der Entscheidung	
Mittel zur Entscheidungsdurchsetzung (Entscheidungsrealisation) ist der Befehl. Einwendungen sind grundsätzlich unstatthaft, da die Führung a priori über die höhere Einsicht verfügt: „Befehlstaktik“.	Hier dient ein Auftrag der Entscheidungsrealisation. Einwendungen sind grundsätzlich statthaft und führen, falls sie begründet sind, zur Abänderung des Auftrages: „Auftragstaktik“.
Autoritätsbasis	
Institutionelle Autorität Irrational (weltanschaulich religiös) fundiert, ihr zu dienen, ist moralisch wertvoll. Autorität wird als Institution von hohem sittlichen Eigenwert aufgefaßt.	Funktionelle Autorität Sachrational aus den Notwendigkeiten der Kooperation und den Fähigkeiten des Führers (Sachverstand, Menschenkenntnis) abgeleitet. Autorität wird als notwendige Funktion aufgefaßt.
Arbeitsbeziehungen (Kommunikation)	
Die Untergebenen werden nur über das Notwendigste informiert. Bezeichnend ist der Ausdruck „Tagesbefehl“ für die notwendig gehaltene Information.	Informationen dienen als Führungsmittel. Sie werden durch die Delegation von Entscheidungsaufgaben und -verantwortung erzwungen. Nur so kann der Zusammenhang zwischen den Delegationsbereichen gesichert werden.

autoritativ	kooperativ
5. Willenssicherung	
Kontrollformen	
Ausgeprägte sachliche Kontrolle, keine Überprüfung der Führungstätigkeit. Sachliche Kontrolle bis ins Detail (alles läuft über den Tisch des Vorgesetzten).	Kontrolle ist auch beim kooperativen Führungsstil unabdingbare, nicht delegierbare Funktion des Vorgesetzten. Sie sichert die Führung des delegierten Bereiches. Neben der sachlichen wird auch eine führungsbezogene Kontrolle vorgenommen.

Abbildung 35: Katalog der Führungselemente zweier historisch gewachsener Führungsstile (nach Bleicher/Meyer 1976, S. 155f.)

Ein neuerer **Ansatz zur Führungsstilphilosophie** wird von Lattmann (1975) vorgestellt, der mit Hilfe von 11 Merkmalskriterien ein Spektrum von 6 Führungsprofilen skizziert (Abb. 36):

A. **Der despotische Führungsstil:** Der Unternehmer ist ausschließlich auf seine eigenen Interessen bedacht. Er ist „Herr im Hause" und aufgrund seines Eigentums legitimiert, die Mitarbeiter auszubeuten.

B. **Der paternalistische Führungsstil:** Der paternalistische unterscheidet sich vom despotischen Führer in seiner Einstellung und dadurch in seinen Endzielen. Er hat soziales Verantwortungsgefühl gegenüber den Mitarbeitern und berücksichtigt auch ihre Interessen in seinen Entscheidungen. Er glaubt, die Interessen der Mitarbeiter besser zu kennen; deshalb führt er auch mit Strenge.

C. **Der pädagogische Führungsstil:** Der pädagogische Führungsstil hat eine gewisse Ähnlichkeit mit dem paternalistischen. Der Führer erzieht durch Forderung und Entwicklung seine Mitarbeiter zur größeren Selbständigkeit.

D. **Der partizipative Führungsstil:** Der partizipative Führer erkennt den Mitarbeiter als Werte tragendes Subjekt an und hat gegenüber dem Mitarbeiter soziale Verpflichtungen. Die persönliche Entfaltung wird als wichtigste Antriebskraft für die Erreichung der Unternehmungsziele angesehen.

E. **Der partnerschaftliche Führungsstil:** Der partnerschaftliche Führungsstil ist durch eine weitgehende Selbstbestimmung des Mitarbeiters bei der Aufgabenerfüllung sowie durch seine Beteiligung an der Setzung der Unternehmungsziele gekennzeichnet.

F. **Die Selbstverwaltung:** Bei diesem Führungsstil übernehmen die Arbeitnehmer die Rolle des Unternehmers. Kollektivinteressen sind auf die Unternehmungsführung ausgerichtet.

Lattmann (1975) vertritt eine multidimensionale Führungsstil-Konzeption, um die Nachteile der dichotomischen Betrachtungsweise zu vermeiden. Bei der von Lattmann konzipierten Führungsmatrix handelt es sich um apriorische Kategorien, die in der Vertikalen die einzelnen Gliederungsmerkmale – unterteilt nach Einstellungs- und Verhaltensvariablen – und in der Horizontalen die verschiedenen Ausprägungen von autoritär bis hin zu kooperativ aufweisen (vgl. Abb. 36). Lattmanns Version ist geeignet, Führungsstilprofile zu erstellen. Im Gegensatz zu Likerts Tabellen (vgl. 6.3) sind die Tabellen von Lattmann jedoch nicht empirisch überprüft.
Kritisch wird zu den Konzepten Bleichers und Lattmanns angemerkt (Wunderer/Grunwald 1980 I, S. 238), daß ihre Systeme der Führungsstile zu jener Kategorie idealtypischer Klassifikationen gehören, die auf Plausibilität und Intuition beruhen, jedoch nicht empirisch ermittelt wurden. Interessant sind die Ansätze insofern, als die dichotomische Sichtweise zugunsten eines differenzierteren multidimensionalen Ansatzes aufgegeben wird und die Führungselemente als Kontinua mit unterschiedlichen Ausprägungen konzipiert werden. Als nachteilig wird erachtet, daß Anzahl und Art der aufgeführten Führungselemente ohne theoretische Fundierung isoliert nebeneinandergereiht werden, so daß die zwischen ihnen möglicherweise bestehenden gesetzmäßigen Kontingenz-Beziehungen nur äußerst schwer ermittelt werden können.

Merkmal	A	B	C	D	E
1 Wertung des Mitarbeiters	Der Mitarbeiter ist nur ein Mittel der Unternehmung	Der Mitarbeiter ist ein persönlicher Wertträger, demgegenüber ethische Verpflichtungen bestehen	Der Mitarbeiter ist ein gleichwertiger Partner	Der Mitarbeiter ist der Träger und das eigentliche Subjekt der Unternehmung	
2 Stellung der Mitarbeiter-Interessen im Zielsystem der Unternehmung	Die Interessen der Mitarbeiter werden außer acht gelassen (Ausschließlichkeit der Interessen der Führung)	Die Interessen der Mitarbeiter werden im Ausmaße des durchschnittlich Üblichen beachtet	Die Wahrung der Interessen der Mitarbeiter wird als soziale Verpflichtung betrachtet	Dem Mitarbeiter wird ein Anrecht auf Wahrung seiner Interessen zuerkannt	Die Interessen des Mitarbeiters sind die ausschließlichen Ziele der Unternehmung
3 Legitimation des Führungsanspruches	Privateigentum an den Sachwerten	Verantwortung für die Erhaltung der Unternehmung	Können und Leistung	Annahme der Führung durch die geführten Mitarbeiter	Arbeit: der Mitarbeiter ist der Souverän

Merkmal	A	B	C	D	E
4 Gewichtung der Arbeitszufriedenheit und des Betriebsklimas	Das Wohlbefinden des Mitarbeiters interessiert überhaupt nicht	Eine hohe Arbeitszufriedenheit und ein gutes Betriebsklima werden als Voraussetzungen für den Erfolg gewertet	Das Wohlbefinden des Mitarbeiters wird als eine Randbedingung darstellendes soziales Ziel gewertet, das einer ethischen Verpflichtung entspringt	Das Wohlbefinden des Mitarbeiters wird als den Leistungszielen gleichwertiges soziales Ziel wahrgenommen	Das Wohlbefinden des Mitarbeiters in der Unternehmung erscheint als deren Hauptziel
5 Anteil des Mitarbeiters an der Setzung seiner Arbeitsziele	Der Vorgesetzte entscheidet allein über die Ziele, die er dem Mitarbeiter in Form von Befehlen mitteilt	Der Vorgesetzte entscheidet über die Ziele, begründet aber seine Entscheidung	Der Vorgesetzte hört die Mitarbeiter an, entscheidet dann aber selbstverantwortlich	Die Ziele werden vom Vorgesetzten und Mitarbeiter gemeinsam erarbeitet	Der Mitarbeiter setzt seine Arbeitsziele autonom
6 Anspruchsniveau der Ziele und Aufgaben	Sehr niedrige Anforderungen, die anstrengungslos erfüllt werden können	Geringe Anforderungen, deren Erfüllung eine dauernd anhaltende, aber mäßige oder eine nur zeitweilige größere Anstrengung verlangt	Dem Leistungsvermögen des Mitarbeiters angepaßte Anforderungen, die auf seiner Seite eine Anstrengung verlangen	Hohe Anforderungen, deren Erfüllung eine starke Motivation und einen andauernden Einsatz voraussetzt	Außerordentlich hohe Anforderungen, die nur auf Grund höchsten Einsatzes erfüllt werden können

Merkmal	A	B	C	D	E
7 Aufgabenvollzug	Aufgabenerfüllung auf Grund von Arbeitsanweisungen des Vorgesetzten, die auf den Einzelfall bezogen sind. Keinerlei Autonomie	Aufgabenerfüllung auf Grund von Einzelanweisungen an den Mitarbeiter, die ihm einen Autonomieraum bei der Ausführung des einzelnen Auftrags einräumen	Autonome Aufgabenerfüllung im Rahmen allgemeiner Grundsätze des Aufgabenvollzugs	Autonome Aufgabenerfüllung auf Grund der Ausrichtung auf Ziele	Völlige Autonomie des Mitarbeiters bei der Aufgabenerfüllung
8 Kontrolle	Ständige und vollständige Überwachung der Aufgabenerfüllung	Kontrolle durch regelmäßige Stichproben	Kontrolle durch Ergebnisbewertung	Selbstkontrolle	Keine Kontrolle
9 Durchsetzung der Ziele	Rücksichtsloser Zwang	Durchsetzung unter Begründung	Durchsetzung durch Überzeugung der Mitarbeiter	Durchsetzung im Einvernehmen mit dem Mitarbeiter	Freie Aufgabenerfüllung

Merkmal	A	B	C	D	E
10 Behandlung von informellen Gruppen	Jede über den Arbeitsvollzug hinausreichende informale Beziehung ist unerwünscht. Die Bildung von Gruppen wird unterdrückt	Die Bildung von Gruppen und informalen Beziehungen wird toleriert, wenn sie nicht zu Störungen Anlaß geben	Gruppen werden als Gesprächspartner anerkannt	Entstandene Gruppen werden in das Führungsgefüge eingegliedert	Der Vorgesetzte strebt danach, seine Mitarbeiter zu einer Gruppe zusammenzuschließen
11 Beteiligung der Mitarbeiter bei der Setzung der Zwecke u. der Festlegung der Grundziele der Unternehmung	Völlige Alleinbestimmung durch die oberste Unternehmungsleitung	Alleinentscheid der Unternehmungsleitung, aber Gewährung eines Anrechtes auf Angehörtwerden und Informationen an die Arbeitnehmer	Mitsprache der Arbeitnehmer ohne Mitentscheidungsrecht oder minoritäre Mitbestimmung	Paritätische Mitbestimmung der Arbeitnehmer	Alleinbestimmung der Arbeitnehmer (Selbstverwaltung)

Abbildung 36: Dimensionen des Führungsstils nach Lattmann (1975)

5.336 *Das entscheidungsorientierte Führungsmodell von Heinen*

Heinen (1978, S. 13ff.) stellt fest, daß die traditionelle Betriebswirtschaftslehre unter dem Begriff „Führung" nur das Treffen unternehmungspolitischer Entscheidungen behandelt und daß die Durchsetzung getroffener Entscheidungen lediglich als Problem der zweckmäßigen Strukturierung eines arbeitsteiligen Prozesses gesehen wird. Die Vernachlässigung zwischenmenschlicher Vorgänge wird kritisiert. Führung als Menschenführung vollzieht sich auf allen Ebenen der betrieblichen Leitungshierarchie. Bestandteile des von Heinen vorgeschlagenen entscheidungsorientierten Führungsmodells (Abb. 37) sind strukturale und personale Elemente. Die Gestaltung der **strukturalen Variablen** (Aufgabenteilung, Organisation) fällt in den Bereich der betriebswirtschaftlichen Organisationslehre, die Behandlung der **personalen Variablen** (Eigenschaften, Fähigkeiten) ist Gegenstand der Verhaltenswissenschaften. Durch die fachübergreifende entscheidungsorientierte Betrachtungsweise strebt Heinen eine gleichgewichtige Behandlung beider Variablenklassen an. Dies geschieht dadurch, daß die **Instrumentalvariable** so konzipiert wird, daß personale und strukturale Elemente berücksichtigt werden. Die Instrumentalvariable ist die Variable des Führungsmodells, die sich mit vom Führer beeinflußbaren Tatbeständen befaßt. Weitere konstitutive Variablen des Modells sind die **Situationsvariable,** die vom Führer nicht beeinflußbare Nebenbedingungen erfaßt, und die **Zielvariable.**

Die **personalen Variablen,** die der Beschreibung der sozialen Beziehung zwischen Führer und Geführten dienen, lassen sich in zwei Gruppen unterteilen:

- **Führungsverhalten:** Variablen, die das Verhalten des Vorgesetzten zu seinen Mitarbeitern beschreiben (Dimension Aufgabenorientierung – Mitarbeiterorientierung).
- **Führungsstil:** Variablen, die die Beteiligung der Mitarbeiter an den Gruppenaktivitäten widerspiegeln (Dimension kooperativ-autoritär).

Die im Rahmen der Situationsvariablen erfaßten **strukturalen Nebenbedingungen** werden mit den Eigenschaften der zu erfüllenden Aufgabe gleichgesetzt. Hinsichtlich der organisatorischen Gestaltbarkeit dürfte das Routinisierungspotential wichtigstes Aufgabenmerkmal sein. Die im Rahmen der **personalen Elemente** relevanten Nebenbedingungen werden unter dem Begriff „Führungssituation" behandelt. Einflußgrößen der Führungssituation sind die Positionsmacht des Führers, die Aufgabenstruktur und die Gruppenatmosphäre (vgl. Abschnitt 6.71).

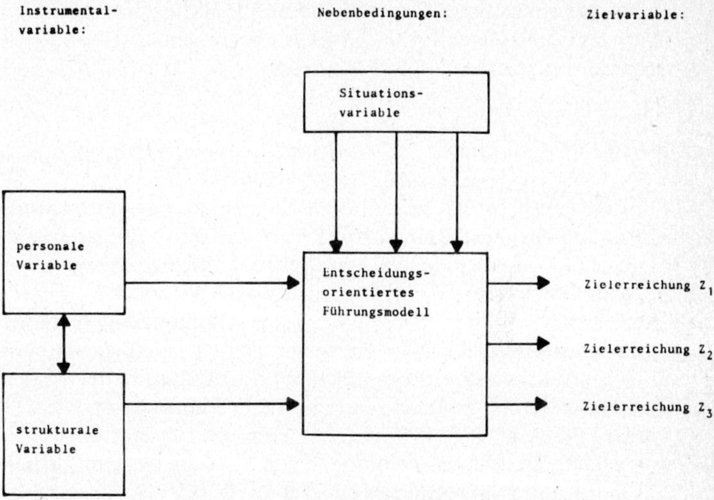

Abbildung 37: Entscheidungsorientiertes Führungsmodell nach Heinen (1978, S. 102)

Beim Einsatz der strukturalen und personalen organisatorischen Instrumente ist darauf zu achten, daß die verschiedenen Instrumente nicht beliebig kombiniert werden können, da gewisse Abhängigkeiten zwischen ihnen bestehen. Außerdem wird der Entscheidungsspielraum durch die gegebenen personalen und strukturalen Nebenbedingungen eingeschränkt.

Der Ansatz von Heinen weist konzeptuelle Ähnlichkeiten mit dem Ansatz von Bleicher/Meyer auf. Wie Bleicher/Meyer versteht er Führung als zielgerichtete Verhaltensbeeinflussung und nimmt eine prozeßorientierte Betrachtung vor. Beiden Ansätzen gemeinsam ist die Systemorientierung und die Trennung von Willensbildung und Willensdurchsetzung.

Während bei Bleicher/Meyer die Behandlung der Strukturkomponenten im Vordergrund steht, hebt Heinen die Wichtigkeit personaler Va-

riablen hervor. Konsequenz der Verhaltensorientierung und der koalitionstheoretischen Fundierung des Ansatzes ist die Betonung **zwischenmenschlicher Beziehungen,** die Behandlung von Führung als zweiseitiger Interaktionsprozeß und die Berücksichtigung der Motivation der einzelnen Organisationsmitglieder.
Durch die schwerpunktmäßige Behandlung struktureller Variablen einerseits und personaler Einflußgrößen andererseits ergänzen sich die Ansätze von Bleicher und Heinen.

5.337 Das motivationale Führungsmodell von Neuberger

Die Führungslehre von Heinen enthält Elemente einer motivationstheoretischen Führungstheorie. Sie erkennt, daß die Erfüllung der individuellen Ziele der Organisationsmitglieder für den organisatorischen Erfolg kritisch ist. Wichtige Aufgabe des Führers ist es, die soziale Beziehung zu seinen Mitarbeitern so zu gestalten, daß Wünsche der Organisationsmitglieder und Organisationsziele möglichst gleichermaßen erfüllt werden. Dies geschieht durch Einsatz der beiden Instrumentalvariablen **Führungsverhalten** und **Führungsstil.**
Neuberger (1976a, S. 13ff.; 1976b) geht noch einen Schritt weiter. Er ist der Ansicht, daß sich die Wirkungen von Führung stets im Verhalten der Geführten konkretisieren und daß es deshalb Gegenstand einer Theorie der Führung sein muß, Änderung oder Aufrechterhalten von Verhalten bei den Geführten zu erklären. Unter diesem Aspekt sieht er eine Führungstheorie eigentlich nur als eine Theorie der Geführten. Nicht mehr der Führer, sondern die Geführten stehen im Mittelpunkt der Betrachtung. Neuberger ist der Auffassung, daß sich Führungserfolg nur über das Verhalten der Mitarbeiter äußern kann. Aus diesem Grunde ist es nicht notwendig, zur Erklärung der Wirkung von Führung das Führungsverhalten selbst zu erfassen. Es genügt, die **Wahrnehmung** der Geführten vom Verhalten des Führers zu bestimmen. Zu beachten ist allerdings, daß die Wahrnehmung nur eine unter vielen Determinanten ist, die die Verhaltensreaktion der Geführten beeinflussen. Zielbezogenes Verhalten erfolgt erst als Ergebnis eines komplizierten von der Motivation und Kognition der Geführten abhängigen Bewertungsprozesses (Abb. 38).
Die von Neuberger vorgeschlagene Rahmenkonzeption eines motivationalen Führungsmodells ist als Input-Output-Schema aufgebaut. „Input“ sind verschiedene organisationsinterne und -externe Variablen, die auf das Organisationsmitglied wirken. Eine wichtige, aber

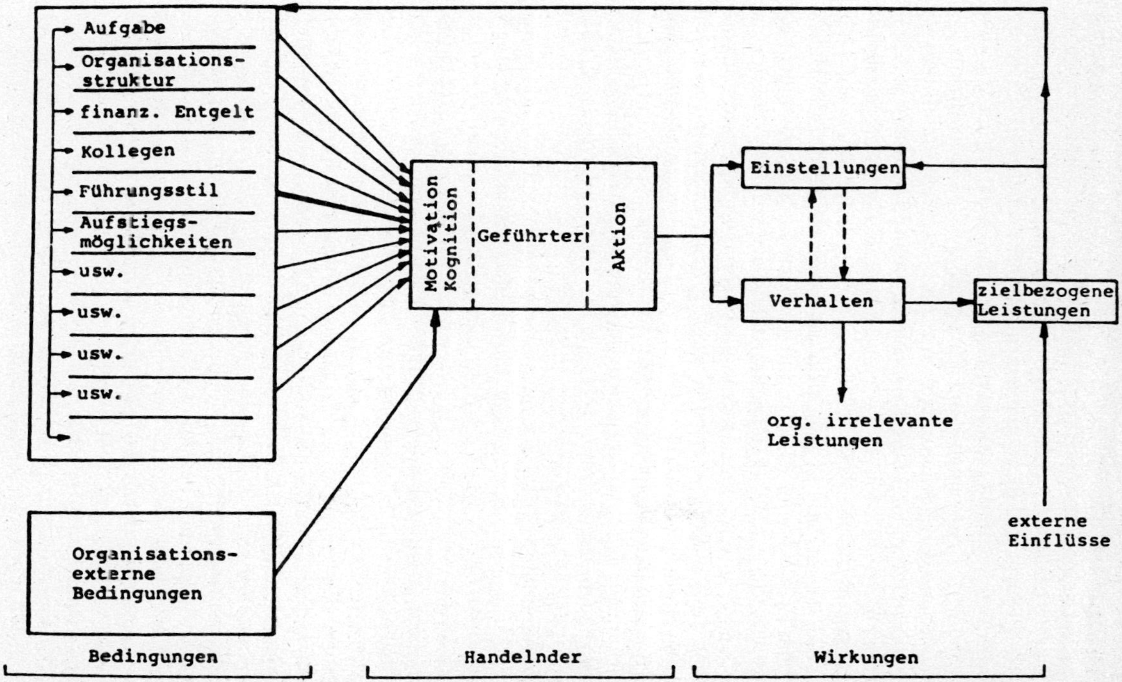

Abbildung 38: Motivationales Führungsmodell von Neuberger (1976a, S. 17)

nicht bevorrechtigte Inputvariable ist **Führung.** Die Inputvariablen wirken durch ein „psychologisches Filter“ (Motivation, Kognition) und bestimmen die „erlebte Organisation“ des Organisationsmitgliedes. Das als „Output“ resultierende Verhalten des Organisationsmitglieds wird nicht nur durch die organisationsinternen und -externen Bedingungen bestimmt, sondern hängt auch wesentlich ab von den Einstellungen, Erwartungen und Zielsetzungen des Individuums.
Ein geeignetes Erklärungsmodell für die Umsetzung des Inputs in Verhaltens-Output bietet die **Erwartungs-Valenz-Theorie** (vgl. 3.26). Hiernach hängt die Motivation, eine bestimmte Handlung auszuführen, davon ab, welche Ziele das Individuum verfolgt, wie wichtig das Erreichen dieser Ziele ist, wie groß der erwartete Beitrag der Handlung zum Erreichen der Ziele ist und wie hoch die Wahrscheinlichkeit eingeschätzt wird, daß die Handlung tatsächlich zu den gewünschten Konsequenzen führt. Das Modell nimmt an, daß das Organisationsmitglied die Handlungsalternative wählt, von der es sich den höchsten Befriedigungsgrad verspricht. Die Erwartungs-Valenz-Theorie geht also von der Grundannahme der Nutzenmaximierung aus und berücksichtigt neben der motivationalen Bedeutung der Handlungskonsequenzen auch das kognitive Moment der rationalen Chancenabwägung.
Verhalten ergibt sich so als Ergebnis von Motivdominanz und Situationsangebot. Gibt man einem Mitarbeiter ein bestimmtes Handlungsziel vor, kann sein Verhalten vorhergesagt werden, wenn man sein Bedürfnisprofil kennt. Da eine exakte Erfassung der Motivation kaum möglich ist, wird man sich in der Praxis damit zufrieden geben müssen, eine globale Situationsbewertung vorzunehmen, die soweit möglich affektive Wertungen des Organisationsmitglieds einschließt und somit Rückschlüsse auf die zugrundeliegenden Motive erlaubt. Da die meisten Situationen nicht „einmalig“ sind, wird es möglich sein, Regelmäßigkeiten darin zu erkennen, wie bestimmte Personen bestimmte Klassen von Situationen bewerten.
Das Motivationsmodell von Neuberger berücksichtigt, daß menschliches Verhalten nur beschränkt rational ist und daß die Wahrnehmung des Menschen selektiv ist. Geht man davon aus, daß der organisatorische Erfolg durch das **Verhalten aller Organisationsmitglieder** bestimmt wird und daß dieses Verhalten nicht nur von den gegebenen organisatorischen und situativen Bedingungen abhängt, sondern auch von der Wahrnehmung, der Kognition und der Motivation, so erscheint der motivationstheoretische Ansatz für die Beurteilung der *Wirkung* von Führungsverhalten besser geeignet zu sein als logisch ge-

bildete rationale Führungsmodelle. Verhaltenswirkungen können anhand der Logik solcher Modelle nicht befriedigend erklärt werden, da nicht exakt nachvollzogen werden kann, welche *Ursachen* für das beobachtbare Verhalten der Geführten von Bedeutung sind, und zwar deshalb nicht, weil die Geführten nicht der Logik eines rationalen Modells entsprechend auf vom Führer gesetzte Verhaltensanreize reagieren. Auch aufgrund der eingeschränkten Informationsverarbeitungsfähigkeit des Menschen ist ein vieldimensionales Führungsmodell, das so tief gegliedert ist und so viele Kriterien beinhaltet wie beispielsweise das von Bleicher/Meyer, ungeeignet, wenn es darum geht, die sich über das Verhalten der Geführten manifestierende Wirkung von Führung zu beurteilen. Kein Organisationsmitglied wäre in der Lage, anzugeben, inwieweit welche der von diesen Autoren genannten Elemente für das eigene Leistungsverhalten bedeutsam sind. Dies bedeutet keinesfalls, daß Modelle wie das von Bleicher/Meyer abzulehnen sind, sondern lediglich, daß sie nicht zur Erklärung des individuellen Leistungsverhaltens geeignet sind. Die Stärke solcher Ansätze liegt darin, in systematisch geschlossener Form Faktoren aufzuzeigen, die für den Führungserfolg relevant sind oder sein können. Ob diese Faktoren von den Organisationsmitgliedern als leistungsbestimmend erkannt werden, ist eine andere Frage.
Während Bleicher/Meyer anstreben, den Führungsprozeß vollständig und systematisch zu beschreiben, bildet Neuberger (1976a, S. 18) einen **„Ansatz zur Erklärung der Führungswirksamkeit“.** Er begründet die Wahl des motivationstheoretischen Konzeptes damit, daß Modelle, die nur Eigenschaften und Verhalten des Führers erfassen, nicht zur Erklärung des Führungserfolges ausreichen. Auch ein Rollenkonzept, das es ermöglicht, Rollenerwartungen (Soll) und Rollenverhalten (Ist) einander gegenüberzustellen, ist nur bedingt geeignet. Denn Aussagen über Führungserfolg auf der Grundlage solcher Ansätze bleiben problematisch, weil die Frage der Bestimmung geeigneter Erfolgskriterien nicht gelöst ist. Neuberger (1976a, S. 19) ist der Ansicht, daß es überhaupt nicht möglich ist, allgemeingültige Kriterien für Führungserfolg zu definieren und stellt fest, daß „die Rede von der ‚erfolgreichen Führungskraft‘ eigentlich inhaltsleer ist, da es ein allgemeines Erfolgskriterium nicht gibt“. Er sieht die Lösung des Kriterienproblems in der Verwendung des motivationsorientierten Ansatzes auf der Basis der Erwartungs-Valenz-Theorien. In dieses Modell ist das Kriterium sozusagen automatisch eingebaut, weil bei der Ermittlung der Valenzen auf anzustrebende Zielzustände Bezug genommen wird. Daraus, daß die Valenzen für verschiedene Personen unter-

schiedlich sein können, wird übrigens unmittelbar einsichtig, daß es *das* Kriterium nicht geben kann.

5.338 Das Modell des „Differenzierten Führungsverhaltens" von Ische

Einen neuen Ansatz, der die Komponenten „Kreativität" und „Impuls" in den Vordergrund des Führungsverhaltens rückt, stellt Ische (1983, S. 252ff.) vor.

In der Theorie und Praxis des „Differenzierten Führungsverhaltens" wird der Versuch unternommen, das Führungsverhalten unter dem Blickwinkel der *Beziehung zwischen Vorgesetztem und Mitarbeiter unter Einbeziehung der Führungssituation* zu betrachten. Ausgangspunkt ist die Überlegung, daß es sich bei der Führung um die Einwirkung eines Menschen, nämlich des Vorgesetzten, auf einen anderen Menschen, nämlich den Mitarbeiter, handelt. Es wird postuliert, daß diese Einwirkung aus zwei Teilen besteht:

1) Einen statischen Anteil, der als „Kreativität" bezeichnet wird. Darunter wird die Summe aller Ideen, Gedanken und schöpferischen Momente verstanden, die der eigentlichen Handlung vorausgehen.

2) Einen dynamischen Anteil, der als **„Impuls"** bezeichnet wird. Er löst erst die eigentliche Handlung aus und ist die treibende Kraft. Der Impuls ist häufig ein Entscheidungsvorgang, durch den der Handlungsverlauf in eine bestimmte Richtung gelenkt wird. Dem Impuls geht im allgemeinen ein **kreativer Akt** voraus. Fehlt die Kreativität, so wird durch den Impuls lediglich Bekanntes wiederholt oder eine Serie mehr oder minder gleichartiger Handlungen eingeleitet. Es gibt Situationen, in denen die Kreativität die bestimmende Komponente ist, beispielsweise Experimente, künstlerische Schöpfungen, Konzepte, Strategien. Hierfür wird die Bezeichnung „innovativer Ansatz" verwendet. In anderen Situationen ist eher der Impuls bestimmend, etwa bei sich wiederholenden Arbeiten, Berechnungen, logistischen Abläufen, – dies wird als **„exekutiver Ansatz"** bezeichnet. In den meisten Führungssituationen werden jedoch beide Komponenten eine Rolle spielen. Kreativität und Impuls können zwischen Vorgesetztem und Mitarbeiter unterschiedlich verteilt sein.

Der Ansatz des „Differenzierten Führungsverhaltens" unterscheidet sieben Stufen (vgl. Abb. 39).

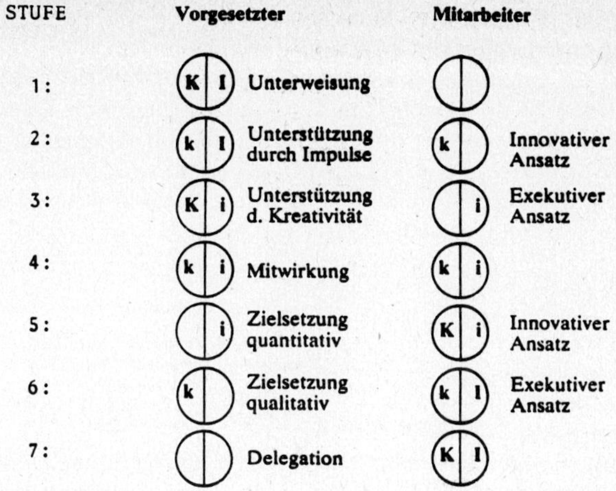

Abbildung 39: Stufen des Führungsverhaltens (Ische 1983, S. 252)
K: Kreativität
k: Teil der Kreativität
I: Impuls
i: Teil des Impulses

Zwischen den beiden Extremen, bei denen

- sowohl Kreativität als auch Impuls weitgehend **beim Vorgesetzten** bleiben, der Vorgesetzte also alle Ideen selbst hat und auch allein darüber entscheidet, welche Ideen in die Tat umgesetzt werden, und
- sowohl Kreativität als auch Impuls dem **Mitarbeiter** überlassen sind, dieser also seine eigenen Ideen auswerten und durch freien Entschluß verwirklichen kann,

liegt ein Kontinuum von Übergangszuständen.
Die einzelnen Stufen des Führungsverhaltens werden wie folgt charakterisiert:

1. Stufe: Unterweisung

Vorgesetzter  Mitarbeiter

Kreativität und Impulse gehen allein vom Vorgesetzten aus. Er führt durch Anordnungen und Unterweisungen. Von dem Mitarbeiter wird die exakte Durchführung der Aufgaben erwartet, bei der Lösung eines Problems wird er ständig vom Vorgesetzten begleitet. Dieses Führungsverhalten ist in der reinen Form selten. Im allgemeinen kommt auch dem Mitarbeiter ein kleiner Teil der Kreativität und/oder des Impulses zu. Ist dieser Anteil nur gering, so wird das Führungsverhalten als Unterweisung bezeichnet.

2. Stufe: Unterstützung durch Impulse (Innovativer Ansatz)

Vorgesetzter 

Mitarbeiter

Der Impuls liegt allein beim Vorgesetzten, die Kreativität wird dagegen zwischen den Partnern geteilt. Der Vorgesetzte greift Ideen und Anregungen des Mitarbeiters auf und verwendet sie nach Möglichkeit zur Problemlösung. Der Anstoß zur Durchführung und die Entscheidung über die Anwendung der Ideen obliegen allein dem Vorgesetzten.

3. Stufe: Unterstützung durch Kreativität (Exekutiver Ansatz)

Vorgesetzter 

Mitarbeiter

Die Kreativität liegt allein beim Vorgesetzten, der Impuls jedoch wird von beiden Partnern ausgeübt. Während der Vorgesetzte alle Ideen und schöpferischen Gedanken faßt, beteiligt er seinen Mitarbeiter bei der Umsetzung in die Tat und läßt ihn auch mitentscheiden. Der Vorgesetzte ist Anreger und Verstärker der Impulse.

4. Stufe: Mitwirkung

Vorgesetzter 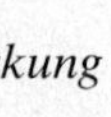

Mitarbeiter

Kreativität und Impulse gehen sowohl vom Vorgesetzten als auch vom Mitarbeiter aus. Der Vorgesetzte beteiligt seinen Mitarbeiter auf allen Stufen, sowohl bei der Ideenfindung als auch bei der Entscheidung über die Verwirklichung. Beide arbeiten im Team zusammen. Bei Problemlösungen werden alle Teilschritte gemeinsam beraten und bestimmt.

5. Stufe: Zielsetzung, quantitativ (Innovativer Ansatz)

Vorgesetzter 

Mitarbeiter

Die Kreativität liegt überwiegend beim Mitarbeiter, die Impulse gehen von beiden Partnern aus. Der Vorgesetzte überläßt die Ideenfindung im wesentlichen seinem Mitarbeiter, vereinbart mit ihm aber klare quantitative Ziele. Der Vorgesetzte ist Förderer der Kreativität des Mitarbeiters.

6. Stufe: Zielsetzung, qualitativ (Exekutiver Ansatz)

Vorgesetzter 

Die Kreativität wird zwischen Vorgesetztem und Mitarbeiter geteilt, der Impuls geht im wesentlichen vom Mitarbeiter aus. Der Vorgesetzte beteiligt sich an der Ideenfindung durch Ratschläge und eine qualitative Zielsetzung. Die Entscheidung über die Ausführung und die Umsetzung in die Tat bleiben weitgehend dem Mitarbeiter überlassen.

7. Stufe: Delegation

Vorgesetzter 

Mitarbeiter

Kreativität und Impulse liegen im wesentlichen beim Mitarbeiter. Der Vorgesetzte überläßt die Problemlösung weitgehend seinem Mitarbeiter, stattet ihn mit allen notwendigen Kompetenzen aus und übergibt ihm auch die Verantwortung. Seine eigene Tätigkeit ist im wesentli-

chen koordinierend. Diese reine Form der Delegation ist selten. Im allgemeinen wird der Vorgesetzte sich wenigstens zum kleinen Teil an Ideenfindung und Entscheidungen beteiligen. Die Delegation ist nur dann erlaubt, wenn die Verantwortung wirklich abgegeben werden kann. Probleme und Aufgaben, bei denen die Verantwortung für Ge- oder Mißlingen allein beim Vorgesetzten liegt, dürfen nicht delegiert werden.
Als besonders gefährlich werden zwei Verhaltensweisen skizziert, die für die Leistungsmotivation der Mitarbeiter sehr abträglich sind und daher nach Möglichkeit vermieden werden sollten:

Fall 1:

Vorgesetzter Mitarbeiter

In diesem Fall behält sich der Vorgesetzte die gesamte schöpferische Arbeit selbst vor, während er seinem Mitarbeiter lediglich die Umsetzung in die Realität überläßt. Ein Mitarbeiter, der auch nur halbwegs qualifiziert ist, wird ein solches Verhalten als Ausschluß aus der Denkarbeit und als Herabsetzung zum rein ausführenden Organ empfinden und dementsprechend reagieren.

Fall 2:

Vorgesetzter Mitarbeiter

Hier behält sich der Vorgesetzte die Impulse allein vor, während er seinem Mitarbeiter die gesamte innovative Arbeit überläßt. Dieser Vorgesetzte „läßt denken“ und wählt dann in „einsamen Entschlüssen“ aus den Gedanken das aus, was er für realisierbar hält. Da die Ideen vor allem jüngerer Mitarbeiter merkwürdigerweise oft die eigene Autorität zu untergraben scheinen, gewichtet der Vorgesetzte dieses Typs die Ideen anderer vorwiegend nach dem Gesichtspunkt der Erhaltung der eigenen Autorität, nicht jedoch nach ihrer Zweckmäßigkeit. Dieser Vorgesetzte darf sich nicht wundern, wenn der Mitarbeiter keinerlei eigene Initiative mehr zeigt.

Das Modell des „Differenzierten Führungsverhaltens“ ist in Seminaren getestet und mit Fallstudien und Rollenspielen belegt worden. Wird der Auffassung gefolgt, daß es ein Patentrezept zum Führen nicht geben kann, sondern daß das jeweilige Führungsverhalten von verschiedenen Variablen abhängig sein und für jedes fachliche oder persönliche Problem eine angemessene Form der Führung gefunden werden muß, so stellt sich die Frage, ob durch eine einfache Analyse der Fallstudienergebnisse der wirksamste Führungsstil ermittelt werden kann. Eine solche Analyse setzt vor allem völlige Ehrlichkeit sich selbst gegenüber voraus. Außerdem muß der Beantworter in der Lage sein, zu erkennen, daß die Beurteilung sowohl der Mitarbeiter als auch der Situation stets subjektiven Einflüssen unterliegt, die eine objektive Ergebnisermittlung verfälschen kann. Die Analyse umfaßt folgende Kriterien und Fragen:

1. *Qualifikation:* Hat der Mitarbeiter die für die Lösung des Problems notwendige fachliche und persönliche Qualifikation?

2.1 *Initiative bei innovativer Situation:* Hat der Mitarbeiter schon früher einmal aus eigenem Antrieb Ideen zur Lösung eines ähnlichen Problems beigesteuert?

2.2 *Initiative bei exekutiver Situation:* Versucht der Mitarbeiter, an der Ausgestaltung seiner Aufgabe zu arbeiten, beispielsweise durch besondere Sorgfalt oder durch Rationalisierungsbemühungen?

3. *Kooperationsbereitschaft:* Kann mit dem Mitarbeiter ein konstruktives Gespräch zur Lösung des anstehenden Problems geführt werden?

4. *Identifikation:* Identifiziert sich der Mitarbeiter grundsätzlich mit dem Ziel seiner Arbeit?

5. *Autonomie:* Ist schon einmal versucht worden, den Mitarbeiter bei einer ähnlichen Aufgabe eine Zeitlang nicht zu kontrollieren?

Die Fragen können natürlich je nach der Arbeitssituation abgewandelt werden, jedoch sollten sie immer in der Reihenfolge *1. Qualifikation – 2. Initiative – 3. Kooperationsbereitschaft – 4. Identifikation – 5. Autonomie* gestellt werden. In der Abb. 40 führt das Ablaufschema je nach den Antworten zu der Empfehlung eines bestimmten Führungsverhaltens.

Das Modell von Ische ähnelt dem Vorschlag von Lattmann (vgl. 5.335), der sechs Führungsprofile skizziert. Die im Ansatz des „Differenzierten Führungsverhaltens“ konzipierten sieben Schritte sind ebenfalls als Kontinuum zwischen den Extrempolen der Dominanz des Vorgesetzten und der Dominanz des Mitarbeiters angesiedelt. Allerdings fehlt diesen Profilen, im Gegensatz zu anderen Modellen, die empirische Überprüfung.

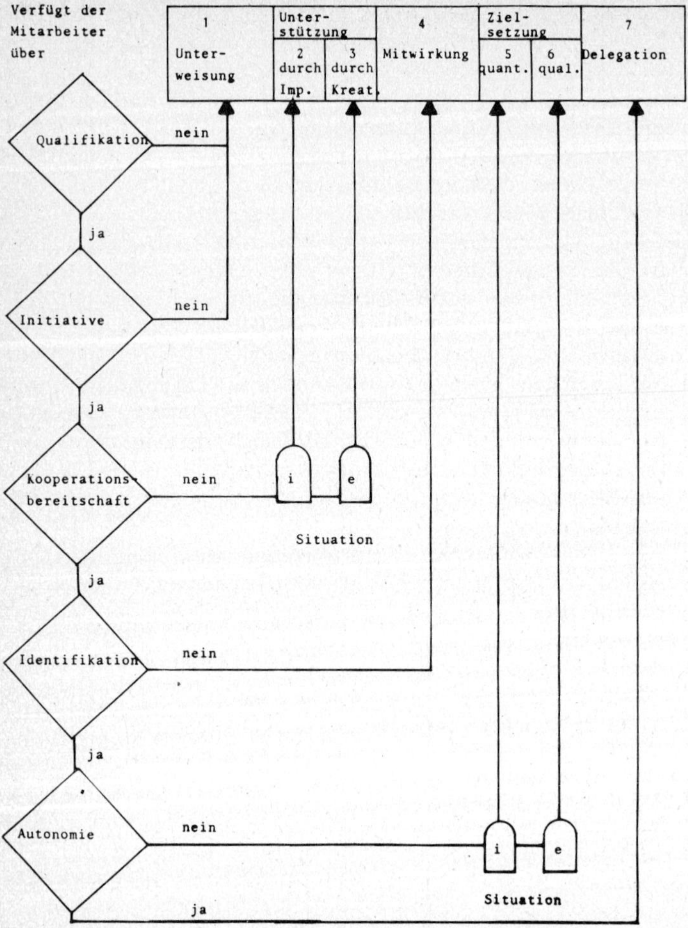

i.: innovative e.: exekutive

Abbildung 40: Ablaufschema für bestimmte Führungsverhalten

Im übrigen gilt auch hier die schon im Abschnitt 5.335 gemachte Kritik, daß es sich lediglich um idealtypische Klassifikationen handelt, die auf Plausibilität und Intuition des Modellentwerfers beruhen. Auch lassen sich gesetzmäßige Beziehungen der Führungsprofile untereinander nur mühsam ermitteln.

5.339 Das Modell zur Erfassung von Führungs- und Entscheidungsverhalten von Hoffmann

Der Führungsbegriff betont vorrangig die **Koordinationsfunktion** und den **Prozeßcharakter.** Die Entscheidungsfunktion, d. h. das fallweise Treffen von Entscheidungen in Führungspositionen wird nicht explizit berücksichtigt. Für eine Erfolgsbeurteilung ist aber gerade eine nähere Betrachtung der Führungsentscheidungen wichtig. Denn Erfolg oder Mißerfolg von Organisationen und Führung kann nur über die aus **Entscheidungen** resultierenden Ergebnisse beurteilt werden (Hoffmann 1980, S. 464). Eine Trennung zwischen „Führungsverhalten" und „Entscheidungsverhalten" kann deshalb zweckmäßig sein. Die Betrachtung von Entscheidungsprozessen ist Gegenstand der Entscheidungstheorie. Im Rahmen der hier vorgenommenen Betrachtung ist der Verhaltensaspekt der Entscheidenden von Interesse. Es gilt, Erkenntnisse darüber zu gewinnen, ob der Führer sich beim Treffen von Entscheidungen anders verhält als im Mitarbeiterkontakt während des regulären Arbeitsablaufes. Aus diesem Grunde unterscheiden wir mit Hoffmann (1980, S. 464f.) zwischen Führungs- und Entscheidungsverhalten.

Unter **Führungsverhalten** soll das Verhalten im alltäglichen Kontakt mit unterstellten Mitarbeitern verstanden werden. Dieses Verhalten ist im Zeitablauf relativ stabil und wird hauptsächlich durch personale Charakteristika und durch die Einstellung der Führer bestimmt. Im wesentlichen geht es dann darum, festzustellen, in welchem Ausmaß die Führungsperson „mitarbeiterorientiert" und/oder „aufgabenorientiert" ist.

Mit **Entscheidungsverhalten** ist dagegen die Aktion des Führers in einer konkreten Entscheidungssituation gemeint. Damit soll versucht werden, zu erkennen, welches Verhalten der Vorgesetzte bei der Lösung von Entscheidungsproblemen praktiziert. Grundsätzlich geht es darum, ob der Führer die Entscheidung allein trifft, seine Mitarbeiter konsultiert, sie an der Lösungsfindung partizipieren läßt oder die Entscheidung delegiert. Das Entscheidungsverhalten wird hauptsächlich durch die Erfordernisse der jeweiligen Situation bestimmt. Selbstverständlich wirken Führungsstil und personale Charakteristika auch auf das situative Entscheidungsverhalten. Persönliche Präferenzen treten jedoch gegenüber dem Gewicht von Tatsachen in den Hintergrund, besonders dann, wenn die zu verantwortende Entscheidung von erheblichem Ausmaß hinsichtlich ihrer wirtschaftlichen, technologi-

schen, zeitlichen, räumlichen und nicht zuletzt personalen oder sozialen Bedeutung ist (Hoffmann 1980, S. 465).
Ein Modell zur Erfassung der wesentlichen Dimensionen des Führungs- und Entscheidungsverhaltens legt Hoffmann (1980) in Anlehnung an die während der einzelnen historischen Abschnitte verfolgten Forschungsziele und die dabei gewonnenen zentralen Erkenntnisse - vor. Bei der Herleitung des Modells geht es ihm in erster Linie darum, Kernpunkte herauszuarbeiten, die einen geeigneten theoretischen Rahmen zur Erfassung des Führungs- und Entscheidungsverhaltens bieten.
Das Modell umfaßt die folgenden *Dimensionen* (Hoffmann 1980, S. 482):
(1) Die intrapersonale Sphäre,
(2) die interpersonale Sphäre,
(3) die Aufgabensituation (strukturell bedingte Einflüsse) und
(4) die Entscheidungssituation.

Es kann graphisch wie folgt abgebildet werden (Abb. 41):

intrapersonale Shäre	interpersonale Sphäre	Aufgabensituation	Entscheidungssituation
Eigenschaften und Einstellungen der Führungsperson →			
	Einfluß der zwischen zwischenmensch-lichen Beziehungen →		
		Einfluß strukturell bedingter Anforderungen an das Führungsverhalten →	
			Einfluß der konkreten Entscheidungssituation
Disposition zum Führungsverhalten geprägt durch Führungsqualität und Führungsauffassung	Führungsverhalten soweit geprägt durch Führungsqualität und -auffassung und die Qualität der Mitarbeiterbeziehungen	Führungsverhalten, soweit geprägt durch Führungsqualität und -auffassung, zwischenmenschliche Beziehungen und aufgabensachliche Erfordernisse	Entscheidungsverhalten, geprägt durch die sachlichen Anforderungen der konkreten, zu verantwortenden Entscheidung
Führungsverhalten = Verhalten der Führungspersonen im Kontakt zu unterstellten Mitarbeitern (Überwiegen der "menschlichen Komponente")			Entscheidungsverhalten = Verhalten bei konkreten Entscheidungsproblemen (Überwiegen der "sachlichen Komponente")

Abbildung 41: Modell zur Erfassung des Führungs- und Entscheidungsverhaltens (Hoffmann 1980, S. 482)

(1) *Die intrapersonale Sphäre*
Personale Charakteristika bestimmen das Verhalten der Führungsperson. Sie legen fest, wie der Führer unbeeinflußt von anderen Situations- und Umwelt-Faktoren „am liebsten" an eine Führungsaufgabe herangehen würde. Eine Rolle spielen in diesem Zusammenhang vor allem die Einstellungen des Führers bezüglich einer „richtigen" Führung, seine Fähigkeiten (Überzeugungskraft, Redegewandtheit, Intelligenz) und seine Führungsqualifikationen (Ausbildung, Berufserfahrung).

(2) *Die interpersonale Sphäre*
Führungsverhalten zeigt sich nur im direkten Kontakt mit anderen, stellt also einen Gruppenprozeß dar. Es muß untersucht werden, wie sich die Qualität der zwischenmenschlichen Beziehungen auf das Verhalten des Führers auswirkt. Dementsprechend müssen auch Einstellungen, Fähigkeiten und Qualifikationen der Mitarbeiter in die Betrachtung einbezogen werden. Für eine Beurteilung des Verhaltens des Vorgesetzten ist jedoch keine detaillierte Erfassung der Persönlichkeitsmerkmale der Geführten erforderlich. Es reicht auch, festzuhalten, welches Arbeitsklima vorherrscht und welchen Eindruck der Vorgesetzte über die Qualifikation seiner Mitarbeiter hat (Hoffmann 1980, S. 483).

(3) *Die Aufgabensituation*
Führung ist zielorientiert. Situative Erfordernisse müssen berücksichtigt werden, damit der Führer den Erfordernissen der jeweiligen Aufgabensituation gerecht wird. Entsprechend berücksichtigt das Modell von Hoffmann (1980, S. 482f.), inwiefern der Manager sein Führungsverhalten an den Erfordernissen der jeweiligen Aufgabenstruktur in seinem Funktionsbereich ausrichtet.

(4) *Die Entscheidungssituation*
„Um eine Aussage darüber treffen zu können, welches Entscheidungsverhalten in konkreten Entscheidungssituationen geübt wird, ist die Struktur der jeweils anstehenden Einzelentscheidungen einzubeziehen. Entscheidungsverhalten wird als situationsspezifische Ausprägung eines relativ stabilen Führungsverhaltens verstanden. Das Modell differenziert also zwischen dem Verhalten des Managers in seiner Führungsfunktion und in seiner Entscheidungsfunktion" (Hoffmann 1980, S. 483).

Bezüglich der *intrapersonalen Sphäre* wird davon ausgegangen, daß die Führungskräfte an der Unternehmungsspitze über eine ihrer Position entsprechende Führungsqualifikation verfügen. Die zentrale Fragestellung zum interpersonalen Bereich ist das Ausmaß der Mitarbeiterorientierung und/oder Aufgabenorientierung (vgl. insbes. die Ohio Studien; 6.2), welche die unterstellten Mitarbeiter aufweisen. Dabei geht es darum, eine Tendenzaussage zu treffen, ob und inwieweit der Vorgesetzte mitarbeiterorientiert oder aufgabenorientiert ist. Zu diesem Zweck werden Kriterien zusammengestellt, die typisch für die Dimensionen **Mitarbeiterorientierung, Aufgabenorientierung** und **Strukturierung** sind. So ist „pünktliches Erscheinen zur Arbeit" ein Indiz für Aufgabenorientierung, „Kümmern um persönliche Probleme der Mitarbeiter" ein Indiz für Mitarbeiterorientierung und „Festsetzen von Leistungsstandards" ein Indiz für die Strukturierung des Arbeitsablaufes. Zur Erfassung des Einflusses der Aufgabensituation erweist sich der Ansatz von Reddin (vgl. 5.334) als besonders geeignet.

Anhand von 20 „technology demands" wird die Aufgabenstruktur in einer Unternehmung beschrieben. Diese 20 Aufgabencharakteristika werden in vier Klassen eingeteilt, die eine Zuordnung zu den vier Führungsstilen „separated", „dedicated", „related" und „integrated" erlauben. In Anlehnung an Reddins Konzept gewinnt Hoffmann (1980, S. 486f.) Informationen darüber, wie sehr in einer Unternehmung die Tätigkeit der einzelnen Mitarbeiter kontrolliert wird und welche Art von Fähigkeiten für die jeweils ausgeübte Aufgabe besonders wichtig ist. Das Modell schlägt beispielsweise den Führungsstil „separated" (geringe Aufgabenorientierung, geringe Mitarbeiterorientierung) vor, wenn alle Zuständigkeiten eindeutig festgelegt sind, so daß keine besonderen Kontrollmaßnahmen erforderlich sind. Der Führungsstil „integrated" (hohe Aufgabenorientierung, hohe Mitarbeiterorientierung) ist bei Aufgaben erfolgreich, bei denen es besonders auf die Fähigkeit zur Zusammenarbeit mit Kollegen ankommt.
Besondere Bedeutung mißt Hoffmann (1980, S. 487ff.) der Erkenntnisgewinnung zum situativ bedingten Entscheidungsverhalten bei. Ausgangspunkt ist die empirisch abgesicherte Erkenntnis, daß dieselbe Führungsperson durchaus nicht immer denselben Führungsstil praktiziert. Je nach Problemsituation ändert sich der erfolgreiche Führer im Verhalten. Der Konzeption zur Erfassung des Entscheidungsverhaltens liegt die folgende **Entscheidungsstil-Taxonomie** zugrunde, die stark an das Einfluß/Macht-Kontinuum von Heller (1976, S. 697) oder an die Entscheidungsklassifikation von Vroom/Yetton (vgl. 7.2) erinnert (vgl. Abb. 42):

Vroom/Yetton (1973) Vroom (1981)	Lewin, Lippitt and White (1939)	Maier (1965)	Tannenbaum and Schmidt (1958;1974)			Heller (1971; 1976)	Likert (1967; 1976)		Hoffmann (1980)
Eigene Entscheidung (AI)	Autokratische Führung	Autokratisches Management	Führer entscheidet und teilt die Entscheidung mit	Führer "verkauft" seine Entscheidung	Führer präsentiert seine Vorstellungen und bittet um Fragen	Eigene Entscheidung ohne Erläuterung	Ausbeutend autoritär (Syst 1)	Wohltätig autoritär (Syst 2)	Eigene Entscheidung
Eigene Entscheidung nach Informationsbeschaffung bei den Geführten (AII)						eigene Entscheidung mit Erläuterung			Eigene Entscheidung nach vorheriger Informationsgewinnung
Konsultation des Individuums (CI)		Konsultieren des Management	Führer präsentiert seine vorläufige Entscheidung, die geändert werden kann		Führer präsentiert das Problem, erhält Lösungsvorschläge, trifft die Entscheidung	Vorhergehende Beratung mit dem/den Untergebenen	Beratend (System 3)		Konsultation der Mitarbeiter vor der Entscheidung
Konsultation der Gruppe (CII)									
Gemeinsame Entscheidung von Führer und einem Unterstellten (GI)						Gemeinsame Unterscheidung mit den/dem Untergebenen			Gemeinsame Entscheidung
Partizipative Gruppenentscheidung (GII)	Demokratische Führung	Gruppenentscheidung	Führer definiert Entscheidungsspielraum, fordert die Mitarbeiter auf, die Entscheidung zu treffen		Führer erlaubt den Mitarbeitern innerhalb bestimmter Grenzen, die durch die Vorgesetzten definiert sind, frei zu entscheiden		Partizipation in Gruppen eingeteilt (System 4)		
Delegation (DI)	Führung nach dem Prinzip des Laissez-faire					Delegation der Entscheidung an den/die Untergebenen, kurz- o. langfristig			Delegation

Abbildung 42: Entscheidungsstil-Taxonomien (in Erweiterung von Vroom/Yetton 1973, S. 17)

- Eigene Entscheidung,
- eigene Entscheidung nach vorheriger Informationsgewinnung,
- Konsultation der Mitarbeiter vor der Entscheidung,
- gemeinsame Entscheidung (Gruppenlösung) und
- Delegation.

Da die Variable Entscheidungsverhalten nicht isoliert und ausschließlich betrachtet wird, sondern auch Rückschlüsse auf die Struktur der Entscheidungsprozesse in der gesamten Unternehmung gezogen werden, erscheint es sinnvoll, diesen Katalog der Entscheidungsalternativen zu erweitern und zu berücksichtigen, ob
- die Entscheidung in den Zuständigkeitsbereich des Befragten fällt,
- ihn überhaupt nicht berührt oder
- an übergeordneter Stelle gefällt wird.

In Erweiterung des Konzeptes von Heller (1971; 1976) wurde ein Katalog von 20 Entscheidungsfällen zusammengestellt, die sich in die folgenden Kategorien einordnen lassen (Hoffmann 1980, S. 489f.):
1) Entscheidungen, die die gesamte Unternehmung betreffen,
2) Entscheidungen, die einen Unternehmensbereich betreffen,
3) Entscheidungen, die einen Mitarbeiter betreffen und
4) Entscheidungen, die Unterstellte des Mitarbeiters betreffen.

So ist zum Beispiel die Festlegung einer langfristigen unternehmungspolitischen Strategie eine für die Gesamtunternehmung wichtige Entscheidung. Die Festlegung der Zielprojektion für einen Unternehmungsbereich betrifft in erster Linie den zuständigen Bereichsleiter. Die Zuweisung eines direkt unterstellten Mitarbeiters zu einem Aufgabenbereich ist ein Beispiel für eine Entscheidung, die für diesen Mitarbeiter von Bedeutung ist. Die Entscheidung darüber, ob weitere Angestellte auf unteren Ebenen eingestellt werden sollen, betrifft die Unterstellten des Mitarbeiters.
Die Probleme des Modells Hoffmann (1980) liegen zum einen darin, daß es lediglich für die Erfassung des Führungs- und Entscheidungsverhaltens von Managern auf höchster Ebene gedacht ist und daher eine Verallgemeinerung auf mittlere und niedrige Ebenen Schwierigkeiten bereiten kann. Zum anderen fehlt dieser Konzeption (noch) die empirische Bestätigung, inwieweit es einer deskriptiven Erfassung der wesentlichen Führungs- und Entscheidungskriterien dienlich ist und gegebenenfalls als Prognose- oder Gestaltungsmodell ausgebaut werden kann (Hoffmann 1980, S. 497). Auch dieses Modell ist deshalb (noch) nicht genügend abgesichert. Durch die starke Betonung des *si-*

tuativ bedingten Entscheidungsverhaltens besitzt das Modell von Hoffmann wesentliche Parallelen zum Vroom/Yetton-Modell (vgl. 7.2). Er verknüpft insofern den Verhaltens- und den Situationsansatz der Führung miteinander und stellt eine wesentliche Erweiterung der verhaltensorientierten Führungsforschung dar.

5.34 Der Situations-Ansatz der Führung

Der heute weithin akzeptierte Situationsansatz der Führung analysiert die Führung in Abhängigkeit von der **Gruppe,** der **Aufgabe** und der **Führungssituation** und kommt zu der Aussage, daß unterschiedliche Führungsstile erforderlich sind. Es gibt keinen einzig empfehlenswerten Führungsstil, der in allen Situationen und zu jeder Zeit erfolgreich ist. Erfolgreich ist vielmehr der Führer, der über analytische Fähigkeiten verfügt, der die Analyse der Aufgabe, der Situation und der Gruppe durchzuführen in der Lage ist und der sein Führungsverhalten den Umständen entsprechend anpassen kann. („reality centered leadership"; Argyris 1962, S. 81). „It becomes clear that an adequate analysis of leadership involves not only a study of leaders, but also of situations" (Stogdill 1948, S. 65). Eine Reihe von Führungsmodellen, von denen vor allem die *Kontingenztheorie von Fiedler,* das *Entscheidungsmodell von Vroom/Yetton und der Weg-Ziel-Ansatz von House/Evans* zu nennen sind, basiert auf der Situationstheorie (vgl. 7). Insbesondere im deutschen Sprachraum wird auch die **Interaktionstheorie** diskutiert (Lukasczyk 1960; Gibb 1969; Macharzina 1977), die oft mit der Situationstheorie gleichgesetzt wird, sich aber aufgrund der Betonung bestimmter Merkmale von dieser absetzt. Die Interaktionstheorie stellt dabei vornehmlich auf eines der wichtigsten Definitionsmerkmale der Führung ab, auf die *Interaktionen aller am Führungsprozeß Beteiligten.* Auch in den Anmerkungen Stogdills (1972, S. 118f.) sind bereits erste Gedankengänge der Interaktionstheorie zu erblicken, die auf der **Feldtheorie** Lewins (1963, S. 86) basiert und deren grundlegende Aussage darin zu sehen ist, daß jedes Ereignis auf das Zusammenwirken einer Vielzahl von Bedingungen zurückzuführen ist. Das *Verhalten* (V) eines Individuums kann als *Funktion der Person* (P) und der *Umwelt* (U) aufgefaßt werden (Lewin 1963, S. 69):

$$V = f\,(P, U)$$

Die Größen P und U stellen in dieser Funktion wechselseitig abhängige Parameter dar, wobei die Einheit von P und U als „Lebensraum" bezeichnet wird. Durch diese wechselseitige Beziehung ergibt sich:

$$V = f\,[P(U), U(P)].$$

Auf diesen Erkenntnissen aufbauend, betrachtet die Interaktionstheorie die Führung als eine *Funktion der Persönlichkeit und des sozialen Systems.* Der Interaktionsansatz berücksichtigt somit die folgenden vier Variablen (Schanz 1978, S. 152; Lukasczyk 1960, S. 186):

(1) Die *Persönlichkeitsstruktur des Führers* unter Einschluß der angeborenen Begabungen und Fähigkeiten als auch der individuellen Erfahrungen,

(2) die *Persönlichkeiten der Geführten* (Gruppenmitglieder) einschließlich deren individuellen Einstellungen, Erwartungen und Bedürfnissen in bezug auf den Führer als auch auf die Situation,

(3) die *Struktur und Funktion der Gruppe als Ganzes,* d. h. als ein differenziertes und integriertes System von Status-Rollen-Beziehungen und von gemeinsamen Normen und

(4) die *spezifische Situation,* in der sich die Gruppe befindet; hierzu gehören die Art der zu bewältigenden Aufgabe, das Gruppenziel und sonstige äußere Bedingungen.

Interaktionstheorien sind zwar theoretisch anspruchsvolle Führungstheorien. Sie scheitern jedoch an der empirischen Überprüfung und pragmatischen Verwendbarkeit, da die Komplexität des Variablensystems, die mangelnde Operationalisierung und die fehlende forschungsstrategische Beherrschbarkeit der Beziehungsvielfalt Schwierigkeiten bereiten. Die Management-Praxis hat sie deshalb bisher negiert (Staehle 1980, S. 343).

5.4 Empirische Ansätze der Führungsforschung

5.41 Die fortlaufende Fremdbeobachtung

Schwierigkeiten bereitet in der Führungsforschung die *Messung von Führungskomponenten.* Die statistischen und meßtheoretischen Unzulänglichkeiten und das Unbehagen der persönlichkeitsorientierten bzw. auf die Eigenschaften ausgerichteten spekulativen Vorgehensweisen haben zu einer Forcierung der empirischen Studien geführt, wobei sich das Interesse auf die Analyse des Führungsverhaltens konzentrierte. Die dabei eingesetzten Methoden und die Erkenntnisse werden im folgenden kurz dargestellt (Neuberger 1977, S. 91ff.).

Führungsstil / Kriterium	autoritär	demokratisch	laissez - faire
Zielvorgabe	Vorgabe der Ziele durch den Führer	Ziele sind das Ergebnis einer Gruppenentscheidung bei Unterstützung durch den Führer	Völlige Freiheit für Einzel- oder Gruppenentscheidungen, minimale Beteiligung des Führers
Arbeitsfestlegung	Aktionsschritte werden nacheinander vom Führer vorgegeben, so daß die jeweils folgenden Schritte unklar bleiben.	Generelle Vorgehensweise in der Gruppe festgelegt. Wenn gewünscht, gibt der Führer Rat u. schlägt alternative Aktionsschritte vor.	Führer stellt Arbeitsmaterial zur Verfügung und liefert auf Wunsch Informationen.
Arbeitsverteilung	Führer verteilt die Arbeit und bildet Arbeitsgruppen.	Arbeitsverteilung und Gruppenwahl durch Mitglieder selbst.	Keine Intervention des Führers.
Arbeitsbeurteilung	Führer lobt und tadelt einzelne Mitglieder persönlich, nimmt nicht am Arbeitsprozeß teil.	Führer sucht nach objektiven Maßstäben der Kritik, versucht am Gruppenprozeß teilzuhaben.	Einzelne spontane Kommentare, keine Steuerung und Beurteilung der Gruppenarbeit.

Abbildung 43: Führungsverhalten in den Iowa-Studien (nach White/Lippitt 1960, S. 2f.)

Bei der **fortlaufenden Fremdbeobachtung** bzw. **Experimenten** werden die Aktivitäten des Führers und seiner Gruppe über einen längeren Zeitraum ununterbrochen registriert. Dieses Verfahren wird vor allem in Laborstudien angewendet. In den USA bestand von Anfang an Interesse an empirischen Ergebnissen über die Auswirkungen des alternativen Führungsverhaltens. So wurde in den Jahren 1938–1940 an der Iowa University von Kurt Lewin und Mitarbeitern eine Reihe von Experimenten mit zehn- und elfjährigen Schülern durchgeführt. Dabei sollten die Auswirkungen des unterschiedlichen Führungsverhaltens auf individuelles und Gruppenverhalten beobachtet werden. (Methode: Fortlaufende Fremdbeobachtung) (vgl. Lewin/Lippitt/White 1939, Lippitt/White 1943, White/Lippitt 1953, 1960).
Die Schüler waren in bestimmten Rotationsverfahren einem autoritären und einem demokratischen Gruppenleiter ausgesetzt. Der „laissez-faire" Führungsstil war dabei nicht vorgesehen. Er entstand zufällig, als einer der demokratischen Führer die Kontrolle über die Gruppe verlor und die Gruppe einfach laufen ließ.
Welches Führungsverhalten die Gruppenleiter im einzelnen zeigen sollten, stellt Abbildung 43 dar.

Die Verhaltensweisen der Gruppen unterscheiden sich in Abhängigkeit vom jeweiligen Führungsstil stark (vgl. Abb. 44).

Führungsstil / Kriterium	autokratisch geführte Gruppe	demokratisch geführte Gruppe	laissez-faire-Gruppe
Arbeitsatmosphäre	hohe Spannung, Ausdruck von Feindseligkeiten	entspannte, freundschaftliche Atmosphäre	Atmosphäre der Willkür des einzelnen
Gruppenkohäsion	unterwürfiges, gehorsames Gruppenverhalten	höhere Kohäsion, geringere Austritte	geringere Kohäsion
Aufgabeninteresse	niedriges Interesse an der Aufgabe	höheres Interesse an der Aufgabe	geringeres Interesse an der Aufgabe
Arbeitsintensität/-qualität	höhere Arbeitsintensität	hohe Originalität der Arbeitsergebnisse	
Arbeitsbereitschaft	Arbeitsunterbrechung bei Abwesenheit des Führers	Weiterarbeit auch bei Abwesenheit des Führers	Arbeitsunterbrechung bei Bedarf
Arbeitsmotivation	geringere Arbeitsmotivation	höhere Motivation der Gruppe	geringere Arbeitsmotivation

Abbildung 44: Gruppenverhalten in den Iowa-Studien

Stogdill (1974, S. 365ff.) hat eine Vielzahl von Folge-Studien über die Konsequenzen autokratischer und demokratischer Führung analysiert. Er kommt zu dem Ergebnis, daß weder der demokratische noch der autokratische Führungsstil als Mittel der Produktivitätssteigerung empfohlen werden kann. Lediglich in bezug auf demokratische Führung und Zufriedenheit besteht ein positiver Zusammenhang.

Neuberger (1972) hat bei 30 experimentellen Führungsstil-Studien herausgefunden, daß nicht nur die Entscheidungsmacht (autokratisch-demokratisch) variiert wird, sondern eine Vielzahl anderer Dimensionen, vor allem

- die **Partizipationsrate,** d. h. das Ausmaß der Beteiligung des Führers an Gruppenaktivitäten,
- die **Strukturierung,** d. h. das Ausmaß der Eingriffe des Führers in Gruppenaktivitäten,
- die **Kontrolle,** d. h. das Ausmaß der Kontrolle der Gruppenaktivitäten durch den Führer und
- die **Motivation,** d. h. die Art und Weise der Motivation der Gruppe durch den Führer.

Den optimalen Führungsstil gibt es für sämtliche Sachverhalte.
Die Untersuchungen von Bales (1949) stellen ein Kategoriesystem zur Beobachtung des Gruppengeschehens, die sog. **Interaktions-Prozeß-Analyse (IPA)** dar, das 12 Beobachtungskategorien, 6 für den sozio-emotionalen Bereich und 6 für das aufgabenbezogene Verhalten enthält. Ad hoc zusammengestellte Studenten-Gruppen diskutierten über ein vorgeschriebenes Thema, bei dem die Teilnehmer gebeten wurden, ein Urteil darüber abzugeben, wer nach ihrer Meinung die besten Ideen hatte, der Aktivste oder der Sympathischste. Wer – entsprechend der Beobachterkodierung – am meisten aufgabenorientiertes Verhalten gezeigt hatte, wurde **„Ideenspezialist"** genannt. Das Mitglied mit dem höchsten Wert an positivem sozio-emotionalen Verhalten (Zustimmung, Entspannung, Solidarisierung) wurde als der **beliebteste Teilnehmer** bezeichnet. Entgegen der ursprünglichen Annahme von Bales, der vermutete, daß der Führer einer Gruppe zugleich der Tüchtigste und der Beliebteste ist, kam es zu einer Trennung von Tüchtigkeitsrangordnung und Sympathierangordnung, die immer gravierender wurde, je länger der Gruppenzusammenhalt anhielt. Bales bezeichnete diese „Rollendivergenz" als universelles Phänomen und sah durch sie auch sein Gleichgewichtsmodell der Gruppeninteraktion bestätigt. Aufgabenorientiertes Verhalten löst Spannungen aus, die zum Zerfall der Gruppe führen müßten, wenn nicht

zumindest ein Gruppenmitglied für Zusammenhalt und positive emotionale Atmosphäre sorgt. Ein Zuviel dieser Fürsorge aber lähmt die Aufgabenaktivität und gefährdet damit die Existenz der Gruppe. So sind Bestand und Leistungsfähigkeit einer Gruppe davon abhängig, daß es gelingt, beide Gruppenfunktionen in einem ausgewogenen Verhältnis zu halten. Dies hat zu der Erkenntnis geführt, die wechselseitigen Beeinflussungsprozesse in einer Gruppe zu berücksichtigen und Gruppen nicht als stabile Konfigurationen, sondern als dynamisch sich entwickelnde Beziehungsmuster zu betrachten. Inmitten dieses Spannungsfeldes steht der Führer, der in ständig wechselnden Situationen seinen Führungsanspruch immer aufs neue zu verteidigen und zu begründen hat. Durch das **Verfahren der fortlaufenden Verhaltensbeobachtung** ist man auf den Prozeßcharakter des Gruppengeschehens und auf das Ausmaß, in dem Interaktionen emotional bestimmt sind, aufmerksam geworden.

5.42 Die stichprobenartige Fremdbeobachtung

Im Rahmen der Verhaltensstichproben wird eine Führungskraft häufig, aber immer nur für kurze Zeitperioden beobachtet, so daß die Störung der Abläufe vermindert wird und eine größere Zahl von Führungskräften über einen größeren Zeitraum hinweg beobachtbar sind. Hierbei tritt zwar die **Ausschnitthaftigkeit,** d. h. die Einbettung einer Episode in größere Zusammenhänge als Problem auf, und außerdem wird meist mit relativ einfachen Beobachtungskategorien gearbeitet, weil damit der Schulungsaufwand für die Beobachter gering ist und die Zuverlässigkeit der Beobachtungen steigt, jedoch haben sich die Ergebnisse der Führungsbeobachtung als sehr aufschlußreich erwiesen. In mehreren Studien wird berichtet (Neuberger 1976b, S. 166ff.), daß Vorgesetzte selten an einem Problem kontinuierlich arbeiten (können), weil sie häufig unterbrochen werden und neue Aufgaben gestellt bekommen, daß Vorgesetzte die meiste Zeit mit der Aktivität „Kommunikation“ verbringen und nur selten für ihre eigentlichen Aufgaben Zeit haben, daß der Zeitanteil der Kommunikation mit Gleichgestellten höher ist als in der klassischen Organisationstheorie angenommen wird. Solche Außenaufnahmen des Verhaltens liefern erste Orientierungsdaten, die zu ihrer Interpretation weiterer Informationsquellen bedürfen.

5.43 Die Selbstbeobachtung (das Tagebuchverfahren)

Führungskräfte wurden auch gebeten, sich in ihrem Arbeitsalltag selbst zu beobachten und über jede Verhaltensepisode eine **Aufzeichnung nach einem vorgegebenen Kategoriensystem** zu machen. Die Ergebnisse dieser Methode sind denen der fortlaufenden Fremdbeobachtung ähnlich. Vorgesetzte beschränken sich in ihren Kontakten auf relativ wenige Personen, sie verwenden den größten Teil ihrer Zeit vor allem auf Zweier-Gespräche, sie haben viel Kontakt mit Gleichgestellten, die durchschnittliche Dauer der Interaktionen ist kurz, die meiste Zeit verbringen sie im eigenen Büro (Neuberger 1976b, S. 170ff.).

Bei der Interpretation dieser Befunde ist zu bedenken, daß vermutlich eine Selbstselektion der Teilnehmer stattfand, d. h., nur bestimmte Führungskräfte erklärten sich bereit, ein Tagebuch zu führen, daß die Häufigkeit der pro Tag berichteten Ereignisse mit der Dauer der Untersuchungszeit abnahm und daß auch die Verläßlichkeit der Kategorisierung fragwürdig ist. So gab es z. B. große Unterschiede in der Frage, was (keine) Routine-Tätigkeit sei, wer Kontakte initiiert hat oder was der Inhalt von Kontakten war (z. B. Befehl oder Beratung?).

Wegen der Probleme einer zuverlässigen inhaltlichen Beschreibung der Tätigkeiten bleibt auch die Tagebuch-Methode im Formal-Äußerlichen stecken. Die episodenorientierte Kategorisierung läßt zudem den inneren Zusammenhang der Führungstätigkeiten unberücksichtigt. Da sich die Kategorien auf „Verhalten“ beschränken, werden die kognitiven Aktivitäten des Vorgesetzten (nachdenken, interpretieren, Probleme lösen, entscheiden) nicht erfaßt (Neuberger 1977, S. 93). Ferner sind auch die Aussagen über den Kontakt und die Inhalte der Problemkontakte so stark subjektiviert, daß sie lediglich die Sicht der Vorgesetzten repräsentieren.

Fragen zu Kapitel 5

1. Welche der Führung zugrunde liegenden Menschenbilder kennen Sie? (5.1)
2. Welche Aufgaben sind dem Führer im Rahmen der Zielerreichungsfunktion auf der einen und der Kohäsionsfunktion auf der anderen Seite zugeordnet? (5.2)
3. Nennen Sie die Persönlichkeitsfaktoren, die Führungseigenschaften begründen können! (5.32)
4. Kann das Führungsphänomen auf der Basis des Eigenschafts-Ansatzes ausreichend erklärt werden? (5.32)
5. Geben Sie einen kurzen Überblick über verhaltenstheoretische Ansätze der Führung! (5.33)
6. Arbeiten Sie heraus, was im Rahmen der Ihnen geläufigen Verhaltensansätze der Führung einen erfolgreichen Führer kennzeichnet! (5.33)
7. Welche Grundstilarten der Führung unterscheidet Reddin? (5.333)
8. Was verstehen Hersey/Blanchard unter „Reifegrad des Mitarbeiters“? (5.334)
9. Beschreiben Sie konzeptionelle Ähnlichkeiten des multidimensionalen Ansatzes von Bleicher/Meyer und des entscheidungsorientierten Ansatzes von Heinen und machen Sie aber auch auf wesentliche Unterschiede aufmerksam! (5.335)
10. Wie begründet Neuberger die zentrale Rolle des Geführten in seinem motivationalen Führungsmodell? (5.337)
11. Skizzieren Sie das Modell des „Differenzierten Führungsverhaltens! (5.338)
12. Welche Dimensionen beschreibt das Modell zur Erfassung von Führungs- und Entscheidungsverhalten von Hoffmann? (5.339)
13. Welchen Annahmen folgt die Situationstheorie? (5.34)
14. Charakterisieren Sie den Interaktionsansatz! (5.34)
15. Zeigen Sie Vor- und Nachteile der Fremd- und Selbstbeobachtung auf! (5.4)

6. Die Beschreibung des Führungsverhaltens

6.1 Überblick

In den fünfziger Jahren haben zwei voneinander unabhängig arbeitende Forschergruppen mit großangelegten empirischen Untersuchungen zwei basale Führungsdimensionen ermittelt, die i. a. mit Sachaufgaben- und Mitarbeiterorientierung umschrieben werden.

(1) Die **Ohio-Gruppe** an der Ohio State University ermittelte die beiden Dimensionen „Consideration" (Mitarbeiterorientierung = C) und „Initiating Structure" (Aufgabenorientierung = I).

(2) Die **Michigan-Gruppe** an der University of Michigan nannte die von ihnen vorgefundenen Dimensionen Aufgabenorientierung (production centered) und Mitarbeiterorientierung (employee centered).

In typologisierender Form hat Lawler (1977, S. 245) die Ausprägung beider Konzepte verschiedenen Führungsformen zugeordnet (vgl. Abb. 45).

		Aufgabenorientierung	
		hoch	niedrig
Mitarbeiterorientierung	hoch	demokratisch oder partizipativ	human relations
	niedrig	autoritär	laissez-faire

Abbildung 45: Führungsformen bei Mitarbeiter- und Aufgabenorientierung

6.2 Ohio State – Studien

Seit 1945 beschäftigt sich ein Forscherteam an der Universität von Ohio mit der Entwicklung eines Instrumentariums zur Beschreibung des Führungsverhaltens. Im Rahmen eines umfassenden Forschungsprojektes wurden *neun Kategorien zur Charakterisierung des Führungsverhaltens* gebildet (Neuberger 1977, S. 94):

(1) *Integration*
Förderung des Zusammenhalts unter den Gruppenmitgliedern, gute Gruppenatmosphäre,

(2) *Initiative*
neue Ideen oder Praktiken vorschlagen oder verhindern,

(3) *Mitgliedschaft*
Betonung informeller Beziehungen, Fraternisierung von Führer und Geführten,

(4) *Repräsentation*
Verteidigung und Vertretung der Gruppe und ihrer Interessen nach außen,

(5) *Organisation*
Definition und Strukturierung der Arbeit und der Beziehungen zur Gruppe,

(6) *Domination*
Einschränkung der Handlungsmöglichkeiten der Geführten,

(7) *Kommunikation*
Aufnahme von Informationen und Weitergabe nach „oben" und „unten",

(8) *Anerkennung*
Bestätigung oder Ablehnung von Verhalten der Geführten und

(9) *Leistungsbetonung*
Zielsetzung und Antrieb zu höherem Einsatz.

Es zeigte sich, daß die Geführten meist nicht in der Lage waren, das Führungsverhalten so differenziert zu beschreiben, daß die 9 mutmaßlichen (spekulativen) Kategorien in den Antworten wiederzufinden waren.

Im Gegensatz zu (Labor-)Experimenten versuchen Feldstudien, eine Vielzahl von Daten über das Führungsverhalten zu gewinnen (Methode: Verhaltensbeschreibung durch Mitarbeiter auf der Grundlage von Fragebogen), um mit Hilfe der Faktorenanalyse Führungsdimensionen zu isolieren, mit denen Unterschiede im Führungsverhalten gemessen werden können.

Halpin/Winer (1957) ermittelten vier orthogonale Faktoren:

(1) *Consideration* i. S. von freundschaftliches, vertrauensvolles, respektvolles und warmherziges Verhalten,
(2) *Initiating Structure* als Organisation und Definition von Beziehungen/Rollen, Schaffen einer Organisations-, Kommunikations- und Aufgabenstruktur,
(3) *Production Emphasis,* d. h. Aufgabenorientierung, Leistungsmotivation und
(4) *Sensitivity* i. S. von Sensibilität gegenüber sozialen Beziehungen und Gruppenproblemen.

Hemphill/Coons (1957) erreichten eine Reduktion auf drei orthogonale Faktoren:

(1) *Maintenance of membership character* = Sozialintegratives Verhalten,
(2) *Objective attainement behavior* = Aufgabenorientierung und

Consideration (C)	Initiating Structure (IS)
Es ist freundlich, und man hat leicht Zugang zu ihm. Er zeigt Anerkennung, wenn einer gute Arbeit leistet. Er (der Vorgesetzte) bemüht sich um ein gutes Verhältnis zwischen seinen Unterstellten und höheren Vorgesetzten Er setzt sich für seine Leute ein, auch wenn er dadurch bei anderen schief angesehen wird Er drückt sich leicht verständlich aus Er macht es seinen Leuten leicht, unbefangen mit ihm zu reden Er behandelt alle seine Unterstellten als Gleichberechtigte Er unterstützt seine Mitarbeiter bei dem, was sie tun Er tut seinen Mitarbeitern einen persönlichen Gefallen.	Er legt Wert darauf, daß die Termine genau eingehalten werden. Er weist seinen unterstellten Mitarbeitern spezifische Arbeitsaufgaben zu. Er tadelt mangelhafte Arbeit Er herrscht mit eiserner Hand Er besteht auf Information über Entscheidungen seiner Unterstellten Er verlangt von leistungsschwachen Mitarbeitern, daß sie mehr aus sich herausholen Er legt auf die Arbeitsmenge besonderen Wert Er besteht darauf, daß seine Mit arbeiter ihre Arbeit in jeder Einzelheit nach festgelegten Richtlinien erledigen.

Abbildung 46: Typische Aussagen zu den Dimensionen Consideration und Initiating Structure

(3) *Group interaction facilitation behavior* = Erleichterung von Kommunikation, Verbesserung der Gruppenatmosphäre.

Da die beiden letzten Faktoren der erstgenannten Konzeption nur einen sehr geringen Anteil an Varianz erklären, wurde auf sie verzichtet. Die beiden Hauptfaktoren sind infolgedessen:
(1) **Consideration** (Beziehungsorientierung; Rücksichtnahme; praktische Besorgtheit) und
(2) **Initiating Structure** (Aufgabenorientierung; Planungsinitiative; Strukturieren der Arbeit).

„Consideration" charakterisiert ein Führungsverhalten, das durch gegenseitiges Vertrauen, Achtung und Wärme der persönlichen Beziehungen ausgezeichnet ist und die Förderung der zweiseitigen Kommunikation, d. h. auch die Mitbeteiligung der Geführten bei den Entscheidungen des Führers in seinen Mittelpunkt stellt. **„Initiating-Structure"** bezieht sich auf ein Führungsverhalten, bei dem es in erster Linie um die Arbeitsorganisation und die Beziehungen zwischen Führer und Geführten geht. Gezielte Leistungsmotivation und Aktivierung der Geführten sowie Ausübung der Kontrollfunktionen ergänzen diese Verhaltensdimension (vgl. Abb. 46).
Während die Michigan-Schule ein eindimensionales Kontinuum von Mitarbeiterorientierung und Leistungsorientierung annahm, legen die Ergebnisse der Ohio-Studien die Unabhängigkeit der beiden Dimensionen nahe (vgl. Abb. 47).

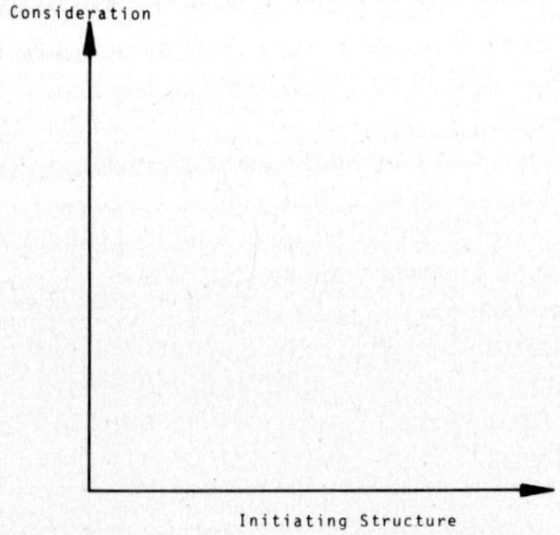

Abbildung 47: Die Dimensionen der Ohio-Studien

Fleischmann (1973) charakterisiert C und I wie folgt: „*Consideration* schließt Verhalten ein, das auf gegenseitiges Vertrauen, Achtung und eine gewisse Wärme und Enge der Beziehung zwischen dem Vorgesetzten und seiner Gruppe hinweist. Das bedeutet nicht, daß diese Dimension ein oberflächliches Human-Relations-Verhalten von der Art des ‚Auf-die-Schulter-Klopfens', ‚beim Vornamen-Nennens' meint. Diese Dimension scheint ein tiefergehendes Bemühen um die Bedürfnisse der Gruppenmitglieder zu betonen und beinhaltet Verhaltensweisen wie etwa mehr Mitbeteiligung der Untergebenen bei Entscheidungen und die Förderung vermehrter Kommunikation" (Fleischmann 1973, S. 8, zit. n. Neuberger 1976b, S. 133f.). „*Structure* schließt Verhalten ein, bei dem der Vorgesetzte Gruppenaktivität und seine Beziehung zur Gruppe organisiert und definiert. Er definiert also die Rolle, deren Übernahme er von jedem Mitglied erwartet, weist Aufgaben zu, plant voraus, legt Wege der Arbeitsausführung fest und dringt auf Produktion. Diese Dimension scheint offenkundige Versuche, die Organisationsziele zu erreichen, zu betonen" (Fleischmann, 1962, S. 43f., zit. n. Neuberger 1976, S. 134).

Die Bedeutungen der Dimensionen C und I lassen sich nach Neuberger (1976, S. 137f.) anhand folgender Aspekte aufzählen:

C beinhaltet:
- Allgemeine Wertschätzung und Achtung,
- Offenheit, Zugänglichkeit,
- Bereitschaft zur zweiseitigen Kommunikation und
- Einsatz und Sorge für den einzelnen.

I beinhaltet:
- Strukturierung, Definition und Klärung des Zieles und der Wege zum Ziel,
- Aktivierung und Leistungsmotivation sowie
- Kontrolle und Beaufsichtigung.

Die Kombinationen der Ausprägungen niedrig und hoch der Beziehungs- und Aufgabenorientierung zeigt die Abbildung 48.
Tendenziell zeigt sich, daß hohe Aufgabenorientierung zu einer größeren **Gruppenproduktivität** führt als Mitarbeiterorientierung, während Mitarbeiterorientierung eher eine große Zufriedenheit der Arbeitnehmer auslöst, als dies bei der Aufgabenorientierung der Fall ist. Die effektiven Führer werden auf beiden Dimensionen hoch eingeschätzt.

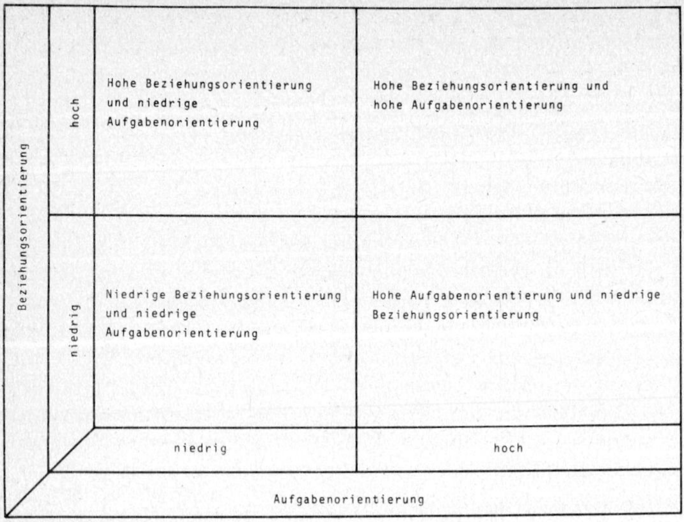

Abbildung 48: Die vier Ohio Quadranten (Hersey/Blanchard 1977, S. 95)

Kritik fand die Annahme der Ohio-Studie, daß ein erfolgreicher Führer hohe Ausprägungen in beiden Dimensionen aufweisen muß (9.9 bei Blake/Mouton) und daß Beziehungsorientierung zu hoher Zufriedenheit führen wird.
Diese Aussagen können in ihrer Allgemeinheit nicht aufrechterhalten werden. Der Führungserfolg hängt nicht linear mit Beziehungsorientierung und/oder Aufgabenorientierung zusammen. Er wird u. a. moderiert durch intervenierende Variablen, wie das Organisationsklima. Staehle (1980, S. 354) bemängelt daher generell zu Recht:

- die mangelnde Orthogonalität der zwei Dimensionen, d. h., daß sie nicht so unabhängig voneinander sind, wie es die Ohio-Schule behauptet,
- die nicht signifikante Korrelation zwischen Führungsverhalten und Führungserfolg, wie es die Ohio-Schule behauptet,
- die fehlenden Aussagen über Kausalitätsbeziehungen und
- die Vernachlässigung von situativen Variablen und die Berücksichtigung ihres Einflusses auf das Führungsverhalten.

Trotz dieser Kritik ist die Theorie der Ohio-Schule zur Grundlage einer Vielzahl praxisorientierter Führungskonzepte geworden, denn (Wunderer/Grunwald 1980 I, S. 247f.)

(1) sie ermöglicht das Messen von identifizierbarem Verhalten,
(2) sie ist empirisch-statistisch belegt und
(3) sie bringt vergleichbare Daten hervor, da sehr viele gleichartige Studien diese Skalen verwenden.

Korman (1966, S. 349) kritisierte im einzelnen den Stand der C-/I-Forschung wie folgt:

(1) Sie berücksichtigt situationale Variablen nur unzureichend,
(2) die meisten Studien zeigen tendenziell nichtsignifikante Korrelationen zwischen Führungsverhalten und Kriterien,
(3) viele Studien sind methodisch unzulänglich, da die Prediktoren- und Kriterieneinschätzungen von denselben Individuen stammten,
(4) die Richtigkeit der Kausalität ist bei den Variablen nicht geklärt. Es bleibt die Frage, ob sie die Kriterien bedingen oder ob sie durch die Kriterien bedingt werden und
(5) es wird nicht geklärt, welches Führungsverhalten mit den Kriterien in Beziehung steht, zumal häufig nicht-lineare Beziehungen gefunden werden.

Kerr/Schriesheim (1974, S. 555ff.) untersuchten den Forschungsstand, der sich nach Kormans kritischem Artikel entwickelte. Sie fanden, daß

(1) inzwischen in über 200 Studien eine Vielzahl von Situationsvariablen untersucht wurden,
(2) aufgrund verbesserter Forschungsdesigns die situationale Variable verstärkt berücksichtigt wurde. Es zeigte sich eine Tendenz zu einer signifikanten Beziehung zwischen Führerverhalten und Zufriedenheit,
(3) in neueren Arbeiten Leistungswerte und Zufriedenheit Berücksichtigung finden und C und I von verschiedenen Personen erhoben wurden,
(4) auch die Frage, welches Führerverhalten mit welchen Kriterien korreliere (sog. konvergente und diskriminante Validität), noch offen sei und
(5) die Kritik Kormans nach wie vor grundsätzliche Gültigkeit besitzt.

Stogdill (1959; 1974) hat frühzeitig auf die Unzulänglichkeit von Zwei-Faktoren-Ansätzen zur Beschreibung des komplexen Führungsverhaltens hingewiesen. Er stellt aufgrund von theoretischen Überlegungen und anhand empirischer Befunde zwölf unabhängige Merkmalsdimensionen auf, die in unterschiedlichster Ausprägung Führung charakterisieren (1974, S. 143f.):

(1) Repräsentation – der Führer spricht und handelt als Repräsentant der Gruppe,
(2) Konfliktausgleich – er regelt konfligierende organisatorische Fragen und verringert Störungen des Systems,

(3) Toleranz hinsichtlich Ungewißheit – er ist fähig, Ungewißheit ohne Angst und Aufregung zu tolerieren,
(4) Überzeugungskraft – er benützt Überredung und Argumentation effektiv, zeigt starke Überzeugungen,
(5) Aufgabenorientierung (I) – er definiert eindeutig die eigene Rolle und läßt Unterstellte wissen, was von ihnen erwartet wird,
(6) Toleranz hinsichtlich Freiheitsspielraum – er erlaubt den Unterstellten Initiative, Entscheidung und Handlung,
(7) Rollenbeibehaltung – er behält eher seine Führungsrolle, als andere daran teilhaben zu lassen,
(8) Mitarbeiterorientierung (C) – er nimmt Rücksicht auf Zufriedenheit, Status und Leistungen der Unterstellten,
(9) Betonung der Produkte – er wendet Druck an im Hinblick auf das Arbeitsergebnis,
(10) Vorhersagegenauigkeit – er zeigt Voraussicht und Fähigkeit, die Arbeitsergebnisse genau vorherzusagen,
(11) Integration – er fördert eine geschlossene Organisation, löst interpersonelle Konflikte und
(12) Einfluß durch Vorgesetzte – er unterhält herzliche Beziehungen zu Vorgesetzten, hat auf diese Einfluß und strebt nach höherem Status.

Es bleibt als Resümee, daß einerseits die Merkmale von Stogdill z. B. für das Middle-Management nicht in ihrer vollen Gesamtheit zutreffen, sondern daß dort lediglich ein Teil der Führungsdimensionen vorzufinden sind. So interpretiert z. B. Baumgarten (1974, S. 54) die Zahl von fünf Dimensionen als Mittelwert über alle hierarchischen Ebenen hinweg und vermutet, daß auch die Anzahl der Dimensionen mit abnehmender Ranghierarchie tendenziell abnimmt. Diese Auffassung wird gestützt durch die Tatsache, daß in den unteren Ebenen tatsächlich nur zwei Dimensionen, nämlich C und I ermittelt wurden, die jedoch als Beschreibungskategorien für die oberste Hierarchieebene nicht mehr ausreichten. Dieser Befund wird damit erklärt, daß
a) entweder die kognitive Komplexität der auf höheren Organisationsebenen Arbeitenden sehr differenziert ist und/oder
b) die auszuführenden Tätigkeiten wesentlich komplexer sind als auf den unteren Ebenen.

Weitere empirische Untersuchungen werden auch zukünftig nötig sein, um die gesetzmäßigen Zusammenhänge zwischen Führungsdimensionen zu ermitteln. Immerhin läßt der gegenwärtige Stand der Forschung die Annahme zu, daß die Zwei-Faktoren-Theorie (C und I) für eine angemessene Beschreibung und Erklärung des Führungsverhaltens nicht differenziert genug ist (Wunderer/Grunwald 1980 I, S. 254), andererseits jedoch eine größere Zahl von Führungsdimen-

sionen einer grundsätzlichen Verallgemeinerung von Führungsverhalten entgegensteht. Zudem sind bei einer größeren Anzahl an (Führungs-)Dimensionen die Widerlegungsmöglichkeiten größer als bei lediglich zwei generellen Dimensionen, auf die sich andere zurückführen lassen (Opp 1976, S. 255f.).
Trotz aller Einwendungen gegen die Ohio-Studien kann angenommen werden, daß es sich bei den Dimensionen „Consideration“ und „Initiating Structure“ um *fundamentale* Führungsverhaltens-Kategorien handelt (Berthel 1979, S. 68).

6.3 Michigan-Studien

Seit 1947 beschäftigt sich eine Forschergruppe an der Universität von Michigan mit der Analyse des Führungsverhaltens, speziell unter **Effizienzgesichtspunkten,** z. B. Produktivität, Zufriedenheit, Fluktuation, Absentismus, Kosten, Ausschuß, Motivation. Likert (1972; 1975), Katz und Kahn (1966) u. a. fanden, daß jene Vorgesetzten, die die höchste Produktivität, die niedrigsten Kosten, die geringsten Fluktuationen sowie das höchste Ausmaß an Arbeitszufriedenheit bei den Arbeitnehmern erreichten, im allgemeinen einen anderen Führungsstil praktizieren als ihre weniger erfolgreichen Kollegen. Bei näherer Analyse dieser Ergebnisse stießen die Michigan-Forscher auf Führungsverhalten, das sie als **Mitarbeiterorientierung** (employee orientation) und als **Produktionsorientierung** (production orientation) klassifizierten.

Mitarbeiterorientiert heißt ein Führungsverhalten, bei dem besonders die zwischenmenschlichen Beziehungen bei der Aufgabenerfüllung betont werden. Der Mitarbeiter wird als Individuum mit seinen Bedürfnissen und Zielen ernst genommen, und seine persönliche Entwicklung wird gefördert. **Produktions-(leistungs-)orientiert** wird ein Führungsverhalten bezeichnet, bei dem vor allem die technischen und die Leistungsaspekte der Aufgabe besonders betont werden. Der Mitarbeiter wird lediglich als Mittel zum Erreichen der Organisationsziele angesehen (Staehle 1980, S. 355).
Die Verwandtschaft der Michigan- mit den Ohio-Studien ist groß. Es besteht jedoch ein gravierender Unterschied in der Konzeptualisierung, da die Michigan-Schule zunächst davon ausging, daß Mitarbeiter- und Leistungsorientierung die Extrempunkte ein und derselben Dimension seien: Je höher die Mitarbeiterorientierung eines Führers,

desto geringer die Leistungsorientierung. In späteren Arbeiten ist jedoch eine Abkehr von dieser Position zu erkennen, d. h. Mitarbeiter- und Leistungsorientierung werden wie bei der Ohio-Schule als unabhängige Dimensionen angesehen.

In einer Auswertung von Verhaltensuntersuchungen unterschiedlicher Organisationen haben Katz/Kahn (1951) vier Dimensionen zur Beschreibung des Führungsverhaltens gefunden (Staehle 1980):

(1) *Differentiation of Supervisory Role*
(Planung und Vorgabe spezialisierter Aufgaben),
(2) *Closeness of Supervision*
(Delegation von Verantwortung, Gewährung größerer Handlungsspielräume),
(3) *Employee Orientation*
(entspricht Mitarbeiterorientierung) und
(4) Group Relationships
(Verbesserung der Gruppenatmosphäre, Kohäsion, Kommunikation und gegenseitigen Unterstützung).

Likert (1961) konnte fünf Voraussetzungen für ein erfolgreiches Führungsverhalten herausfinden (Staehle 1980, S. 356):

(1) *Principle of Supportive Relations* (Prinzip der gegenseitigen Unterstützung),
(2) *Group Methods of Supervision* (Kontrolle durch Gruppen),
(3) *High Performance Goals* (hohe Leistungsziele),
(4) *Technical Knowledge* (technisches Wissen) und
(5) *Coordination, Scheduling, Planning* (Koordination, Terminierung, Planung).

Die wesentliche Annahme der Michigan-Forscher war stets die humanistisch geprägte Erwartung, daß der mitarbeiterorientierte Führungsstil sowohl zu höherer Zufriedenheit als auch zu höherer Leistung führt. Die meisten empirischen Befunde sprechen nur eingeschränkt für diese Hypothese.

Bowers/Seashore (1966) untersuchten den Zusammenhang der vier Dimensionen des Führungsverhaltens (Staehle 1980, S. 356f.):

- Support (Unterstützung),
- Interaction Facilitation (Erleichterung der Interaktionen),
- Goal Emphasis (Zielorientierung) und
- Work Facilitation (Erleichterung der Arbeit).

und ihre Auswirkungen auf die Effizienz, gemessen an Indikatoren wie Wachstum, Umsatz, Kosten, Fluktuation. Obwohl einige signifikante Korrelationen gefunden wurden, kamen sie zu dem Ergebnis, daß das Führungsverhalten allein nicht die **Effizienz** oder **Ineffizienz einer Organisation** zu erklären vermag (Bowers/Seashore 1966, S. 263). Weitere Einflußfaktoren sind in den **Machtgrundlagen** des Führers und deren Akzeptanz durch die Untergebenen in den Aufgabenanforderungen und in persönlichkeitsspezifischen Eigenheiten der Mitarbeiter zu sehen (Staehle 1980, S. 356f.). Auch die Michigan-Studien können über kausale Zusammenhänge zwischen den untersuchten Variablen nur wenig Aussagen machen. Ebenso fehlt eine Identifikation intervenierender situativer Faktoren, wenngleich deren Bedeutung dort nicht verkannt wird (Bowers/Seashore 1966).

Die **Führungssysteme von Likert** (1967; 1975) können als ein Versuch angesehen werden, ein umfassendes kooperatives Führungssystem zu entwickeln. Dabei wird von Likert die traditionelle Zweiteilung der Führungsstile zugunsten eines vierfach unterteilten Führungssystems ersetzt, welches unter Verwendung der Befunde zur Gruppendynamik sowie der betriebswirtschaftlichen Organisationsforschung wichtige Merkmale verschiedener Führungssysteme typologisierend darstellt. Unter Führungssystem versteht Likert (1972; 1975) das für die gesamte Unternehmung charakteristische personale Organisationsklima. Es werden die folgenden vier Führungssysteme unterschieden:

(1) Ausbeutend autoritäres,
(2) wohlwollend autoritäres,
(3) beratendes und
(4) partizipatives Gruppensystem.

Um unnötige Wertungen zu vermeiden, wurden von Likert die obigen Bezeichnungen durch die neutralen Bezeichnungen System 1, System 2, System 3 und System 4 ersetzt (Likert 1975; Likert/Likert 1976). Das Führungssystem 4 wird im Vergleich zu den Führungssystemen 1, 2 und 3 im Hinblick auf höhere Produktivität, größere Zufriedenheit der Mitarbeiter sowie Verbesserung der Beziehung zwischen Unternehmungsleitung und Arbeitnehmervertretern als grundsätzlich über-

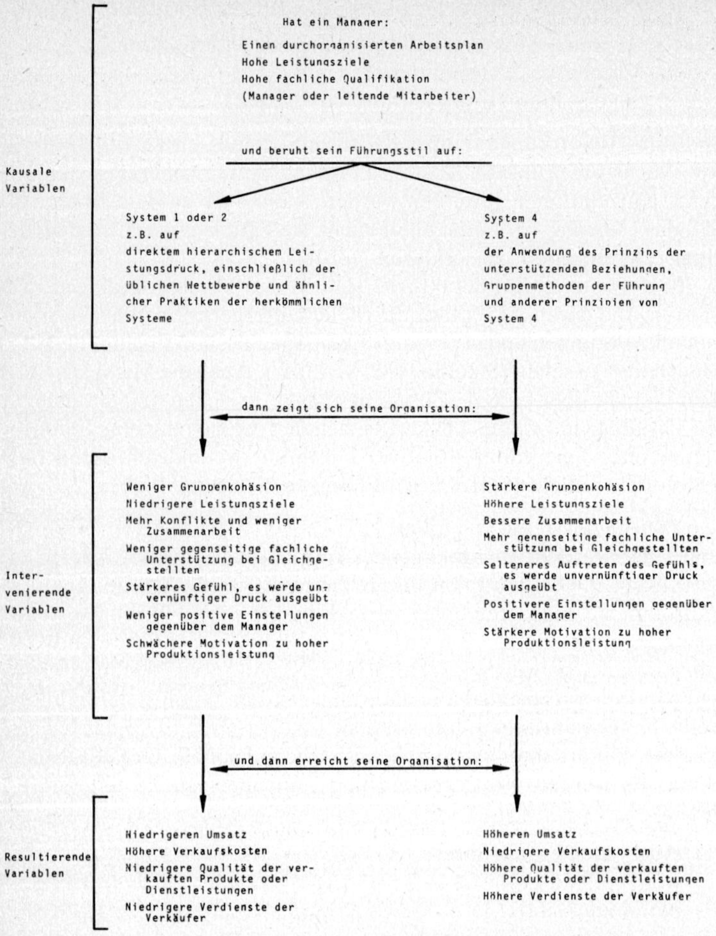

Abbildung 49: Die Beziehungen zwischen kausalen, intervenierenden und resultierenden Variablen (nach Likert 1975, S. 89).

legen erachtet. Im Zusammenhang mit der Entwicklung des Systems 4 plädiert Likert für einen systemanalytischen Ansatz.
Likert und seine Mitarbeiter haben sich lange Zeit darum bemüht, die in System 4 aufgestellten Hypothesen durch empirische Untersuchungen zu bestätigen. Vor allem haben sie untersucht, die Effizienz alternativer Managementsysteme zu messen. Als geeigneten methodischen Ansatz für die Analyse, Interpretation und Veränderung von Führungssystemen in Organisationen empfiehlt Likert (1975, S. 36f.), zwischen *kausalen, intervenierenden* und *resultierenden* Variablen zu unterscheiden. Die kausalen bzw. unabhängigen Variablen bestimmen die von der Organisation zu erbringenden Ergebnisse, z. B. die Geschäftspolitik, Strategien der Organisations- und Mitarbeiterführung und können von der Unternehmungsführung beeinflußt werden. Die intervenierenden Variablen spiegeln das „Organisationsklima“ wider. Zu den resultierenden bzw. abhängigen Variablen zählen die Unternehmensergebnisse, z. B. Produktivität, Kosten, Erträge. Die Wechselbeziehungen zwischen einigen dieser Variablen sind in Abbildung 49 dargestellt.

Für die bestmögliche Realisierung des Systems 4 (partizipativ-gruppenbezogen) hat Likert (1975, S. 57ff.) drei Hauptprinzipien aufgestellt:

(1) Das *Prinzip der unterstützenden Beziehungen* (supportive relationships) geht davon aus, daß die Führung gewährleisten soll, daß die Organisationsmitglieder ihre zwischenmenschlichen Beziehungen in der Organisation als ihrem Selbstwertgefühl und ihrer Selbstverwirklichung förderlich beurteilen.
(2) Das *Prinzip der überlappenden Gruppen* soll die Anwendung von Gruppenentscheidungs- und -führungsmethoden durch den Vorgesetzten sicherstellen. Die überlappende Gruppenmitgliedschaft soll eine intensive Zusammenarbeit in und zwischen den Gruppen ermöglichen, indem in jeder Gruppe Mitarbeiter tätig sind, die mehreren Gruppen angehören (sog. Verbindungsglieder; „linking pin“).
(3) Das *Prinzip der hohen Leistungsziele* postuliert, daß durch Gruppenentscheidungsprozesse sowie durch die überlappende Gruppenstruktur bei den Mitarbeitern das Bedürfnis geweckt wird, sich hohe Leistunsziele zu setzen.

Eine vereinfachte Darstellung der komplizierten gegenseitigen Beziehungen zwischen sämtlichen Variablen gibt die Abb. 50. Sie zeigt, daß

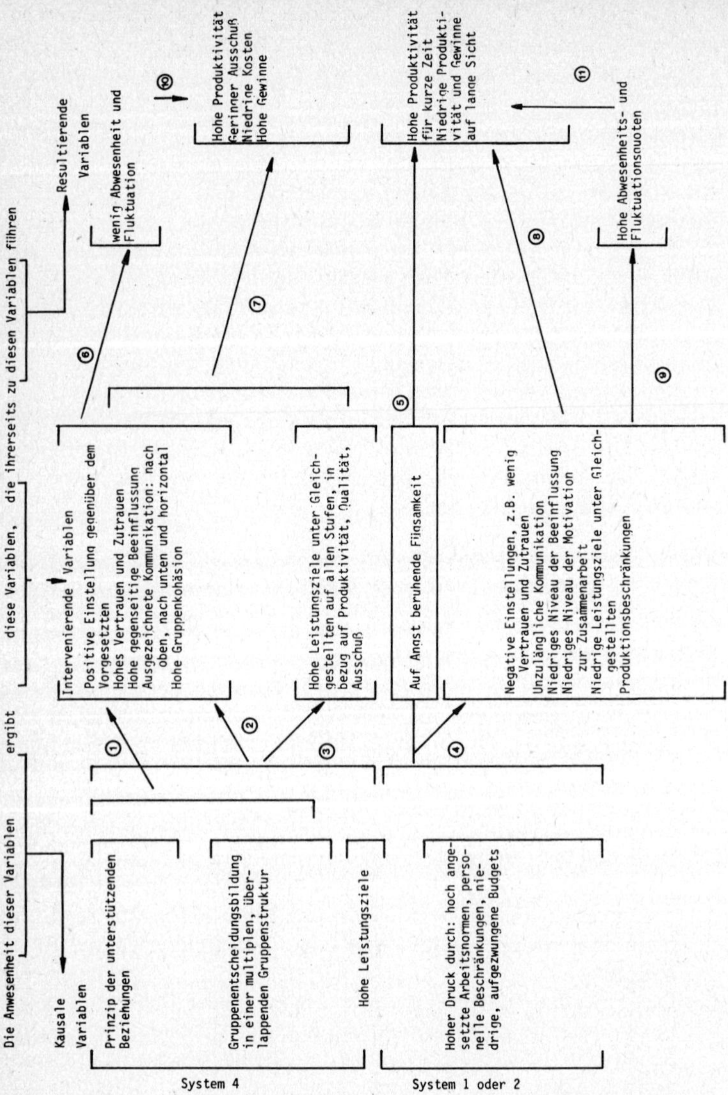

Abbildung 50: Vereinfachte schematische Darstellung der Beziehungen zwischen Variablen in einem System-1- oder System-2-Unternehmen und in einem System-4-Unternehmen (Likert 1975, S. 165)

in den nach System 4 organisierten Unternehmungen das Prinzip der unterstützenden Beziehungen angewendet wird, aus dem niedrigere Abwesenheits- und Fluktuationsquoten resultieren. Hohe Produktivität, niedrige Kostenstrukturen und hohe Gewinnmöglichkeiten resultieren ferner aus hohen Leistungszielen, bei denen Gruppen zur Entscheidungsfindung herangezogen werden (Pfeile 1, 2, 3, 6, 7 und 10). In System-2- und System-3-Unternehmungen führen hohe Leistungsziele von Vorgesetzten zusammen mit starkem Leistungsdruck durch strenge Budgets und Kontrollen anfangs zwar aufgrund der auf Angst beruhenden Gefügsamkeit der Untergebenen zu gesteigerter Produktivität. Es ergeben sich aber auch negative Einstellungen, die zu höheren Abwesenheits- und Fluktuationsquoten führen, die Kostenstruktur erhöhen und die Gewinne senken (Pfeile 4, 5, 8, 9 und 11).

Likerts Prinzipien fordern, daß fruchtbare zwischenmenschliche Beziehungen auf gegenseitigem Vertrauen und gegenseitiger Unterstützung und Hilfe beruhen und daß in den Organisationsmitgliedern stets das Gefühl für den Wert des einzelnen Menschen wachgehalten wird. In struktureller Hinsicht postuliert System 4 die Auflösung der klassischen Hierarchie durch ein Geflecht untereinander vermischter Teams, die aber nach wie vor in hierarchischen Beziehungen zueinander stehen sollten. Im menschlichen Bereich stehen jedoch die z. T. wirklichkeitsfremden Annahmen des klassischen Modells im Widerspruch zu den Realitäten, da monetären Anreizen kaum Beachtung geschenkt wird. Es kann mit Staehle (1980, S. 367f.) überspitzt formuliert werden, daß im System 4 die Organisation nur ein „Mittel zum Zweck“ bildet, „nämlich dem Individuum als Betätigungsfeld für die Erringung von Selbstachtung und Selbstverwirklichung zu dienen“.

An den drei Prinzipien zeigt sich das *wesentliche Problem des Likert-Ansatzes:* Wie in den klassischen Managementlehren wird der komplexe Führungsprozeß mit einigen wenigen, vermeintlich allgemeingültigen normativen Prinzipien zu beschreiben und zu erklären versucht, obgleich Likert (1972, S. 96) auf die Anwendungsprobleme allgemeingültiger Prinzipien hinweist: „Es kann keine spezifischen Führungsregeln geben, die in jeder Situation richtig sind. Wohl können weitgefaßte Prinzipien bei jedem Führungsvorgang angewandt werden und somit zutreffende Verhaltensregeln darstellen. Aber diese Prinzipien müssen jedesmal in einer Weise angewandt werden, die vollständig von dieser speziellen Situation und den betroffenen Personen ausgeht.“

Andererseits hat sich das differenzierte Analysekonzept Likerts nach eigenen Erfahrungen anhand von Befragungen zu Führungsbeziehungen durchaus bewährt, insbesondere auch als empirische Grundlage für integrierte Personal- und Organisationsentwicklungsprozesse (Wunderer/Grunwald 1980 I, S. 260).
Die Befunde der Ohio-Gruppe hatten eine Ernüchterung zur Folge, die in neue Bemühungen zur Klärung der Ursachen der sich widersprechenden Ergebnisse mündete. Es wurde darauf aufmerksam gemacht, daß die Untersuchungsdesigns der Komplexität der Realität nicht gerecht würden und daß eine Fülle von Moderatorvariablen zu berücksichtigen sei. Die Praxis der stichprobenspezifischen Dichotomisierung von „Consideration" und „Initiating Structure", die Unterstellung nur linearer Zusammenhänge, die Nachlässigkeit in der Auswahl von Kriteriumsmaßen waren weitere Argumente. Dabei würde jedoch an der grundsätzlichen Richtigkeit der Annahme „Führungsverhalten determiniert Führungserfolg" festgehalten und die negativen Befunde würden nur mit Methodenkritik beantwortet (Neuberger 1977, S. 95f.).
Ein Überblick (Abb. 51) über die beiden Forschungsprogramme zeigt, daß die Unterschiede insgesamt doch recht gering sind und mehr im Begrifflichen als im Konzeptionellen zu suchen sind. Letztlich zieht sich die Dichotomie „autokratisch – demokratisch" (direktiv – kooperativ) und Beziehungsorientierung – Aufgabenorientierung durch die gesamte Führungsliteratur und dient als Basis einer Vielzahl von Führungskonzepten (Staehle 1980, S. 357).

6.4 Konsequenzen der Untersuchungen zum Führungsverhalten

Die Beschreibungen, die verschiedene Mitarbeiter über denselben Vorgesetzten abgaben, waren nur wenig miteinander korrelierend. Dies legte nahe, daß das Führungsverhalten offenbar mit den existenten Erhebungsinstrumenten nicht erfaßt werden kann, weil z. B. das individuelle Anspruchsniveau, die Erwartungen oder die Bezugssysteme in die Beschreibung eingehen, oder daß es das (durchschnittliche) Führungsverhalten nicht gibt, weil sich ein Vorgesetzter je nach Mitarbeiter, Problemlage und Zeitpunkt anders verhält. Jeder Mitarbeiter beschreibt dann zwar seinen Vorgesetzten aus seiner Sicht zutreffend, aber die Mitteilung all dieser Beschreibungen ergibt einen

OHIO STATE STUDIEN		MICHIGAN STUDIEN						GROUP DYNAMICS STUDIEN
Hemphill and Coons (1957)	Halpin and Winer (1957)	Katz et al. (195o)	Katz and Kahn (1951)	Kahn (1958)	Likert (1961)	Mann (1965)	Bowers and Seashore (1966)	Cartwright and Zander (196o)
Maintenance of membership character	Consideration	Employee orientation	Employee orientation Closeness of supervision	Providing direct need satisfaction	Principle of supportive relationsships	Human Relations skills	Suppert	Group Maintenance functions
Group interaction facilitation behavior	Sensitivity		Group relationsships		Group methods of supervision		Interaction facilitation	
Objective attainment behavior	Production emphasis	Production orientation	Differentiation of supervisory role Closeness of supervision	Structuring path to goal attainment Modifying employee goals	High performance goals	Administrative skills	Goal emphasis	Goal Achievement functions
	Initiating structure			Enabling goal achievement	Technical knowledge Planning, scheduling, coordinating	Technical skills	Work facilitation	

Abbildung 51: Überblick über die in Feldstudien entwickelten Dimensionen des Führungsverhaltens (nach Bowers/Seashore 1966, S. 248; Staehle 1980, S. 358)

Durchschnittswert, der ohne jeden Aussagegehalt ist, da er zwar als Durchschnittsgröße Gültigkeit besitzt, dieser Mittelwert jedoch auf keinen der tatsächlich vorhandenen Mitarbeiter zutrifft. Daraus ergeben sich zwei unmittelbare Konsequenzen für die Führungstheorie (Neuberger 1977, S. 97):

(1) Der Durchschnitt der individuellen Wahrnehmungen ergibt keinen sinnvollen Konsens über den Führungsstil. Wenn die Wirkungen des Führungsverhaltens ermittelt werden sollen, müssen die dyadischen Führer-Geführten-Beziehungen stärker als bisher berücksichtigt und das Verhalten des einzelnen Geführten als Kriteriumsgröße akzeptiert werden. Aufgabe einer Führungstheorie wäre dann die Erklärung dieses Individualverhaltens durch die spezifische Qualität der jeweiligen Führer-Geführten-Beziehung.
(2) Es darf nicht mehr undifferenziert von dem Führungsstil eines Vorgesetzten gesprochen werden. Führungsstile sind nicht mehr ein Merkmal, das einem Vorgesetzten zukommt, sondern primär eine dyadische Vorgesetzten-Mitarbeiter-Beziehung. In verschiedenen Zweierbeziehungen kann ein Vorgesetzter völlig unterschiedliche Führungsstile praktizieren.

Diese Betrachtungsweise birgt allerdings eine einseitige Akzentuierung des üblichen Begriffsverständnisses von „Führungsstil" in sich, denn im allgemeinen wird unter Führungsstil ein in wechselnden Situationen relativ konstantes, sinnvoll strukturiertes Verhaltensmuster aufgefaßt, das als Konkretisierung einer verhaltensorganisierenden Einstellung oder Grundhaltung aufzufassen ist. Führungsstil zeigt sich zwar im konkreten Verhalten, die konsequente Eigenart des Verhaltens (sein „Stil") wird aber nur verständlich, wenn hinter all den unterschiedlichen Manifestationen eine bestimmte Leitlinie ausgemacht werden kann (Neuberger 1977, S. 97).

Im Rahmen der situativen Ansätze, die den Zusammenhang der intervenierenden situativen Variablen von Führern und Geführten in ihren Forschungs-Mittelpunkt stellen, sind drei Modelle besonders verbreitet und beachtet:
- Das **Kontingenzmodell** der Führungseffektivität von Fiedler,
- das **normative Entscheidungsmodell** von Vroom/Yetton und
- das **motivationstheoretische Weg-Ziel-Modell** von Evans/House.

Situative Ansätze haben in der Management-Praxis insofern besonderes Interesse gefunden, als sie nicht nur blumenreich verkünden, daß bei der Wahl des Führungsverhaltens die jeweilige Situation von entscheidender Bedeutung ist, sondern weil sie *konkret* angeben, *unter welchen Bedingungen* welches Führungsverhalten erfolgversprechend ist. Befragungen von Managern und deren Untergebenen haben ergeben, daß in der Praxis eher situativ geführt wird, d. h. das Führungsverhalten wird flexibel in Abhängigkeit von der Situation gewählt (Heller 1971, Wilpert 1977).

Fragen zu Kapitel 6

1. Welche Hauptfaktoren berücksichtigen die Ohio-Studien zur Beschreibung des Führungsverhaltens? Nennen Sie beispielhaft typische Aussagen! (6.2)
2. Wie ist die Theorie der Ohio-Schule in bezug auf praxisnahen Einsatz zu bewerten? (6.2)
3. Was unterscheidet mitarbeiterorientiertes Führungsverhalten von produktionsorientiertem? (6.3)
4. Welche Klassifizierungen von Dimensionen zur Beschreibung des Führungsverhaltens durch die Michigan-Studien können Sie nennen? (6.3)
5. Welche Hauptprinzipien für eine bestmögliche Realisierung stellt Likert für das ihm überlegen erscheinende partizipativ-gruppenbezogene Führungssystem auf? (6.3)
6. Welche unmittelbaren Konsequenzen ergeben sich aus der Tatsache mangelnder Erfaßbarkeit eines „durchschnittlichen“ Führungsverhaltens? (6.4)

7 Führungsmodelle

7.1 Das Kontingenzmodell der effektiven Führung von Fiedler

Das Kontingenzmodell der Führung von Fiedler gehört zu den vieldiskutierten Führungsmodellen der Gegenwart (vgl. u. a. Wunderer 1979a; Hentze 1981 II, S. 160ff.). Die **motivationale Führerorientierung** als zentrale Einflußgröße des Führungsverhaltens wird auf einem zweidimensionalen Kontinuum gemessen und in Relation zu anderen führungsrelevanten Dimensionen gesetzt. Unter **Kontingenz** (contingency) wird dabei die Bedingtheit bzw. Abhängigkeit von bestimmten Situationen oder Ereignissen verstanden. Fiedler bezeichnet seinen Ansatz als Kontingenztheorie bzw. -modell, weil er damit die Effektivität der Führung in Abhängigkeit von verschiedenen Situationen untersuchen möchte. Der Ansatz ist insofern als ein hypothesengeleiteter Ordnungsversuch der empirischen Ergebnisse (Neuberger 1971, S. 100) anzusehen. Zur Messung unterschiedlichen Führungsverhaltens entwickelt Fiedler (1967) zwei Wahrnehmungs-Maße:

(1) *Assumed Similarity Between Opposites, ASO,* mißt das Ausmaß, in dem der Führer den am meisten und den am wenigsten geschätzten Mitarbeiter als ähnlich wahrnimmt. Eine Wahrnehmung hoher Ähnlichkeit besagt, daß der Führer keinen Mitarbeiter bevorzugt oder benachteiligt und umgekehrt.

(2) *Least Preferred Coworker, LPC,* mißt das Ausmaß, in dem der Führer den am wenigsten geschätzten Mitarbeiter noch relativ wohlwollend beschreibt. Eine wohlwollende Beschreibung auch wenig geschätzter Mitarbeiter besagt, daß der Führer rücksichtsvoll und beziehungsorientiert führt und umgekehrt.

Beschreibt ein Führer seinen unbeliebtesten Mitarbeiter recht günstig und sieht er geringe Unterschiede zwischen dem beliebtesten und dem unbeliebtesten Mitarbeiter, wird ihm ein personenorientierter, partizipativer Führungsstil unterstellt. Im umgekehrten Fall (ungünstige Beurteilung; starke Unterschiede) wird aufgabenorientierter, autoritärer Führungsstil angenommen. Da zwischen den ASO- und den

LPC-Werten hohe Korrelationen bestehen, brauchte Fiedler nur den LPC-Wert zu ermitteln.
Fiedler geht in seinem Kontingenz-Modell von der Annahme aus, daß die **Effektivität von Führung in Gruppen** hauptsächlich von der *motivationalen Orientierung des Führers* sowie von *günstigen situativen Konstellationen* abhängt, d. h., daß die Leistung einer Gruppe eine Funktion der Beziehung zwischen dem Führungsstil und dem Ausmaß sei, in dem die Gruppensituation es dem Führer erlaubt, Einfluß auszuüben. Die wichtigsten Variablen sind somit der Führungsstil, der Günstigkeitsgrad der Führungssituation und die Effektivität der Gruppe.

Fiedler unterscheidet zwischen zwei Führungsstilen,
1. der **aufgabenorientierten Führung** (task-oriented leadership style), die das Bedürfnis nach Aufgabenlösung und Zielerreichung befriedigt (Leistungsorientierung), und
2. der **personenorientierten Führung** (relationship-oriented leadership style), die das Bedürfnis nach guten menschlichen Beziehungen zwischen Führer und Geführten befriedigt (Interaktionsorientierung).

Der Führungsstil wird mit Hilfe der oben beschriebenen Wahrnehmungsmaße (ASO; LPC) ermittelt.
Fiedler ist deshalb – wie die Ohio-Forscher – der Auffassung, daß hohe LPC-Werte der Dimension **Beziehungsorientierung** („Consideration“) und niedrige Werte der Dimension **Aufgabenorientierung** („Initiating Structure“) entsprechen. Auf diesen Studien aufbauend, entwickelte Fiedler ein Klassifikationssystem der Führungssituationen. Dabei unterscheidet Fiedler (1972, S. 173ff.) die folgenden drei Dimensionen, die einem Führer wesentliche Einflußchancen gewähren (Fiedler/Chemers/Mahar 1979, S. 36ff.):

(1) *Führer-Mitarbeiter-Beziehungen*
Mit dieser Dimension soll die zwischenmenschliche Beziehung zwischen Führer und Gruppenmitgliedern erfaßt werden. Dies geschieht über 8 Items, die der Vorgesetzte bewerten soll. Sie konzentrieren sich auf die prosozialen Dimensionen der Führung (gegenseitige Unterstützung, Vertrauensbildung, Konfliktfreiheit, Kooperationsbereitschaft, Arbeitsklima) und die laterale Kooperation zwischen den Mitarbeitern. Der Bestimmungsgröße Führer-Mitarbeiter-Beziehungen kommt die größte Bedeutung für situative Einflußchancen von Füh-

rern zu (Fiedler/Chemers/Mahar 1979, S. 46). Ihre fünfstufige Skala umfaßt die folgenden Aussagen:

1. Meine Untergebenen kommen nicht sehr gut miteinander aus.
2. Meine Untergebenen sind zuverlässig und vertrauenswürdig.
3. Unter meinen Untergebenen scheint eine freundliche Atmosphäre vorzuherrschen.
4. Meine Untergebenen sind bei der Zusammenarbeit mit mir stets kooperativ.
5. Zwischen meinen Untergebenen und mir gibt es gewisse Reibungsflächen (Spannungen).
6. Meine Untergebenen leisten echte Hilfe und unterstützen mich bei der Arbeit.
7. Meine Untergebenen kooperieren miteinander bei ihrer Arbeit.
8. Meine Beziehungen zu den Untergebenen sind in Ordnung.

(2) *Aufgabenstruktur*

Diese Dimension befaßt sich mit dem Grad der Strukturiertheit der zu lösenden Aufgabe. Dabei wird zwischen strukturierten und unstrukturierten Aufgaben unterschieden, wobei letztere im Hinblick auf die Motivierung von Mitarbeitern dem Führer größere Fähigkeiten abverlangen. Die Messung der Aufgabenstruktur erfolgt auf den Dimensionen:

- Zielklarheit,
- Anzahl der Lösungsalternativen,
- Spezifität (Genauigkeit) der Arbeitsanforderungen und Problemlösungen und
- Beurteilbarkeit der Aufgabenerfüllung durch möglichst qualifizierbare Leistungsstandards.

Es ergeben sich zehn Fragestellungen:

Ist das Ziel eindeutig und bekannt?

1. Ist eine Skizze, ein Bild, ein Modell oder eine detaillierte Beschreibung des fertigen Produkts oder der Dienstleistung erhältlich?

2. Gibt es einen Berater, der über das fertige Produkt bzw. die Dienstleistung oder über die Arbeitsweise Auskunft geben kann?

Gibt es ein mögliches Vorgehen bei der Aufgabenerfüllung?

3. Besteht ein Schritt-für-Schritt-Schema oder ein standardisiertes Verfahren, das den Verlauf der Arbeit detailliert vorschreibt?

4. Wird die Aufgabe nach einer vorbestimmten Methode in Teilaufgaben oder Schritte gegliedert?

5. Werden bestimmte Methoden zur Aufgabenerfüllung eindeutig als überlegen angesehen?

Gibt es eine richtige Antwort oder Lösung?
6. Ist eindeutig erkennbar, wann die Aufgabe erfüllt und die richtige Lösung gefunden ist?
7. Gibt es ein Buch, ein Handbuch oder eine Arbeitsbeschreibung, die auf die beste Lösung oder das beste Ergebnis der Aufgabe hinweist?

Ist leicht zu beurteilen, ob die Aufgabe richtig durchgeführt wurde?
8. Besteht ein allgemein bekanntes Einverständnis darüber, nach welchen Kriterien das Produkt oder die Dienstleistung beurteilt wird?
9. Wird meist anhand quantitativer Maßstäbe beurteilt?
10. Wird dem Vorgesetzten und der Gruppe das Ergebnis der Beurteilung so schnell mitgeteilt, daß die zukünftige Arbeit dadurch verbessert werden kann?

(3) *Positionsmacht des Führers*
Diese Dimension betrifft die mit der formalen Führungsposition verbundene Macht des Vorgesetzten, mit der er bei den Mitarbeitern Gehorsam durchsetzt (Autorität). Die Ermittlung der Positionsmacht erfolgt durch fünf standardisierte Fragen:
1. Kann der Vorgesetzte seinen Untergebenen direkt oder auf dem Empfehlungsweg Belohnungen erteilen und Strafen verhängen?
2. Kann der Vorgesetzte direkt oder auf dem Empfehlungsweg die Beförderung, Rückversetzung, Einstellung oder Entlassung seiner Untergebenen bewirken?
3. Verfügt der Vorgesetzte über alle notwendigen Kenntnisse zur Aufgabenverteilung und zur Instruktion der Untergebenen?
4. Ist es Aufgabe des Vorgesetzten, die Leistung seiner Untergebenen zu beurteilen?
5. Wurde dem Vorgesetzten durch die Organisation ein offizieller, mit Autorität verbundener Titel verliehen (z. B. Vorarbeiter, Abteilungsleiter usw.)?
Während die letzten beiden Einflußgrößen durch die Organisation festgelegt werden, ist die erste Größe zum großen Teil von der Persönlichkeit des Führers abhängig. Durch die Kombination dieser drei Dimensionen, die jeweils nach zwei Ausprägungen dichotomisiert wurden (gut – schlecht, strukturiert – unstrukturiert, stark – schwach) ergeben sich acht unterschiedliche Führungssituationen, die sich je nach

der *„Günstigkeit der Situation“* bezüglich der Ausübung von Führungsmacht in eine Rangfolge bringen lassen. Fiedler zufolge werden der Führungsstil und die Gruppenleistung von der Günstigkeit der Situation wesentlich beeinflußt, wobei als wichtigste **Situation die Führer-Mitglieder-Beziehung** angesehen wird, da beliebte Führer kaum der Positionsmacht und einer strukturierten Aufgabe bedürfen, um sich durchzusetzen. Als zweitwichtigste Dimension wird die **Aufgabenstruktur** angesehen, weil ein Führer mit einer strukturierten Aufgabe nicht unbedingt über eine hohe **Positionsmacht** verfügen muß, um erfolgreich zu sein (vgl. Abb. 52).

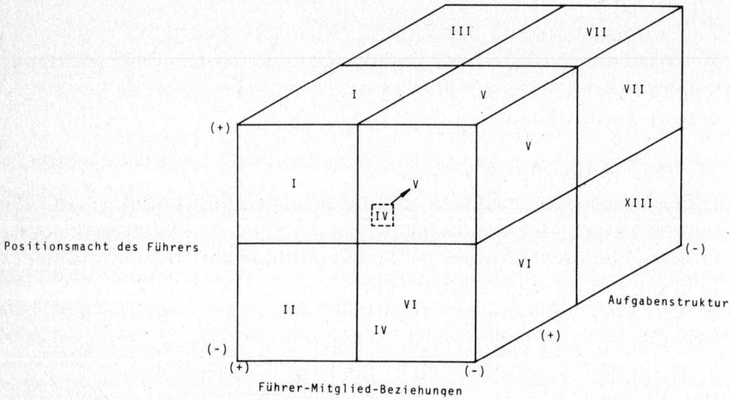

Abbildung 52: Das Fiedlersche Modell der acht Führungssituationen (nach Fiedler 1967, S. 185; 1972, S. 127)

Erfolg oder **Effektivität** eines Führers und seines Führungsstils werden gemessen an (Staehle 1980, S. 379):

(1) der *Leistung der Gruppe* im Hinblick auf die Aufgabenstellung und

(2) der *Zufriedenheit* der einzelnen Gruppenmitglieder.

Dabei liegt der Schwerpunkt auf den Outputgrößen Stückzahl, Fehlerquote, Zeitbedarf und weniger auf Zufriedenheitsäußerungen, die eher den Charakter eines angenehmen Nebenproduktes haben.

Die ursprüngliche Hypothese von Fiedler lautete, daß mit zunehmender Personenorientierung (hohe LPC-Werte) auch die Effektivität der Gruppe zunehmen würde. Die empirischen Ergebnisse zeigten jedoch, daß die LPC-Werte und Leistungskriterien von Situation zu Situation einmal positiv und einmal negativ korrelierten. Eine Einbeziehung der Variablen „situationale Günstigkeit“ (Abszisse) und eine Zuordnung der aus den bislang durchgeführten Studien gefundenen Korrelationen zwischen Führungsstil und Effektivität (Ordinate zu den Situations-Oktanten) ergab den folgenden Kurvenverlauf (Abb. 53), der als eine umgekehrt u-förmige Beziehung zwischen Günstigkeit der Situation, Führereinstellung und Gruppenleistung integriert werden kann (Staehle 1980, S. 379f.).

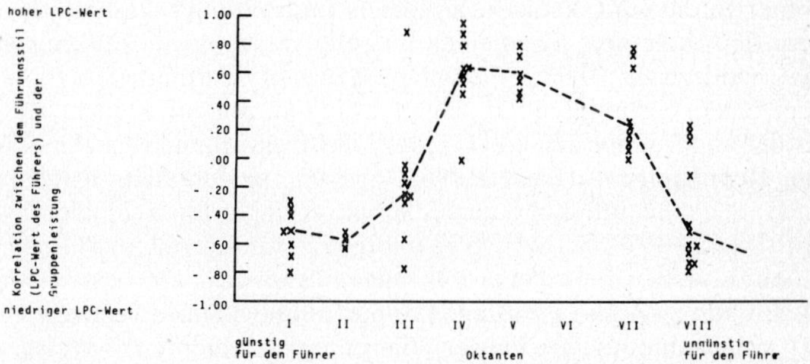

	I	II	III	IV	V	VI	VII	VIII
Führer-Mitarbeiter-Beziehungen	gut	gut	gut	gut	relativ schlecht	relativ schlecht	relativ schlecht	relativ schlecht
Aufgabenstruktur	struk-turiert	struk-turiert	unstruk-turiert	unstruk-turiert	struk-turiert	struk-turiert	unstruk-turiert	unstruk-turiert
Positionsmacht des Führers	stark	schwach	stark	schwach	stark	schwach	stark	schwach

Abbildung 53: Das Kontingenzmodell der Führung nach Fiedler (1967, S. 146)

Eine positive Korrelation zwischen den LPC-Werten und der Gruppenleistung bedeutet, daß der personenorientierte Führer am erfolgreichsten war (Oktanten IV, V, VII); eine negative Korrelation zeigt, daß ein aufgabenorientierter Führer erfolgreicher war (Oktanten I, II, III, VIII). Ein daraus abgeleitetes Klassifikationssystem liefert Aussagen darüber, inwieweit es eine bestimmte Führungssituation einem Führer ermöglicht, sich durchzusetzen, und inwieweit welcher Typ von Führer in welchen Situationen am erfolgreichsten ist. Führer mit niedrigen LPC-Werten bewirken entweder in sehr günstigen oder in sehr ungünstigen Situationen die besten Gruppenleistungen (Oktant I und VIII). Führer mit hohen LPC-Werten können hohe **Gruppenleistungen** in Situationen von mittlerer Günstigkeit herbeiführen; dies können sein:

a) *Situationen mit strukturierten Aufgaben* und unbeliebten Führern, die deshalb diplomatisch vorgehen müssen (V) und
b) *Situationen mit unstrukturierten Aufgaben* und beliebten Führern, die aufgrund des komplizierten Aufgabentypus mit der Gruppe kooperieren müssen (IV).

Aus der Tatsache, daß ein Führerverhalten nicht situationsunabhängig ist, ergab sich für Fiedler, daß auch der Führungsstil durch das Führungsverhalten bestimmt sein muß. Auch wenn diese Auffassung nicht immer geteilt wird, kann doch Fiedlers Feststellung zugestimmt werden, daß es keinen allgemeinen und allgemeingültigen Führungsstil gibt, sondern nur Führer, die sich in bezug auf bestimmte Situationen nach einem bestimmten Stil richten: „Ein Führungsstil ist nicht besser als der andere, noch ist ein Typ des Führungsverhaltens geeignet für alle Bedingungen" (Fiedler 1967, S. 247). Andererseits wird aber auch auf die Beeinflußbarkeit der Situation hingewiesen (Fiedler/Chemers/Makar 1979, S. 144): Wer erfolgreich führen will, muß sich die Situation an den ihm eigenen Führungsstil anpassen. Die besten Kombinationen zwischen Führungsstil und Einflußchancen besitzen

(1) aufgabenmotivierte Führer (Führer mit niedrigem LPC-Wert); sie vollbringen die beste Leistung in Situationen mit großen oder geringen Einflußchancen, sowie
(2) beziehungsmotivierte Führer (Führer mit hohem LPC-Wert); sie vollbringen die beste Leistung in Situationen mit mittleren Einflußchancen.

Zusammenfassend können die unterschiedlichen Vorhersagen des Kontingenzmodells in folgender Tabelle dargestellt werden (vgl. Abb. 54):

	SITUATIVE EINFLUSSCHANCEN		
Führer-Typ	große Einflußchancen	mittlere Einflußchancen	geringe Einflußchancen
Hoher LPC-Wert	*Verhalten:* etwas autokratisch, distanziert und egozentrisch. Anscheinend mit der Aufgabe befaßt *Leistung:* schwach	*Verhalten:* rücksichtsvoll, offen und teilnehmend *Leistung:* gut	*Verhalten:* ängstlich, zurückhaltend, übermäßig mit zwischenmenschlichen Beziehungen befaßt *Leistung:* schwach
Niedriger LPC-Wert	*Verhalten:* rücksichtsvoll und hilfreich *Leistung:* gut	*Verhalten:* zurückhaltend, auf die Aufgabe konzentriert *Leistung:* schwach	*Verhalten:* richtungsweisend, auf die Aufgabe konzentriert, ernst *Leistung:* relativ gut

Abbildung 54: Zusammenfassung von Führungsstil, Führungsverhalten und Leistung in unterschiedlichen Situationen (Fiedler/Chemers/Mahar 1979, S. 146)

Große Einflußchancen bestehen in Situationen, in denen sich die Umwelt für den Führer vorhersehbar entwickelt, d. h.in Situationen, in denen er sowohl die Unterstützung durch die Gruppenmitglieder als auch eine strukturierte Aufgabe hat. Außerdem haben die Führer eine relativ hohe Positionsmacht, die es ihnen ermöglicht, ihrer Autorität mit passenden Belohnungen oder Strafen Nachdruck zu verleihen. Mit anderen Worten: Die Führer haben großen Einfluß und können ziemlich sicher sein, daß (a) ihren Anweisungen Folge geleistet wird und (b) ihre Entscheidungen die beabsichtigten Ergebnisse zeitigen werden. Diese Situation paßt am besten zu dem Führer mit niedrigem LPC-Wert. Situationen mit *mittleren Einflußchancen* werfen in der Regel vielfältige Probleme auf. Der Führer könnte durch die Gruppe unterstützt werden, doch die Aufgabe ist unterschiedlich auszulegen, unstrukturiert und verleiht wenig formale Autorität. Alternativ könnte die Aufgabe gut strukturiert und klar definiert sein und der Führer eine hohe Positionsmacht aufweisen, die Gruppenmitglieder jedoch die Unterstützung verweigern. Der Führer muß deshalb di-

plomatisch und taktvoll vorgehen und sich um die Gefühle der Gruppenmitglieder bemühen, um sie zur Kooperation zu bewegen. Diese Situation paßt am besten zu dem Führer mit hohem LPC-Wert. Situationen mit *geringen Einflußchancen* sind ziemlich schwierig, anspruchsvoll und oft recht belastend. Die Aufgabe ist wahrscheinlich unstrukturiert, unklar und ohne festgelegte Verfahrensweisen oder Methoden. Die Führer müssen die Erfahrung machen, daß ihre Gruppenmitglieder sie nicht akzeptieren und unterstützen und daß sie über keine formale Macht verfügen, mit deren Hilfe sie für die ordentliche Abwicklung der Arbeit sorgen könnten. Selbst wenn sie formale Macht und eine strukturierte Aufgabe haben, erlaubt ihnen eine Situation mit starker Belastung und Angstgefühlen wenig Kontrolle und wenig Gewißheit bezüglich ihrer Möglichkeiten, das Ergebnis zu beeinflussen. Manche Personen bevorzugen diese Art der Situation, weil sie die Herausforderung mögen. Diese Situation paßt am besten zu dem Führer mit niedrigem LPC-Wert.
Besondere Beachtung schenken Fiedler und seine Mitarbeiter (Fiedler/Chemers/Mahar 1979, S. 162ff.) der Gestaltung der eigenen Führungssituation, den Veränderungen von Einflußnahmemöglichkeiten und der Gestaltung der Führungssituation der Untergebenen. Ausgehend von der Faustregel, „daß eine Arbeit, die dem erfahrenen Führer große Einflußchancen bietet, für den unerfahrenen, neuen Führer nur mittlere Einflußchancen aufweist“ (Fiedler/Chemers/Mahar 1979, S. 173), wird die folgende Graphik entwickelt (Abb. 55):

Erfahrener Führer:	große Einfluß-chancen	mittlere Einfluß-chancen	geringe Einfluß-chancen
Neuer Führer:	mittlere Einfluß-chancen	geringe Einfluß-chancen	extrem geringe Einfluß-chancen

Abbildung 55: Einflußchancen und Erfahrungspotential (Fiedler/Chemers/Mahar 1979, S. 173)

Die Gestaltung der Führungssituation erfordert deshalb eine ständige Abstimmung mit den stattgefundenen bzw. zu erwartenden Veränderungen. Es muß ein ausgewogenes Verhältnis zwischen dem Führungsstil und der Führungssituation erstellt werden. Die Abbildung 56 gibt Verhaltens-Empfehlungen für die Auswahl von untergebenen Führern im Hinblick auf maximale Erfolgsaussichten. Dabei wird die Grundregel aufgestellt, daß „aufgabenmotivierte Führer in Situationen großer oder geringer Einflußchancen, beziehungsmotivierte Führer in Situationen mittlerer Einflußchancen zum Einsatz“ gebracht werden (Fiedler/Chemers/Mahar 1979, S. 191).

Einflußchancen des erfahrenen *Führers:*	Einflußchancen des unerfahrenen *Führers:*	Führungsstil:	Vorgehensweise für den Fall, daß Sie langfristige Erfolge wünschen:	Um die besten kurzfristigen Erfolge zu erzielen, sollten Sie:
Groß	Mittel	Aufgaben-motiviert	Führer trainieren Aufgabe strukturieren Positionsmacht stärken Führer unterstützen	Wenn möglich, nicht wählen Wenn gewählt, trainieren Aufgabe strukturieren Zusätzliche Positionsmacht gewähren
		Beziehungs-motiviert	Einflußchancen nicht erhöhen Eventuell versetzen	Wenn möglich, wählen Nicht trainieren Aufgabenstruktur gering halten
Mittel	Gering	Aufgaben-motiviert	Führungskontrolle nicht stärken	Wenn möglich, wählen Nicht mehr als nötig trainieren Aufgabenstruktur nicht mehr als nötig erhöhen
		Beziehungs-motiviert	Führer trainieren Aufgabe strukturieren Führer unterstützen Positionsmacht verstärken, so bald als möglich mittlere Einflußchancen herbeiführen	Wenn möglich, nicht wählen Wenn gewählt, intensives Training Unterstützung gewähren, Aufgabe strukturieren
Gering	Sehr gering	Aufgaben-motiviert	Führer unterstützen Aufgabe strukturieren	Wenn möglich, wählen
		Beziehungs-motiviert	Positionsmacht stärken Führer trainieren	Nicht wählen

Abbildung 56: Verhaltensempfehlungen für die Auswahl von (Unter-)Führern (Fiedler/Chemers/Mahar 1979, S. 192)

Fiedlers Theorie wird jedoch wegen ihrer Klarheit, ihres Aufbaus, der leichten Überprüfbarkeit und der Plausibilität ihrer Aussagen als eine der meistuntersuchten sozialpsychologischen Theorien (Neuberger 1977, S. 101) angesehen, doch steht die hohe Plausibilität der Annahmen in keiner Relation zu deren empirischer Bestätigung. Im deutschen Sprachraum ist vor allem von Schreyögg (1973; 1977) und Baumgarten (1974; 1977, S. 149f.) kritisiert worden, „daß weder die theoretische Fundierung noch die empirische Basis . . . ausreichen, um gültige Voraussagen für Führungssituationen treffen zu können“ (Schreyögg 1977, S. 139). Neben der mangelnden Eindeutigkeit (Was mißt der LPC-Wert eigentlich?) und Operationalität der zentralen Variablen des Modells ist auch von Fiedler selbst die Situation noch als zu eng und die Effektivität als allein unter Produktivitätsaspekten angesehen worden (Staehle 1980, S. 381f.). Es bestehen ferner starke Zweifel daran, daß die Situationsvariablen des Modells ausreichen, um eine effektive Führung zu erklären oder gar vorherzusagen. Auf diesen Mangel weist auch Fiedler hin und fordert die Einbeziehung neuer Situationsklassen in empirische Untersuchungen (vgl. den Vorschlag von Wunderer 1979a, S. 239).

Ein weiteres Problem ist die Operationalisierung der Variablen „Günstigkeit der Situation". Abgesehen davon, daß mit dieser Variablen gleich alle drei Variablenkomplexe zu einem Merkmal zusammengezogen werden, stellt sich die Frage, ob die Dimension „Führer-Mitarbeiter-Beziehung" generell zweimal stärker zu gewichten ist als die Dimension „Aufgabenstruktur" und viermal stärker als die „Positionsmacht", wie Fiedler/Chemers/Mahar (1979, S. 47) dies in ihrer Meßkonzeption vorsehen. Ebenso muß die einseitig auf den Vorgesetzten ausgerichtete Strategieorientierung und Meßkonzeption kritisiert werden. Gleiches gilt für die einseitige Interpretation der Effektivität als ausschließlich outputorientierte, ökonomisch-technische Leistungsgröße, die dazu noch als einziges Führungsziel interpretiert wird (Wunderer 1979a, S. 236ff.; Wunderer/Grunwald 1980 I, S. 266).

Die *Kritik* läßt sich auf die folgenden Merkmale des Modells zusammenfassen (Neuberger 1966, S. 101):

(1) *Die Auswahl der Parameter:*
Neben den drei Situationskomponenten ist vermutlich noch eine Reihe anderer situativer Größen entscheidend, aber unberücksichtigt geblieben. Auch beim Führer sind vermutlich noch weitere Charakteristika von Bedeutung.

(2) *Die Operationalisierung der Variablen:* Das LPC-Maß hat sich als äußerst schillernde Größe erwiesen, deren Einbau in ein nomologisches Netz schwerfällt. Auch die Messung der Führer-Mitglieder-Beziehungen durch ein vom Führer ausgefülltes Polaritätenprofil wurde abgelehnt. Die Stabilität dieses Merkmals scheint auch nicht genügend hoch zu sein.

(3) *Die statistische Verarbeitung:* Die Korrelationen zwischen Führer-LPC-Wert und Gruppenleistung basieren im allgemeinen auf sehr kleinen Stichproben (im Schnitt ist N = 8), so daß keine der von Fiedler bei der Modellentwicklung benutzten Rangkorrelationen statistisch signifikant ist. Außerdem wird kritisiert, daß die abhängige Variable nicht ein Leistungsmaß ist, sondern eine Korrelation zwischen Führermerkmal und Leistung.

(4) *Der theoretische Status:* Fiedlers Theorie ist ad hoc entwickelt und steht in keinem Zusammenhang mit anderen sozialpsychologischen Theorien – es sei denn der personalistischen Führungstheorie.
(5) *Das Erfolgskriterium:* Fiedler hat praktisch jede greifbare Größe als Erfolgsmaß akzeptiert, ohne eine Taxonomie der Effektivitätskriterien vorzulegen. Die Reliabilität und Relevanz seiner Erfolgsmaßstäbe ist ungeklärt.

„Obwohl Fiedlers Ansatz anscheinend in eine Sackgasse geführt hat, kann es als ein bleibendes Verdienst angesehen werden, daß er als erster in überprüfbarer Form die Beziehungen zwischen Führer und Situation zum Inhalt eines theoretischen Modells gemacht hat." (Neuberger 1976b, S. 102).
Bei genauerer Betrachtung kann das Fiedlersche Modell durch die Hervorhebung des LPC als ein **eigenschaftszentrierter Führungsansatz** interpretiert werden, der Gruppenleistung und -klima aus der Sicht des Führers untersucht und dabei die Interaktion mit den Mitarbeitern sowie deren Motivation, Qualifikation etc. weitgehend außer acht läßt (Neuberger 1976b, S. 232; Wunderer/Grunwald 1980 I, S. 270). Von Bedeutung für die Praxis kann das Fiedlersche Kontingenzmodell insofern sein, als es auf die situativen Bedingungen im Führungsprozeß besondere Aufmerksamkeit legt. Der Führungsstil und seine Effektivität müssen unter den Aspekten der Interaktion zwischen Führer und Mitarbeiter, dem Aufgabentyp und der institutionalisierten Macht des Führers gesehen werden. Nach Fiedler sind Aufgabenstruktur und organisatorische Positionsmacht leichter von der Unternehmungsleitung zu ändern als die Persönlichkeit der Vorgesetzten. Für den Aspekt der Mitbestimmung kann dies bedeuten, daß sowohl autoritär wie demokratisch eingestellte Vorgesetzte unter Beachtung der situativen Erfordernisse zum Zweck einer effizienten Gruppenführung ausgewählt und plaziert werden können, ohne langfristige und kostenintensive Personalentwicklungsprogramme durchführen zu müssen (kritisch: Schreyögg 1977).

7.2 Der normative (Entscheidungs-)Ansatz von Vroom und Yetton

Der Ansatz von Vroom und Yetton stellt eine **entscheidungsorientierte, anwendungsbezogene** Konzeption dar, in deren Mittelpunkt operationale Handlungsanweisungen hinsichtlich des zu praktizierenden situativen Führungsverhaltens stehen. Der Variablenzusammenhang läßt sich wie in der Abb. 57 darstellen (Vroom/Yetton 1973, S. 197ff.):

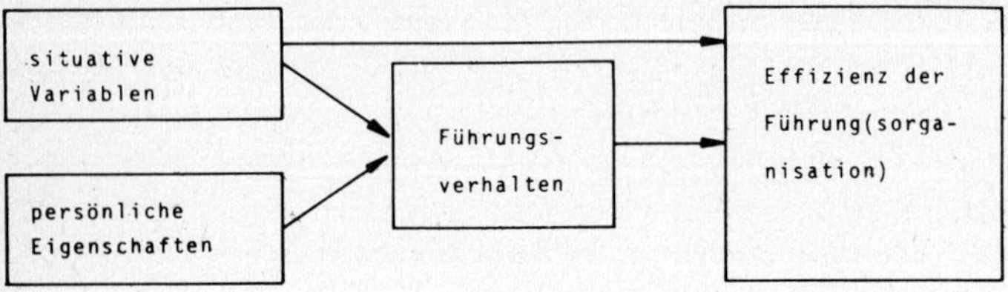

Abbildung 57: Beziehungszusammenhang der Variablen im Vroom/Yetton-Modell

„Das Modell ist unzählige Male revidiert worden" (Vroom 1981, S. 187), so daß gewisse Unterschiede in der Darstellungsweise zu verzeichnen sind (z. B. Frese 1980, S. 144ff.; Hill/Fehlbaum/Ulrich 1974, S. 548ff.; Staehle 1980, S. 382ff.). Es setzt sich aus den folgenden vier Komponenten zusammen:
- Gestaltungsziele,
- Gestaltungsalternativen,
- Gestaltungsempfehlungen und
- Gestaltungsregeln.

Die beiden (Gestaltungs-)Ziele *Sicherung der Entscheidungsqualität* und *Sicherung der Entscheidungsdurchsetzung* bestimmen die Auswahl der zu realisierenden Führungsform.

Als Gestaltungsalternativen wird eine „normative Taxonomie" (Wunderer/Grunwald 1980 II, S. 61) von Entscheidungsprozessen vorgeschlagen. Dabei werden die folgenden fünf Entscheidungsformen unterschieden (Frese 1980, S. 137):

(1) Der Vorgesetzte entscheidet auf der Grundlage seines gegebenen Informationsstandes *allein*. (Wenn die Mitarbeiter bei dieser Form beteiligt werden, so kann dies im Vorfeld der Informationsbeschaffung geschehen, so daß es zumindest fraglich ist, hierbei bereits von Partizipation zu sprechen.)

(2) Der Vorgesetzte holt *zusätzliche Informationen von seinen Mitarbeitern* ein, wobei er die Entscheidung letztendlich selbst fällt (Informationsbeschaffungsfunktion der Mitarbeiter).

(3) Die einzelnen Mitarbeiter können im Rahmen einer bilateralen Diskussion dem Manager ihre *Ideen und Kenntnisse vorschlagen,* wobei diese nicht in die Entscheidung einfließen müssen (Anhörungsfunktion der Mitarbeiter). Die Entscheidung kann dabei auch den Einfluß der Mitarbeiter widerspiegeln.

(4) Die Mitarbeiter können im Rahmen einer Mitarbeiterdiskussion dem Manager ihre *Gruppenideen und -vorschläge zur Kenntnis bringen,* wobei diese nicht in die Entscheidung einfließen müssen. Die einzelnen Vorschläge zur Problemlösung basieren statt auf Autorität auf Sachverstand. Der Einfluß der Mitarbeiter spiegelt sich meist im Entscheidungsergebnis wider.

(5) In einer Gruppensitzung wird ein zur Entscheidung anstehendes *Problem durch Vorgesetzte und Mitarbeiter* angegangen. Es erfolgt eine gemeinsame Alternativentwicklung und -bewertung, wobei dem Manager eine Moderatorfunktion zukommt. Die Entscheidungsfindung erfolgt gemeinsam, der Vorgesetzte fungiert als ‚Diskussionsleiter'. Er ordnet Diskussionsbeiträge, gibt relevante Informationen weiter, achtet auf den Problembezug und die Wesentlichkeit der Argumente. Er ist bereit, jede gute Lösung zu akzeptieren.

Es läßt sich festhalten, daß von oben nach unten betrachtet jede Vorgehensweise den Untergebenen einen größeren Entscheidungsspielraum offenläßt als die vorherstehende (Vroom 1981, S. 184).
Bei Vroom/Yetton werden die Entscheidungsprozesse danach klassifiziert, welche alternativen Vorgehensweisen bei der Entscheidungsfindung dem jeweiligen Entscheidungstyp zugrunde liegen. Dabei kennzeichnet A autoritäre; C konsultative, beratende; G gruppenzentrierte und D delegierte Entscheidungsprozesse (Vroom 1981, S. 184); vgl. Abb. 58). Es ist anzumerken, daß diese Klassifikation lediglich abstrahierenden, beispielhaften Charakter besitzt. Sowohl die in der Realität existierende Vielfalt von Führungsverhalten als auch die theoretisch denkbaren Abstufungen werden in ein vorgegebenes Raster eingezwängt und/oder teilweise willkürlich-subjektiv zugeordnet, so daß auch diesem Modell die Gefahr der Fehlinterpretation immanent ist. Andererseits muß taxonomischen Klassifikationen die Intention zur klaren Begriffsbildung und das Bilden bzw. Erzielen robuster, reproduzierbarer und verallgemeinerungsfähiger Ergebnisse hoch angerechnet werden, denn erst dadurch wird es (schrittweise) möglich, die Führungs- und Partizipationsphänomene voranzutreiben (Vroom 1981, S. 185). Eine kritische Haltung gegenüber sämtlichen

Ansätzen bleibt erhaltens- und wünschenswert, denn „ob wir (Vroom/Yetton, d. V.) damit zum Wesentlichen des Phänomens vorgedrungen sind, oder das ‚Baby mit dem Badewasser ausgeschüttet haben', bleibt das, was es zu beweisen gilt" (Vroom 1981, S. 185).

Individualprobleme

A I	Der Vorgesetzte löst das Problem bzw. trifft die Entscheidung selbst, und zwar aufgrund der gerade vorhandenen Informationen.	A I	Der Vorgesetzte löst das Problem bzw. trifft die Entscheidung selbst, und zwar aufgrund der gerade vorhandenen Informationen.
A II	Der Vorgesetzte löst das Problem bzw. trifft die Enscheidung selbst, nachdem er den betroffenen Untergebenen befragt hat. Dem Untergebenen wird oder wird nicht mitgeteilt, wozu die erfragten Informationen nötig sind. Seine Rolle beschränkt sich eindeutig auf die Mitteilung von Informationen; er nimmt nicht an der Erarbeitung oder Bewertung von Lösungsalternativen teil.	A II	Der Vorgesetzte löst das Problem bzw. trifft die Entscheidung selbst, nachdem er Untergebene zur Beschaffung der nötigen Informationen eingesetzt hat. Den Untergebenen wird oder wird nicht mitgeteilt, wozu die Informationen nötig sind, bzw. welches Problem bearbeitet wird, welche Entscheidung zu treffen ist. Ihre Rolle beschränkt sich eindeutig auf die Beschaffung spezifischer, gefragter Informationen; sie nehmen weder an der Problemdefinition noch an der Erarbeitung und Bewertung von Lösungsalternativen teil.
C I	Der Vorgesetzte löst das Problem bzw. trifft die Entscheidung, nachdem er die Ideen und Vorschläge des betroffenen Untergebenen in einem Einzelgespräch eingeholt hat. Die Entscheidung kann den Einfluß des Untergebenen widerspiegeln oder auch nicht.	C I	Der Vorgesetzte löst das Problem bzw. trifft die Entscheidung, nachdem er die Ideen und Vorschläge der Untergebenen in Einzelgesprächen eingeholt hat. Die Entscheidung kann den Einfluß der Untergebenen widerspiegeln oder auch nicht.

G I — Der Vorgesetzte teilt das Problem mit dem betroffenen Untergebenen. Durch freien, offenen Meinungs- und Ideenaustausch wird das Problem analysiert und eine beiderseits befriedigende Lösung gefunden. Der einzelne Beitrag zur Problemlösung beruht mehr auf Sachverständnis als auf Autorität.

D I — Der Vorgesetzte delegiert das Problem an einen seiner Untergebenen. Hierbei gibt er relevante Informationen weiter, überträgt aber die volle Verantwortung und unterstützt jede Entscheidung des Untergebenen.

C II — Der Vorgesetzte löst das Problem bzw. trifft die Entscheidung, nachdem er die Ideen und Vorschläge der Untergebenen in einem Gruppengespräch eingeholt hat. Die Entscheidung kann den Einfluß der Untergebenen widerspiegeln oder auch nicht.

G II — Der Vorgesetzte teilt das Problem mit den Untergebenen als Gruppe, die Lösungsalternativen entwickelt und bewertet und versucht, sich auf eine Lösung zu einigen. Der Vorgesetzte trägt seine eigenen Ideen und Informationen bei, versucht aber nicht, die Gruppe von ‚seiner' Lösung zu überzeugen, sondern fungiert eher als Diskussionsleiter, der Ordnung in das Gespräch bringt, dafür sorgt, daß die Diskussion problemkonzentriert bleibt und daß tatsächlich das Wesentliche besprochen wird. Er ist bereit, jede Lösung zu aktzeptieren und durchzuführen, die von der gesamten Gruppe unterstützt wird.

Abbildung 58: Klassifikation von Entscheidungsprozessen nach Vroom/Yetton (1981, S. 184)

Die Kernfrage des Modells richtet sich darauf, unter welchen Bedingungen ein Vorgesetzter welche Entscheidungsstrategie wählen soll, wenn er Erfolg haben möchte. Auf die abhängige Variable „Erfolg" wird nur am Rande eingegangen (Effektivität, Zeitersparnis, Konfliktvermeidung sind einige der Anforderungen, an denen die Wirksamkeit einer Vorgehensweise gemessen wird).

Der Gesamterfolg der Entscheidung wird von drei Ergebnisklassen beeinflußt,

1. der *Qualität/Rationalität der Entscheidung,*
2. der *Akzeptanz der Entscheidung* durch die Mitarbeiter und deren Engagement in bezug auf eine effiziente Ausführung und
3. dem *Zeitaufwand für die Entscheidungsfindung.*

Besondere Beachtung wird jeweils den Möglichkeiten einer Beteiligung der Mitarbeiter an der Entscheidungsfindung geschenkt (Partizipationsaspekt; Brose/Corsten 1983b).
Es werden bestimmte situative Bedingungen unterschieden, die im nachstehenden Schema unter den Buchstaben A–H aufgeführt sind. Aus der Vielzahl möglicher Verhaltensweisen des Führers interessieren im Vroom/Yetton-Modell nur die Entscheidungsmethoden des Vorgesetzten: Ist er autoritär (A I und II), beratend (consultative, C I und II), gruppenzentriert (G I und II) oder delegativ (D I). Dabei wird unterschieden, ob es sich um ein „individuelles“ Problem handelt (das vom Führer und einem Mitglied gelöst werden muß), oder ob es um ein „Gruppenproblem“ geht (bei dem der Vorgesetzte einer Mehrzahl von Mitarbeitern gegenübersteht). Diese fünf Entscheidungsstile sind auf einem Kontinuum wie folgt angesiedelt (vgl. Abb. 59). Aufgrund von Erkenntnissen, die aus vorliegenden empirischen Studien über Führungsstil und Problemlösung stammen, formulieren die Autoren hypothetische Empfehlungen für das optimale Entscheidungsverhalten des Vorgesetzten, die in einem Entscheidungsbaum zusammengefaßt sind (Abb. 60).
Dieser Entscheidungsbaum wird von links nach rechts durchlaufen; an jedem Knotenpunkt (= situative Bedingung) bestehen zwei Möglichkeiten: die Bedingung ist gegeben („ja“) oder nicht gegeben („nein“). Je nachdem, wie die Antwort ausfällt, wird von Knotenpunkt zu Knotenpunkt gegangen. Wenn keine weiteren situativen Informationen mehr nötig oder möglich sind, wird eine Entscheidung vorgeschlagen. Falls mehrere Entscheidungsmethoden in Frage kommen, ist jene mit dem geringsten Zeitaufwand zu wählen (Vroom/Yetton 1973, S. 12ff.).

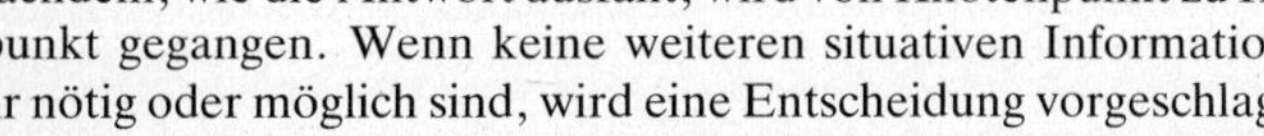

Abbildung 59: Kontinuum und metrisches Maß der Entscheidungsstile

Die Formulierung der Gestaltungsbedingungen werden durch die Situations- und Problemeigenschaften determiniert. Sie werden durch die folgenden Fragen, die mit Ja – Nein beantwortet werden können, bestimmt (Vroom 1981, S. 186):

Problemeigenschaft A; Bedeutung der Qualität der Entscheidung:
Gibt es eine Qualitätserfordernis: ist vermutlich eine Lösung rationaler als eine andere?

Problemeigenschaft B; Ausmaß an Information und Sachkenntnis des Führers:
Habe ich genügend Informationen, um eine qualitativ hochwertige Entscheidung zu treffen?

Problemeigenschaft C; Ausmaß der Problemstrukturierung:
Ist das Problem strukturiert?

Problemeigenschaft D; Ausmaß der Akzeptanz und des Engagements seitens der Mitarbeiter:
Ist die Akzeptanz der Entscheidung durch die Untergebenen entscheidend für die effektive Ausführung?

Problemeigenschaft E; Ausmaß der generellen Akzeptanzwahrscheinlichkeit:
Ist es wahrscheinlich, daß eine von mir allein getroffene Entscheidung von den Untergebenen akzeptiert wird?

Problemeigenschaft F; Ausmaß der Motivation seitens der Mitarbeiter:
Teilen die Untergebenen die Organisationsziele, die durch die Lösung dieses Problems erreicht werden sollen?

Problemeigenschaft G; Ausmaß an Konfliktpotentialen über die Lösungsalternativen:
Werden die von den einzelnen Untergebenen bevorzugten Lösungen vermutlich zu Konflikten führen? (Nur für Gruppenprobleme)

Problemeigenschaft H; Ausmaß an Information und Sachkenntnis der Mitarbeiter:
Haben die Untergebenen genügend Informationen, um eine qualitativ hochwertige Entscheidung zu treffen?

Analog den beiden Gestaltungszielen werden die beiden Regelgruppen unterschieden:

- Regeln zur Sicherung der **Entscheidungsqualität.** (Diese Frage stellt sich nur, wenn Eigenschaft A mit „ja“ beantwortet wurde.)
- Regeln zur **Sicherung der Durchsetzung von Entscheidungen.** (Diese Frage ist nur relevant, wenn Eigenschaft D mit „ja“ beantwortet wurde.)

Regeln zur Sicherung der Entscheidungsqualität. (Frage nach Problemeigenschaft A wurde positiv beantwortet) (Frese 1980, S. 145ff.; Staehle 1980, S. 384f.):

1. Regel; *Informationsregel:* Wenn der Manager nicht genügend Informationen besitzt (Problemeigenschaft B: negative Antwort), ist die Partizipationsform I unzulässig.
2. Regel; *Vertrauensregel:* Wenn der Manager nicht davon ausgehen kann, daß sich die Mitarbeiter bei ihren Lösungsbeiträgen am Organisationsziel orientieren (Problemeigenschaft F: negative Antwort), ist die Partizipationsform V unzulässig.
3. Regel; *Strukturregel:* Wenn der Manager nicht genügend Informationen besitzt (Problemeigenschaft B: negative Antwort) und das Problem unstrukturiert ist (Problemeigenschaft C: negative Antwort), sind die Partizipationsformen I, II, III unzulässig.

Regeln zur Sicherung der Durchsetzung von Entscheidungen (Frage nach Problemeigenschaft D positiv beantwortet):

4. Regel; *Akzeptanzregel:* Wenn die Annahme einer autokratischen Entscheidung gefährdet ist (Problemeigenschaft E: negative Antwort), sind die Partizipationsformen I und II unzulässig.
5. Regel; *Konfliktregel:* Wenn die Annahme einer autokratischen Entscheidung gefährdet ist (Problemeigenschaft E: negative Antwort) und Konflikte unter den Mitarbeitern nicht auszuschließen sind (Problemeigenschaft G: positive Antwort), sind die Partizipationsformen I, II und III unzulässig.
6. Regel; *Fairness-Regel:* Wenn die Annahme einer autokratischen Entscheidung gefährdet (Problemeigenschaft E: negative Antwort), aber die Qualität der Entscheidung (Problemeigenschaft A: negative Antwort) keine kritische Größe ist, sind die Partizipationsformen I, II, III und IV unzulässig.
7. Regel; *Priorität der Akzeptanzregel* (Regel 4): Wenn die Annahme einer autokratischen Entscheidung gefährdet ist (Problemeigenschaft E: negative Antwort) und die Gefahr einer Abweichung vom Organisationsziel nicht besteht (Problemeigenschaft F: positive Antwort), sind die Partizipationsformen I, II, III und IV unzulässig.

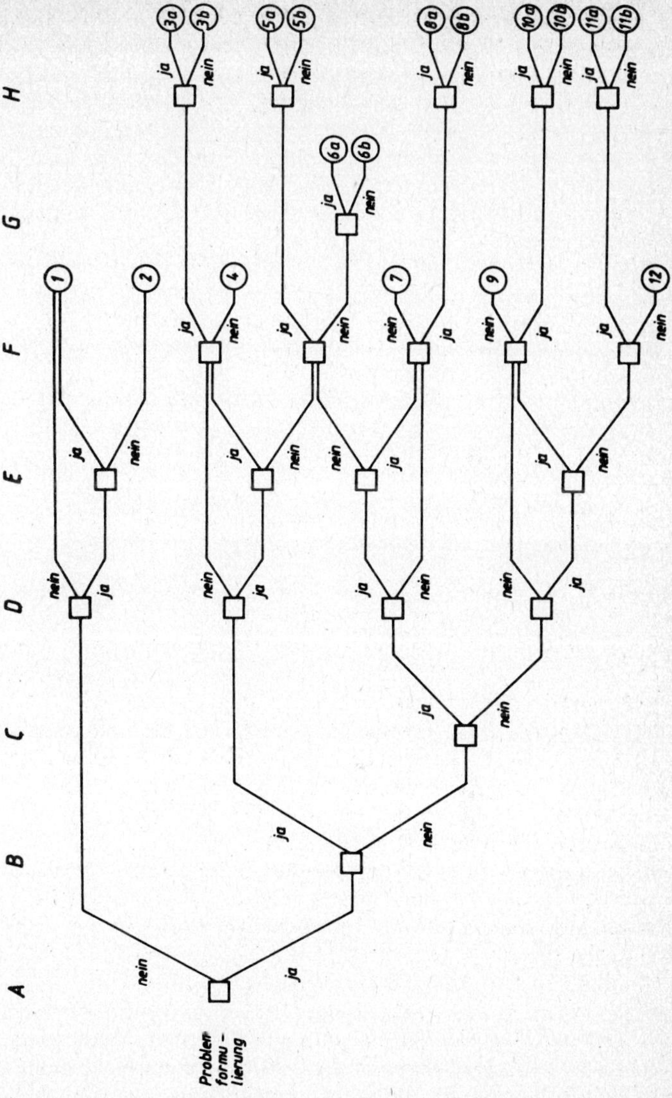

Abbildung 60: Entscheidungsbaum der Problemtypen (nach Vroom 1981, S. 186)

Aus der Anwendung dieser Grundregeln läßt sich der derzeit gültige Entscheidungsbaum konstruieren, aus dem sich unterschiedliche Problemtypen ableiten lassen (vgl. Abb. 60).
Die nachfolgende Zusammenstellung zeigt die bei den einzelnen Problemtypen zulässigen Entscheidungsformen. Ergeben sich mehrere zulässige Formen, so wird die „effiziente" Lösung durch das Kriterium „Minimierung der Lösungszeit" ausgewählt. Die empfohlenen Entscheidungsprozesse für Gruppenprobleme (G) und für Individualprobleme (I) sind:

1	G: AI, AII, CI, CII, GII I: AI, DI, AII, CI, GI	7	G: AII, CI, CII I: AII, CI
2	G: GII I: DI, GI	8a	G: AII, CI, CII, GII I: DI, AII, CI, GI
3a	G: AI, AII, CI, CII, GII I: AI, DI, AII, CI, GI	8b	G: AII, CI, CII, GII I: AII, CI, GI
3b	G: AI, AII, CI, CII, GII I: AI, AII, CI, GI	9	G: CI I: AII, CI, GI
4	G: AI, AII, CI, CII I: AI, AII, CI	10a	G: CII, GII I: DI, CI, GI
5a	G: GII I: DI, GI	10b	G: CII, GII I: CI, GI
5b	G: GII I: GI	11a	G: GII I: DI, GI
6a	G: CII I: CI, GI	11b	G: GII I: GI
6b	G: CI, CII I: CI, GI	12	G: CII I: CI, CII

Das Vroom/Yetton-Modell ist in verschiedenen Studien (z. B. Vroom/Jago 1978; Magerison/Glube 1979) mit unterschiedlichen Zielsetzungen in bestimmten Entscheidungssituationen geprüft (Validitätsprüfung). Folgende Hypothesen bestehen (Vroom/Yetton 1973, S. 81ff.; Staehle 1980, S. 386):

(1) Wenn Manager über ausreichende Informationen zur selbständigen Problemlösung verfügen, neigen sie mehr zu autoritären Entscheidungsmethoden.
(2) Wenn Manager ihren Mitarbeitern eigene Lösungen zutrauen, neigen sie zu mehr partizipativen Entscheidungsmethoden.
(3) Wenn Manager die Informationen und Ideen ihrer Mitarbeiter für wichtig erachten, neigen sie zu mehr partizipativen Entscheidungsmethoden.

Die empirischen Daten von Vroom/Yetton sind jedoch nicht objektiv von unabhängigen Dritten erhoben worden, sondern beruhen auf der subjektiven Schilderung der Manager. Es liegt die – auch empirisch bestätigte – Annahme nahe, daß sich Manager in ihrem Verhalten rationaler und partizipativer einschätzen, als sie es in der Wirklichkeit sind (Field 1979, S. 249ff.). Das Modell hat sich deshalb vor allem als **Ausbildungsmethode** bewährt. Die Autoren haben über 30 Schilderungen von Führungssituationen entwickelt. Eine Gruppe von Vorgesetzten, die an einem Führungsseminar teilnimmt, bekommt ein Heft mit den Fallschilderungen vorgelegt; die Entscheidungen jedes Vorgesetzten werden computerunterstützt ausgewertet. Nach kurzer Zeit hält jeder Teilnehmer ein computergeschriebenes Blatt in Händen, das ihm differenziert darlegt, zu welchem Führungsstil in welchen Situationen er neigt und wie er sich darin von der übrigen Seminargruppe (oder einer Vergleichspopulation) unterscheidet. Im Anschluß an diese unmittelbare Rückkopplung besteht die Gelegenheit zur Diskussion. Durch diese Vorgehensweise kann dem Vroom/Yetton-Ansatz eine hohe lerntheoretische Eignung zugesprochen werden, aus der für die Praxis wesentliche Weiterbildungs- und Erkenntnismaßnahmen resultieren.
So sind sich auch Vroom/Yetton bewußt, daß dieses Modell – wie jedes andere Modell (zum Problembezug von Modellen Brose 1982, S. 177ff.) – „alles andere als vollkommen ist" (Vroom 1981, S. 187). Trotz der Subjektivität der Daten seitens der Vorgesetzten ist das Modell jedoch „äußerst brauchbar" (Staehle 1980, S. 387), da es eine große Anzahl von Situationsvariablen impliziert.

7.3 Das motivationstheoretische Weg-Ziel-Modell der Führung von Evans und House

Beim Weg-Ziel-Modell (Path-Goal Theory of Leadership) stehen die Ziele und Wege zur Erreichung eines **effektiven Führungsverhaltens** im Mittelpunkt. Dabei tritt der Führer stark zurück, und das Verhalten der Geführten rückt in den Mittelpunkt, weil nicht das Verhalten des Führers, sondern das der Geführten unmittelbar leistungsrelevant ist. Evans (1970) erkannte mit als erster, daß die Effizienz des Führungsverhaltens (und damit die der unterschiedlichen Führungsstile) davon abhängt, ob das Führungsverhalten des Vorgesetzten die Mitarbeiter **motiviert,** d. h. ob die Erwartungen der Untergebenen über Instrumentalität, Valenzen von Zielen und Wegen sowie subjektive Wahrscheinlichkeiten des Eintritts von Belohnungen von ihnen positiv beeinflußt werden können (Staehle 1980, S. 372f.). Die Ähnlichkeit mit dem Vroom/Yetton-Modell ist deutlich: Mitarbeiter verfolgen Ziele, die unterschiedliche Wertigkeiten aufweisen. Zu deren Erreichung sind Anstrengungen (Tätigkeiten, Wege) erforderlich, die mit unterschiedlichen Erfolgsaussichten behaftet sind.
Nach Evans (1970, S. 282) soll der Führer die Mitarbeiter in Abhängigkeit von der Zielerreichung belohnen und ihnen Mittel und Wege öffnen, die zur Zielerreichung und damit zur Belohnung führen können (‚path clarification'). Ausgangspunkt waren drei Gleichungen:

(1) die *Motivationsgleichung:*

$$\text{Motivation} = f \sum^{\text{Ziele}} \text{Weg-Ziel-Instrumentalität} \times \text{Zielbedeutung}$$

(2) die *Verhaltensgleichung:*
tatsächliche Weg-Häufigkeit =
f (Motivation, Fähigkeit, Aufgaben usw.)

und

(3) die *Ergebnisgleichung:*

$$\text{Grad der Zielerreichung} = f \sum^{\text{Ziele}} (\text{tats. Weg-Häufigkeit} \times \text{tats. Weg-Ziel-Instrumentalität})$$

$$M = IV_b + P_1 \left[IV_a + \sum_{i=1}^{n} (P_{2i} \cdot EV_i) \right] ; \text{mit } i = 1, \ldots, n$$

wobei:

M = Arbeitsmotivation
IV_b = intrinsische Valenz des zielorientierten Verhaltens (Tätigkeit)
IV_a = intrinsische Valenz der Zielerreichung (Ergebnisse)
EV_i = extrinsische Valenz der Zielerreichung (Ergebnisse)
P_1 = Weg-Instrumentalität des zielorientierten Verhaltens (Tätigkeit)
P_{2i} = Weg-Instrumentalität des Ergebnisses für extrinsische Valenz

Strebt die intrinsische Valenz der Tätigkeit (IV_b) und die wahrgenommene Instrumentalität der Tätigkeit (P_1) zur eigenen Bedürfnisbefriedigung gegen Null, so strebt auch die Arbeitsmotivation der Geführten gegen Null.
Dieser motivationstheoretische Ansatz setzt *vier Grundannahmen* voraus (House 1971, S. 323f.; Wunderer/Grunwald 1980 I, S. 139f.):
(1) Der Führer hat eine Motivationsfunktion, d. h. er muß die Gratifikationen für die Zielerreichung der Mitarbeiter gewährleisten, die optimale Zielerreichung sichern und eine größere Zufriedenheit anstreben.
(2) Durch Aufzeigen der Weg-Ziel-Beziehungen werden erhöhte Weg-Instrumentalitäten zu positiven Wirkungen auf die Motivation der Mitarbeiter führen, weil dadurch die Rollen-Mehrdeutigkeit des Führungsverhaltens reduziert wird.

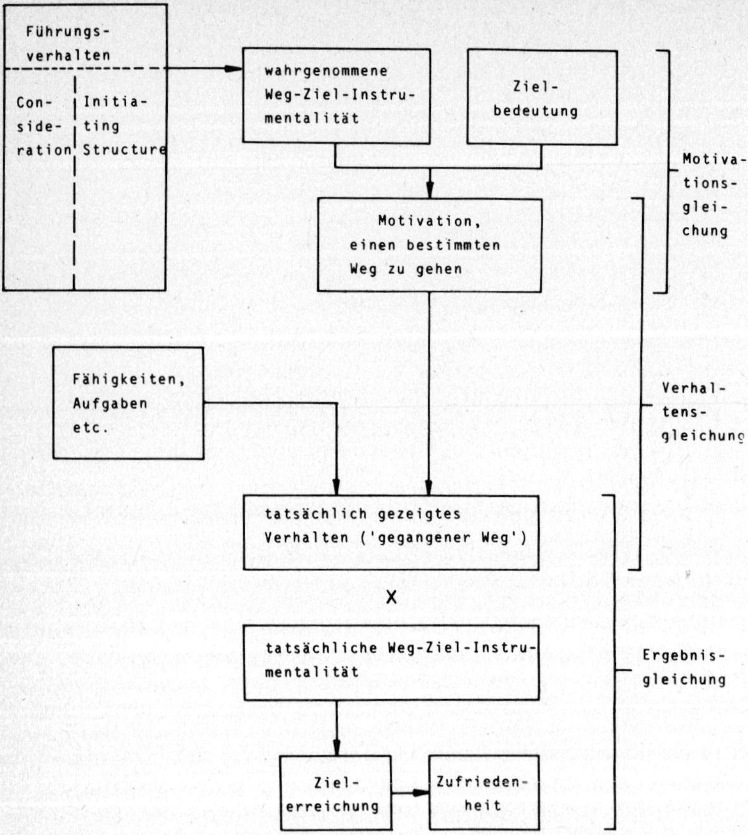

Abbildung 61: Weg-Ziel-Modell der Führung (nach Neuberger 1976b, S. 246)

(3) Nur wenn die Weg-Ziel-Beziehungen von den Mitarbeitern als erklärungswürdig angesehen werden, haben diese Aktivitäten auch positive Auswirkungen auf die Arbeitszufriedenheit der Untergebenen.
(4) Ein auf die Zufriedenheit von Mitarbeitern ausgerichtetes Führungsverhalten führt in dem Maße zu höherer Arbeitsleistung, wie die Zufriedenheit der Untergebenen die positiven Wertigkeiten der zielorientierten (Arbeits-)Leistungen fördert.

Hiermit werden zugleich die Hauptansatzpunkte für ein *motivationsförderndes Führungsverhalten* deutlich (Staehle 1980, S. 373):

(1) Das Wecken von Bedürfnissen nach positiven Ergebnissen (Belohnungen),
(2) die Unterstützung des Mitarbeiters bei der Erwartungsbildung,
(3) die Gelegenheit für intrinsisch belohnende Tätigkeit,
(4) der Abbau der Rollen-Mehrdeutigkeit (ambiguity),
(5) das Erleichtern der Wege durch Unterstützung, Hilfen, Anleitungen,
(6) das Beseitigen von Hindernissen, Barrieren auf dem Weg und
(7) das Belohnen der Zielerreichung.

Eine praxisnahe Checkliste mit Fragen zu den einzelnen Variablen der Gleichung zeigt Abbildung 62 (Staehle 1980, S. 374).
Empirische Untersuchungen haben gezeigt, daß die Vorgabe exakter Weg-Ziel-Bedingungen nicht in jeder Situation eine empfehlenswerte Vorgehensweise ist. So wird für Routinetätigkeiten, bei denen klare Weg-Ziel-Verhältnisse herrschen, eine weitere Weg-Klärung durch den Vorgesetzten als unnötiger Eingriff in die Dispositionsfreiheit aufgefaßt, der zu einer sinkenden Arbeitszufriedenheit führt. Das Ausmaß der Aufgabenstrukturiertheit stellt somit eine wichtige, zwischen Führungsverhalten und Arbeitszufriedenheit intervenierende Variable im Weg-Ziel-Ansatz dar. Die Zusammenhänge stellt Abbildung 63 dar (vgl. auch hierzu Staehle 1980, S. 375).

IV_b +	P_1 ×	$[IV_a$ +	$(P_{2i}$ ×	$EV_i)]$
Intrinsischer Wert, den der Mitarbeiter in Verbindung mit zielorientiertem Verhalten erlebt	Instrumentalität des Verhaltens zur Erreichung des Arbeitszieles	Intrinsischer Wert, den der Mitarbeiter in Verbindung mit Erreichung des Arbeitszieles erlebt	Instrumentalität des erreichten Arbeitszieles in bezug auf extrinsische Werte	Extrinsischer Wert verbunden mit Erreichung des Arbeitszieles

IV_b +	P_1 ×	[IV_a +	(P_{2i} ×	EV_i)]
Ist der Mitarbeiter seinen Fähigkeiten entsprechend eingesetzt? Wie groß ist das Ausmaß der von ihm subjektiv als unangenehm erlebten Aufgaben? Wie sicher ist er sich in seinen Fähigkeiten auf seinem Arbeitsplatz? Wo braucht er Ausbildung? Wo braucht er mehr Information zu selbständigem Handeln? Welche Aspekte machen ihm Spaß? Wo sind Ängste vor Mißerfolg? Welche Erwartungen hat er für die Entwicklung seines Arbeitsbereiches in der Zukunft?	Habe ich überhaupt klare Ziele mit Mitarbeitern vereinbart? Wie klar sind ihm die Zusammenhänge zwischen seiner täglichen Arbeit und der Erreichung seiner Arbeitsziele? Wie gut kann er wesentliche Aufgaben erkennen? Braucht er hierbei Unterstützung? Welche Hindernisse kann ich ihm als sein Vorgesetzter bei der Erreichung seiner Arbeitsziele aus dem Weg räumen helfen?	Welche persönlichen Bedürfnisse will der Mitarbeiter durch seine Arbeit hier erreichen? (Erfolgserlebnis, Fähigkeiten einsetzen, soziale Anerkennung, Einfluß ausüben, in einer Gruppe Vertrauen genießen usw.) Inwieweit erlebt er subjektiv die Befriedigung solcher Bedürfnisse bei erfolgreicher Arbeit? Soll in bestimmten Arbeitsbereichen nach Erfolg die Art der Delegation, der Kontrolle der Selbständigkeit verändert werden?	Wie gut bin ich über seine Leistungen, seinen tatsächlichen Arbeitseinsatz informiert? Hat er das Gefühl, daß ich seine Leistung beobachte und daraus Konsequenzen zu ziehen bereit bin? Hat er das Gefühl, daß ich hinter ihm stehe, um ihn vor Ungerechtigkeit zu schützen? Hat er das Gefühl, daß ich bereit bin, mich aufgrund seiner Leistungen für ihn einzusetzen?	Welche extrinsischen Belohnungen, die der Personal- und Gehaltspolitik entsprechen, erwartet er nach erfolgreicher Zielerreichung? Fühlt er sich als fair und gerecht gegenüber anderen Mitarbeitern extrinsisch belohnt? Hat er Klarheit über unsere Personal- und Gehaltspolitik?

Abbildung 62: Checkliste für Fragestellungen zu den einzelnen Variablen der Motivationsgleichung des Weg-Ziel-Modells (nach Attems 1979, S. 151).

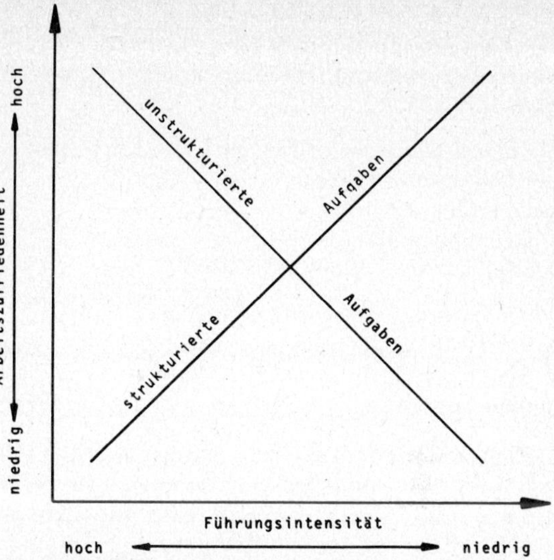

Abbildung 63: Der Einfluß der Aufgabenstrukturiertheit im Weg-Ziel-Modell (nach House/Mitchell 1974, S. 86).

House/Mitchell (1974) und House/Dessler (1974) haben zusätzlich zum Verhalten der Geführten das Führungsverhalten und die intervenierenden situativen Faktoren untersucht (vgl. Abb. 64).
Das Führungsverhalten kann in **vier Ausprägungen** auftreten,

(1) als ‚*directive (instrumental) leadership*‘, d. h. der Planung, Organisation, Koordination und Kontrolle der Mitarbeitertätigkeiten. Stark strukturierende Eingriffe werden bei mehrdeutigen Aufgaben positiv, bei klar definierten Aufgaben negativ aufgenommen,
(2) als ‚*supportive leadership*‘, d. h. als Rücksichtnahme auf Bedürfnisse der Mitarbeiter, und als Schaffung einer angenehmen Arbeitsatmosphäre. Unterstützendes Führungsverhalten wirkt sich positiv auf die Arbeitszufriedenheit aus bei Mitarbeitern mit Wachstumsbedürfnissen und bei streßerzeugenden, frustrierenden Aufgaben,
(3) als ‚*achievement-oriented leadership*‘, d. h. als Setzen anspruchsvoller Ziele, hoher Leistungsorientierung und hohen Vertrauens. Bei mehrdeutigen Aufgaben führt leistungsorientierte Führung zu hohen Instrumentalitäts-Erwartungen, bei Routineaufgaben zu geringen,

(4) als *,participative leadership'*, d. h. als gemeinsame Beratung und Entscheidungsfindung. Eine partizipative Führung ist erfolgreich, wenn sie als instrumentell zur Reduzierung von Ambiguität wahrgenommen wird.

Bei den *situativen Faktoren* ist bezüglich des/der Verhaltens/Einstellungen der Geführten zwischen
- Arbeitszufriedenheit,
- Führerakzeptanz und
- Motivation,

und bei den *Kontingenz-Faktoren* zwischen
- Charakteristika der Untergebenen und
- Umwelt-Faktoren

unterschieden werden.

Der Weg-Ziel-Ansatz gibt Auskünfte darüber, welches Führungsverhalten bei bestimmten situativen Gegebenheiten zu welchem Mitarbeiterverhalten führt. Positiv erscheint dabei vor allem die Hinwendung zu den Geführten und deren Befinden und Empfindungen, denn sie sind es letztlich, die die Arbeitsergebnisse erbringen. Als zentrale Aufgabe des Führers wird die Ebnung des Weges (path clarification) zu gemeinsam vereinbarten Zielen deutlich gemacht (Staehle 1980, S. 377).

Die *wesentlichen Probleme,* die mit diesem Ansatz verbunden sind, liegen (Neuberger 1977, S. 106)
- in der Entwicklung geeigneter Meßinstrumente, mit denen die verschiedenen Modellparameter operationalisiert werden können,
- in der Unterscheidung zwischen „intrinsischer" und „extrinsischer" Motivation,
- in der „subjektiven" Natur der Daten: Nur was auf den einzelnen wirkt, nicht was „an sich ist", wird berücksichtigt; das bringt Probleme bei der Messung, vor allem aber bei der Gestaltung von Führungsbeziehungen mit sich,
- in der Individualisierung des Führungsgeschehens.

Bei diesem typisch psychologischen Modell muß die Erklärung von Prozessen auf Gruppen- oder gar Organisationsebene aus Daten rekonstruiert werden, die von Individuen stammen.
Den Weg-Ziel-Modellen wird der *Verdienst* zuerkannt, daß sie auf wesentliche motivationstheoretische Dimensionen von personalen Führungsrelationen hingewiesen haben. Jedoch läßt sich kritisch anmer-

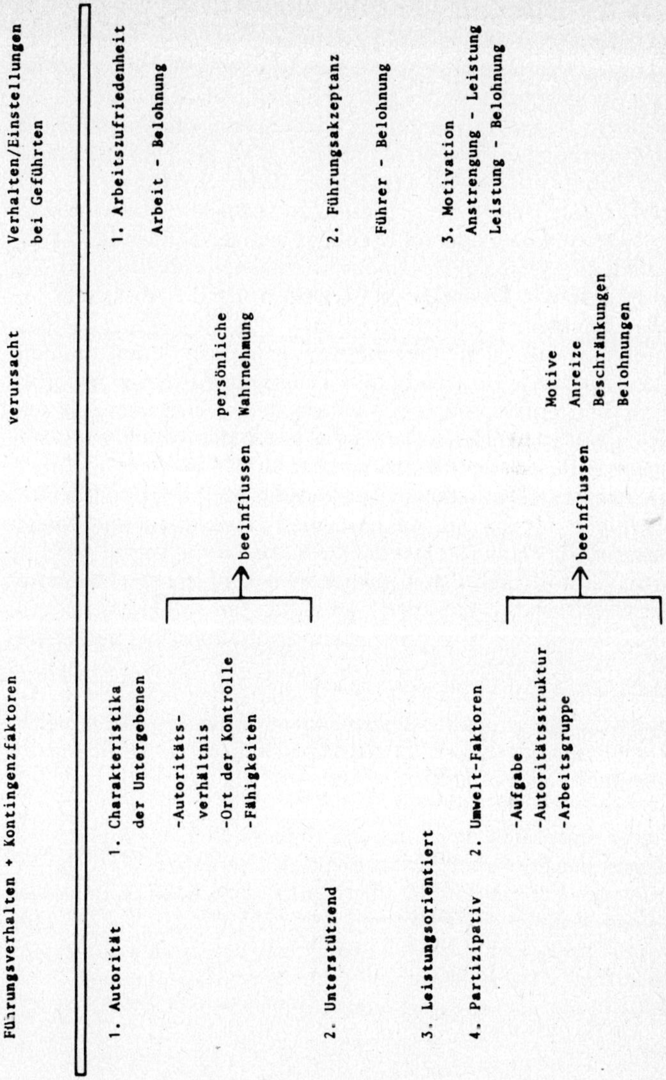

Abbildung 64: Die situative Relativierung des Weg-Ziel-Modells (nach House/ Mitchell 1974, S. 89)

ken, daß Weg-Ziel-Ansätze nur zweiseitige Führer-Untergebenen-Beziehungen beachten und daß das Führungsverhalten lediglich neben anderen Determinanten ausschlaggebend für die Verhaltensbereitschaft der Geführten ist. Es gibt Situationen, in denen andere Bedingungen (z. B. Kollegeneinflüsse, Konjunktur, Schulungsmaßnahmen, Gratifikationen) ganz oder überwiegend für Führungskonsequenzen verantwortlich sind (Neuberger 1976b, S. 258).
In der Weg-Ziel-Theorie von House wird versucht – ebenso wie im Vroom-Yetton-Ansatz oder im Kontingenzmodell von Fiedler – Führungserfolg in Abhängigkeit personenbezogener und situativer Variablen zu erklären. Dennoch unterscheiden sich die Ansätze in wesentlichen Punkten.
Das Kontingenzmodell mißt die motivationale Orientierung des Führers und setzt diese in Beziehung zur Leistung der Arbeitsgruppe. Einstellungen und Zufriedenheit der Mitarbeiter bleiben unberücksichtigt. Die „path goal"-Theorie erklärt dagegen die Beziehungen zwischen dem Verhalten des Führers und der Motivation der Geführten. Sie erfaßt nicht die Einstellungen des Führers und verzichtet (in ihrer überarbeiteten Version) auf Aussagen über Leistung. Im Mittelpunkt des Ansatzes von Fiedler steht der Führer, dessen vorrangige Aufgabe es ist, organisatorischen Erfolg anzustreben. Im Gegensatz hierzu ist der Weg-Ziel-Ansatz eine Theorie der Geführten, deren zentrale Annahme es ist, daß die Mitarbeiter die Organisationsziele nur anstreben, wenn sie dazu motiviert sind. Die wichtigste Aufgabe des Führers ist entsprechend eine motivationale. Er muß darauf hinarbeiten, daß die Mitarbeiter die Organisationsziele mit ihren eigenen Zielen gleichsetzen oder zumindest deshalb anstreben, weil sie die Erfüllung der Arbeitsaufgabe als Voraussetzung zum Erreichen persönlicher Ziele sehen.
Trotz ihrer gegensätzlichen Grundannahmen sollten das Kontingenzmodell und der Weg-Ziel-Ansatz nicht als alternative Versuche zur Erklärung des Führungserfolges betrachtet werden, sondern als sich *ergänzende Beiträge zur Erklärung verschiedener Aspekte des Führungsphänomens.* Der Zusammenhang zwischen beiden Konzepten kann wie folgt dargestellt werden (vgl. Abb. 65; Stelmaszyk 1981, S. 181f.):

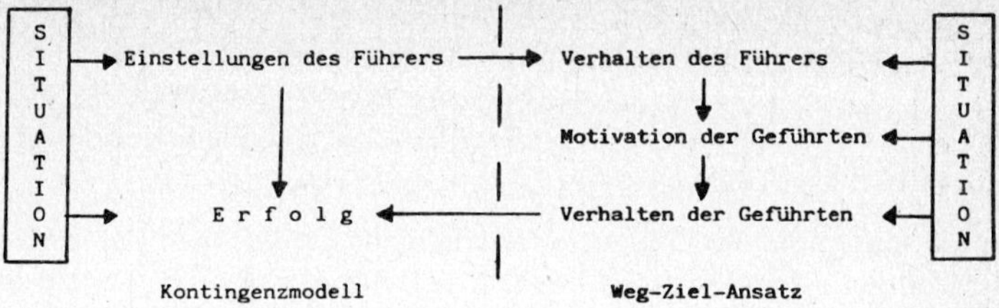

Abbildung 65: Zusammenhang zwischen Kontingenzmodell und Weg-Ziel-Ansatz

Sowohl das Kontingenzmodell als auch der Weg-Ziel-Ansatz stimulierten zu zahlreichen empirischen Untersuchungen. Daß hierbei widersprüchliche Ergebnisse erzielt wurden, ist zum Teil auf die begrenzte Aussagekraft der beiden Modelle zurückzuführen. Wichtiger als Mängel in der Konzeption der getesteten Modelle ist aber wohl die Tatsache, daß in der Literatur keine Einigkeit darüber besteht, *welche* Moderatorvariablen für die Beziehung zwischen Führungsverhalten und Führungserfolg wirklich wichtig sind und wie diese Variablen operationalisiert werden müssen. Außerdem gibt es viele Untersuchungen, die nicht auf ein theoretisches Modell Bezug nehmen. Es gelang bisher nicht, eine auf breiterer Ebene akzeptierte Taxonomie von Situationen zu entwickeln. Die Forschungspraxis sieht oft so aus, daß Variablen, die irgendwann untersucht worden sind, mit dem Ziel wieder aufgegriffen werden, entweder das Ergebnis einer früheren Studie zu stützen, es zu widerlegen oder durch Hinzufügen neuer Variablen zu relativieren. Auf die Frage, *wie wichtig* eine Situationsvariable überhaupt ist, wird selten eingegangen. Die Gefahr, daß eine immer weiter fortschreitende situative Relativierung die Forschung in eine Sackgasse führen kann, wird oft nicht erkannt.

Fragen zu Kapitel 7

1. Welche Führungsstile unterscheidet das Kontingenzmodell der effektiven Führung? (7.1)
2. Erklären Sie die Dimensionen, die nach Fiedler dem Führer wesentliche Einflußmöglichkeiten auf die Mitarbeiter gewähren! Welche Gewichtung wird den Dimensionen zuteil? (7.1)
3. Charakterisieren Sie die Einflußchaı en des Führers in Abhängigkeit von Führungsstil, Führungsverhalten und Leistung in unterschiedlichen Situationen! (7.1)
4. Welche Kritikpunkte lassen sich gegen Fiedlers Modell anbringen? (7.1)
5. Versuchen Sie grob die Vorgehensweise von Vroom/Yetton zu skizzieren und gehen Sie dabei auch auf die aus dem Entscheidungsbaum abgeleiteten Problemtypen ein! (7.2)
6. Welche Probleme ergeben sich bei Hypothesenbildung aufgrund von Validitätsprüfungen im Zusammenhang mit dem normativen (Entscheidungs-)Ansatz von Vroom/Yetton? (7.2)
7. Von welchen Annahmen geht das motivationstheoretische Weg-Ziel-Modell der Führung aus? (7.3)
8. In welchen Ausprägungen kann das Führungsverhalten auftreten? (7.3)
9. Welche Probleme sehen Sie im Weg-Ziel-Ansatz hinsichtlich der intendierten Aufgabe, Auskünfte darüber zu geben, welches Führungsverhalten bei bestimmten situativen Gegebenheiten zu welchem Mitarbeiterverhalten führt? (7.3)
10. Stellen Sie die wesentlichen Aussagen der beschriebenen Führungsmodelle gegenüber, und arbeiten Sie wesentliche Zusammenhänge und Unterschiede heraus! (7.)

8. Führungstechniken

8.1 Begriff und Gestaltungsmöglichkeiten

Führungstechniken (Management-Konzeptionen) sind Konstrukte aus Regeln, Verfahren und Instrumenten, die geschaffen und eingesetzt werden, um arbeitsteilige Institutionen **effizienter** zu führen. Ihnen liegt das Bestreben zugrunde, durch eine systematische Ordnung der Verfahrens-, Aktions- und Verhaltensweisen die Leistungsfähigkeit aller in der Unternehmung wirkenden Kräfte zu optimieren. Dies gelingt um so besser, je folgerichtiger die einzelnen Bestandteile aufeinander abgestimmt sind und systematisch gehandhabt werden (Berthel 1979, S. 289).

In der Literatur wird eine Vielzahl verschiedener sogenannter **Management by Techniken** als Führungstechniken beschrieben, die in zwei Gruppen eingeteilt werden können:

1) *Sachbezogene Führungstechniken*
   - Management by Alternatives
   - Management by Breakthrough
   - Management by Crisis
   - Management by Exception
   - Management by Innovation
   - Management by Objectives
   - Management by Results
   - Management by Systems
2) *Personenbezogene Führungssysteme*
   - Management by Conflicts
   - Management by Control and Direction
   - Management by Communication
   - Management by Delegation
   - Management by Information
   - Management by Motivation
   - Management by Participation
   - Management by Communication and Participation

Davon sind folgende drei Führungstechniken in der Bundesrepublik vorherrschend (Töpfer 1979, S. 67):

a) **Management by Delegation,** und zwar in seiner konkreten deutschen Ausprägung, dem Harzburger Modell. Hierbei wird die Führung durch Aufgabendelegation vorgenommen,
b) **Management by Exception** als Führung durch Ausnahmeregelung und
c) **Management by Objectives** als Führung durch Zielvereinbarung.

8.2 Das Harzburger Modell

Das Harzburger Modell wurde von Reinhard Höhn in den fünfziger Jahren an der Akademie für Führungskräfte in Bad Harzburg entwikkelt. Es ist ein geschlossenes Führungsmodell, dessen Zielsetzung in der Verhaltensänderung der Mitarbeiter im Sinne der **„Führung im Mitarbeiterverhältnis"** zu sehen ist.
Ausgangspunkt der Überlegungen von Höhn war die Feststellung, daß der traditionelle autoritäre Führungsstil unserer auf demokratischen Leitbildern beruhenden Staatsordnung nicht entspricht und den Ansprüchen und Fähigkeiten des heutigen, hoch qualifizierten und selbständig denkenden Menschen nicht gerecht wird. Mit dem Harzburger Modell will Höhn ein unserer Zeit angemessenes Konzept vorstellen. Durch „Führung im Mitarbeiterverhältnis" sollen bei den Mitarbeitern brachliegende Motive aktiviert und selbständiges Handeln gefördert werden. Unternehmerisch denkende und handelnde Mitarbeiter sollen an die Stelle von Befehlsempfängern treten (Höhn/Böhme 1966; 1974).
Kern des Modells ist die Aussage, daß jedem Mitarbeiter ein **selbständiger Aufgabenbereich** *(management by delegation)* einzuräumen ist. Dies geschieht durch *Delegation von Verantwortung.* Aufgaben und Kompetenzen werden der Ebene der Hierarchie zugeordnet, wo sie ihrem Wesen nach hingehören. Voraussetzung hierfür sind exakte, personenunabhängige **Stellenbeschreibungen.** Die Formulierung dieser Stellenbeschreibungen ist Aufgabe der Unternehmungsführung. Selbständiges Handeln der Mitarbeiter ist nur innerhalb des als Ergebnis der Stellenbeschreibung zugewiesenen Bereichs möglich. Die zur praktischen Realisierung des Grundprinzips der Delegation erforderlichen Maßnahmen werden in der **allgemeinen Führungsanweisung** (vgl. 8.5) verbindlich festgelegt. Hierbei handelt es sich um schriftlich fixierte Regeln und Grundsätze, die die Pflichten und Rechte der einzelnen Mitarbeiter beschreiben.

Das Harzburger Modell wird von vielen Autoren kritisiert. Unter anderem wird darauf hingewiesen, daß das Modell zu *formal* und *bürokratisch* sei, autoritäre Züge trage, Ressortdenken fördere, keine echte Partizipation der Mitarbeiter an wichtigen Entscheidungen ermögliche und aufgrund seines mechanistischen Charakters bei komplexer, dynamischer Umwelt nicht geeignet sei. Auf eine tiefer gehende Diskussion der positiven und negativen Aspekte des Modells von Höhn wird an dieser Stelle verzichtet. Es darf angenommen werden, daß es Situationen gibt, in denen durch die Anwendung der Prinzipien des Harzburger Modells Organisationsvorteile erzielt werden können. Genauso ist es denkbar, daß Umweltkonstellationen vorliegen, die Unternehmungsführung auf der Grundlage des verhältnismäßig starren Systems von Führungsanweisungen als wenig erfolgversprechend erscheinen lassen.
Festgehalten werden kann allerdings, daß ein Widerspruch unverkennbar ist, zwischen dem *Anspruch* des Harzburger Modells, das System autoritärer Führung durch ein auf *Delegation von Handlungsverantwortung fußendes Konzept der Führung im Mitarbeiterverhältnis* abzulösen, und der von Höhn propagierten *Praxis* eines engmaschigen Netzes verbindlicher Führungsanweisungen, die den Entscheidungsspielraum des einzelnen Mitarbeiters in über Routineangelegenheiten hinausgehenden Belangen stark einschränken. So spricht Steinle (1975, S. 249ff.) von einem „Auseinanderklaffen der Zielvorstellung einer ‚Mitbeteiligung der Mitarbeiter' und den hierzu eingesetzten und formierten Führungsinstrumenten" und bezeichnet das Harzburger Modell gar als „Führungsfassade mit der Konsequenz niedriger Effizienz und Satisfaktion".
Wichtiger als die Frage, ob das Harzburger Modell „effizient" und/oder „human" ist, ist in Anbetracht der in dieser Arbeit verfolgten Zielsetzung die Feststellung, daß das Modell praktisch **keine Aussagen über Führungsverhalten** macht. Frese (1974, S. 240) weist darauf hin, daß es sich bei der Aufgabenzuordnung im Rahmen der Delegation nicht um eine echte Führungsentscheidung handelt, sondern daß sie sich als zwangsläufige Folge der Arbeitsteilung ergibt. Das Harzburger Modell macht vorrangig Aussagen über die Organisationsstruktur und ist somit ein „Modell der Organisation der Führungsbeziehungen", ist aber kein Führungsmodell im Sinne eines „Modells des Führungsverhaltens".

8.3 Management by Objectives

Auch das Konzept des Management by Objectives (MbO) macht im Kern eine Aussage über die Art der **Aufgabenvorgabe** und betont damit die **organisationsbezogene** im Gegensatz zur **verhaltenswissenschaftlich orientierten Dimension.** Bei MbO handelt es sich nicht um einen einheitlichen, auf einen bestimmten Autor zurückzuführenden Ansatz, sondern um eine Konzeption, die sich als Ergebnis verschiedener Arbeiten im Laufe der Zeit entwickelte. Es können verhaltensorientierte und pragmatisch orientierte Ansätze unterschieden werden.

- Die Vertreter der **verhaltenswissenschaftlichen** Richtung vertreten die Auffassung, daß MbO in erster Linie die Belange der Mitarbeiter zu berücksichtigen habe, und fordern entsprechend mehr Autonomie, Partizipation und Eigenkontrolle für jeden einzelnen.
- Die Vertreter der **pragmatisch ausgerichteten** Ansätze setzen sich stärker als die verhaltenswissenschaftlich orientierten Verfasser mit praxisnahen, im Rahmen der Organisationsgestaltung interessierenden Fragen auseinander und untersuchen beispielsweise, wie der Zielbildungsprozeß verläuft, welches geeignete Kriterien für Zielvorgaben sind und ob die Ziele der einzelnen Mitarbeiter mit den Organisationszielen in Einklang stehen.

In der Konzeption des MbO nimmt die **Zielkomponente** unter den verschiedenen Dimensionen des Entscheidungsprozesses eine dominierende Stellung ein. So charakterisiert Odiorne (1967, S. 67f.) Management by Objectives als Modell, nach dem „die Angehörigen des oberen und unteren Managements einer Unternehmung ihre gemeinsamen Ziele festlegen, sodann die Verantwortlichkeitsbereiche der einzelnen und deren spezifische Aufgaben umreißen und diese Maßgröße dann als Leitlinie für die Unternehmensführung benutzen".
Im deutschen Sprachraum hat sich keine einheitliche Bezeichnung für Management by Objectives eingebürgert. Manche Autoren sprechen von *„Führung durch Ziele"*, andere bringen mit der Bezeichnung *„Führung durch Zielvorgabe oder Zielvereinbarung"* zum Ausdruck, daß die Mitarbeiter am Zielbildungsprozeß aktiv beteiligt sind. Kill (1972, S. 23ff.) faßt die Führungskonzeption des MbO in folgenden fünf Prinzipien zusammen:

1. *Prinzip der Zielorientiertheit.* Die Zuordnung von Aufgaben an einzelne Mitarbeiter erfolgt stets in Verbindung mit konkreten Zielen.

2. *Prinzip des mehrstufigen Zielbildungsprozesses.* Die dem Mitarbeiter vorgegebenen Ziele ergeben sich als Ergebnis eines mehrstufigen Prozesses, der mit den Unternehmungszielen beginnt und diese über Ober- und Unterziele zu operationalen Einzelzielen konkretisiert.
3. *Prinzip der Delegation von Entscheidungsbefugnissen.* Zusammen mit den Zielen wird der zur Zielrealisierung erforderliche Entscheidungsspielraum delegiert. Die konkreten Maßnahmen zur Zielerreichung bleiben dem Mitarbeiter überlassen. Er muß allerdings auch die Verantwortung für sein Handeln übernehmen.
4. *Prinzip der Partizipation.* Es wird erwartet, daß durch die Delegation von Entscheidungskompetenz und das Beteiligen des Mitarbeiters an Zielbildung und -kontrolle bisher ungenutzte Fähigkeiten und schöpferische Kräfte freigesetzt werden.
5. *Prinzip der Leistungsorientiertheit.* Präzise Zielvorgaben setzen das Vorhandensein von Kriterien voraus, die zur Kontrolle und Bewertung des Maßes der Zielerreichung herangezogen werden können und eine Leistungsbeurteilung eines jeden Mitarbeiters ermöglichen.

Wie beim Harzburger Modell müssen beim MbO die Aufgabenbereiche der einzelnen Mitarbeiter durch **präzise Stellenbeschreibungen** festgelegt sein, die Mitarbeiter innerhalb ihres Aufgabenbereichs Entscheidungskompetenz haben, für diese Entscheidungen verantwortlich sein und in Ausnahmefällen die Entscheidung ihrem Vorgesetzten überlassen. Der wesentliche Unterschied zum Harzburger Modell ist in der besonderen Betonung des Zielbildungsprozesses und vor allem darin zu sehen, daß die Mitarbeiter die Ziele *gemeinsam* mit ihrem Vorgesetzten festlegen, also bei der Zielbildung und nicht nur bei der Sollvorgabe beteiligt sind. Frese (1974, S. 240) weist darauf hin, daß die Betonung der Zielkomponenten eine Führung mit dem geringsten Restriktionsgrad ermöglicht. Dadurch, daß nur Ziele vorgegeben werden und andere Steuerungsinstrumente in den Hintergrund treten, erhöht sich der Handlungsspielraum aller Organisationsmitglieder. Dies entspricht dem Bild vom mündigen Mitarbeiter, dem ohne Gefahr für den organisatorischen Gesamterfolg die Wahl der Mittel zur Zielerreichung überlassen werden kann.

Aufgrund seiner verhältnismäßig großen Offenheit für eine fallweise unterschiedliche Ausgestaltung bezeichnen Bleicher/Meyer (1976, S. 243f.) das MbO als „dynamisches Führungsmodell" und stellen einen Flexibilitätsgewinn gegenüber dem Harzburger Modell fest. Allerdings stellt der Übergang vom Harzburger Modell zum MbO im Vergleich zur direktiven Führung nur einen verhältnismäßig kleinen Schritt dar. Obwohl das MbO ein relativ umfassendes Führungsmodell ist, „das in etwa den derzeitigen Stand der Managementlehre wiedergibt" (Bleicher/Meyer 1976, S. 244), bleibt es nicht frei von Kritik: Seine Aussagen sind nicht genügend operationalisiert. Besonders zum **Partizipationsaspekt** fehlen präzise Feststellungen. Das kann dazu führen, daß in der Praxis Ziele nicht kooperativ festgelegt werden, vermeidbare Zielkonflikte entstehen und zur Erreichung der Ziele ungeeignete Maßnahmen ergriffen werden. Ebenso wie das Harzburger Modell stellt das MbO ein Rahmengerüst für eine erfolgversprechende Gestaltung der Führungsbeziehungen zur Verfügung, macht aber keine konkreten Aussagen darüber, wie sich die Führungsperson in praktischen Entscheidungssituationen zu *verhalten* hat, um das Handeln der Organisationsmitglieder auf das Erreichen der Unternehmungsziele auszurichten. Ansätze, die stärker auf den Verhaltensaspekt eingehen, werden im zweiten Teil dieser Arbeit behandelt.

8.4 Management by Exception

In dieser Führungstechnik wird davon ausgegangen, daß
- es für eine Führungskraft weder möglich noch erforderlich ist, jederzeit alles selbst zu wissen, zu sehen und zu bestimmen und
- nicht alle Vorgänge in einem Unternehmen von gleicher Bedeutung sind und deshalb von seiten der Unternehmungsleitung einer gleichen Behandlung bedürfen.

Deshalb muß der Führungsprozeß so vereinfacht werden, daß es dem Manager möglich ist, sich auf die wesentlichen Probleme, die tatsächlich seinen Einsatz erfordern, konzentrieren zu können. Dies verlangt, daß der Manager jederzeit durch Kontrollen über den Arbeitsablauf orientiert sein muß, um dann im Entscheidungsfalle eingreifen zu können. Damit wird deutlich, daß beim Management by Exception **Kontrolle** und **Entscheiden** im Vordergrund stehen.
Management by Exception kann nur im vollen Ausmaß wirksam sein, wenn es *integrierter Bestandteil eines Gesamtsystems* ist, das ebenfalls durch eine Zielvorgabe und weitgehende Delegation von Verantwor-

tung und Weisungsbefugnis geprägt sein muß. Dies sind Elemente eines mehr kooperativen Führungsstils.
Ein *Nachteil* dieser Führungstechnik liegt darin, daß es unter Umständen schwierig sein kann, Normwerte zu finden, die als Istgröße im Vergleich verwendet werden. Weitere Einwände gegen diese Technik ergeben sich aus dem Prinzip, daß nur negative Zielabweichungen gemeldet werden, ohne daß klargestellt wird, ob der jeweilige Aufgabenträger die Abweichungen zu vertreten hat. Durch die Übermittlung nur negativer Abweichungen muß eine ungünstige psychologische Auswirkung auf die Motivation der Aufgabenträger befürchtet werden. Positive Abweichungen werden bei diesem System nicht bekannt. Die Unternehmungsleitung muß deshalb regelmäßig überprüfen, ob die Sollvorgaben angepaßt werden müssen.
Das Management by Exception basiert auf generellen Regelungen. Da diese vor allem in Großbetrieben anzutreffen sind, ist diese Technik auch mehr für diese Betriebsform geeignet.

8.5 Führungsgrundsätze

8.51 Begriff und Wesen

Wesentliche Bestandteile von Führungsmodellen sind Führungsgrundsätze (Führungsanweisungen). Führungsgrundsätze sind schriftlich fixierte Regeln zur einheitlichen Handhabung des Personalführungskonzepts einer Organisation.

8.52 Zwecke der Führungsgrundsätze

Die mit Führungsgrundsätzen verfolgten Zwecke können sehr vielfältig sein. Als Hauptzweck ist wohl die **Effizienzsteigerung** der Organisation anzusehen, indem günstige Voraussetzungen für das Zusammenwirken zwischen Vorgesetzten und Mitarbeitern durch Vereinheitlichung des Führungsverhaltens geschaffen werden. Mit dieser monolithischen Zwecksetzung allein wäre die Handhabung von Führungsgrundsätzen nicht zu rechtfertigen.
Auch das Individuum mit seinen **Interessen, Bedürfnissen** und **Einstellungen** verbindet mit diesem Führungsmittel bestimmte Erwartun-

gen. Durch die Einheitlichkeit des Führungsverhaltens wird eine Gleichbehandlung der Mitarbeiter angestrebt, was auch in ihrem Interesse liegt. So bieten die Führungsgrundsätze die Information, welches Rollenverhalten von Vorgesetzten und Mitarbeitern erwartet wird. Sie bilden damit eine Norm, an der eine Beurteilung des Führungs-, aber auch des Leistungsverhaltens sowie des sozialen Verhaltens anknüpfen kann.
Die schriftliche Fixierung des Führungskonzepts macht dieses für alle Organisationsmitglieder transparent. Die einheitliche Sprachregelung trägt dazu bei, daß Mißverständnisse und unnötige Auseinandersetzungen weitgehend vermieden werden können. Die Führungsgrundsätze bieten auch eine **Kontrolle des Führungsprozesses** sowohl für den Vorgesetzten als auch für den Mitarbeiter.
Obwohl die genannten Zwecke in der Regel für alle Führungskonzepte gelten, sind Führungsgrundsätze jeweils organisationsspezifisch zu entwickeln. Es ist also kaum möglich, daß eine Organisation diese von einer anderen übernimmt.

8.53 Inhalt der Führungsgrundsätze

Die Formulierung der Führungsgrundsätze und die Gewichtung der einzelnen Regelungen hängt zwangsläufig vom gewählten Führungsstil ab. Einleitend werden daher meistens die Zielsetzung der Führung, die gewählte Führungskonzeption und die Absichten, die die Organisation mit der Einführung von Führungsgrundsätzen verfolgt, erläutert. In Führungsrichtlinien eines Betriebes der chemischen Industrie werden darüber hinaus in *„Allgemeinen Grundsätzen“* folgende Hinweise und Ziele des Unternehmens aufgenommen:
- Verpflichtung gegenüber den Anteilseignern,
- Leistung für den Kunden,
- Verpflichtung gegenüber den Mitarbeitern,
- Verantwortung gegenüber der Gesellschaft und Umwelt und
- persönlicher Einsatz aller Mitarbeiter.

Als *eigentliche Führungsgrundsätze* werden jeweils situationsabhängig unterschiedliche Schwerpunkte aufgeführt, in deren Gewichtung die Grundhaltung der Organisation zum Ausdruck kommt. Im einzelnen werden insbesondere folgende Punkte geregelt:
1) Delegation von Aufgaben und Verantwortung,
2) Information,

3) Mitarbeitergespräch und Mitarbeiterbesprechung,
4) Dienstgespräch und Dienstbesprechung,
5) Anerkennung, Kritik, Beurteilung,
6) Fortbildung und Förderung der Mitarbeiter,
7) Dienstweg,
8) Stellvertretung,
9) Beschwerde und
10) Dienstaufsicht und Kontrolle.

1) *Delegation von Aufgaben und Verantwortung*
Die an den einzelnen Mitarbeiter delegierten Führungs- und Sachaufgaben leiten sich aus den Organisationszielen ab. Der Aufgabenbereich einschließlich der Kompetenzen und der Verantwortung wird schriftlich (in Stellenbeschreibungen) oder mündlich festgelegt. Im einzelnen werden folgende Inhalte fixiert:
- Die Ziele, die durch den Stelleninhaber verfolgt werden sollen,
- die Aufgaben, die zur Zielerreichung erfüllt werden müssen,
- die Kompetenzen (Befugnisse), mit denen der Stelleninhaber ausgestattet ist, um die Ziele erreichen zu können,
- die Verantwortung, die sich für jeden einzelnen aus der Zielsetzung, der Aufgabenstellung und den damit verbundenen Befugnissen ergibt.

2) *Information*
Informationen sind erforderlich, um die Aufgaben zielgerecht erfüllen zu können. Der Vorgesetzte ist verpflichtet, den Mitarbeiter über alles zu informieren, was dieser zur Zeit- und Aufgabenerfüllung wissen muß. Die Informationspflicht beinhaltet aber nicht nur den Informationsfluß von oben nach unten, sondern auch den umgekehrten Weg, d. h. der Mitarbeiter muß auch seinen Vorgesetzten informieren. Da in Organisationen auch Stelleninhaber gleicher hierarchischer Stufen zusammenarbeiten, sind Querinformationen möglich. Der Mitarbeiter darf nicht nur ein passiver Empfänger von Informationen sein. Die Information kann schriftlich oder mündlich erfolgen. Das Gespräch spielt dabei eine besondere Rolle.

3) *Mitarbeitergespräch und Mitarbeiterbesprechung*
Das Mitarbeitergespräch und die Mitarbeiterbesprechung dienen dem Austausch von Informationen, d. h. der **Kommunikation.** Das Mitarbeitergespräch ist so definiert, daß es zwischen dem

Vorgesetzten und einem Mitarbeiter stattfindet, während die Mitarbeiterbesprechung zwischen Vorgesetzten und mehreren Mitarbeitern geführt wird. Von beiden Formen verspricht man sich motivierende Wirkung, die durch die Förderung und Aktivierung der Initiative des Mitarbeiters erreicht werden soll. Darüber hinaus dienen Mitarbeitergespräch und Mitarbeiterbesprechung der gemeinsamen Beratung und der Pflege zwischenmenschlicher Beziehungen.

4) *Dienstgespräch und Dienstbesprechung*
Das Dienstgespräch bezieht sich analog dem Mitarbeitergespräch auf den Vorgesetzten und einen seiner Mitarbeiter. Bei der Dienstbesprechung teilt und interpretiert der Vorgesetzte seinen Mitarbeitern die Entscheidungen und Anweisungen mit, d. h. die Information wird von oben nach unten gegeben. Der Vorgesetzte tritt hier in seiner Rolle als Vorgesetzter auf und nicht, wie es bei der Mitarbeiterbesprechung der Fall ist, als Gesprächspartner auf der gleichen Ebene. Im Dienstgespräch spricht er Kritik und Anerkennung aus. Ihm liegt die Annahme zugrunde, daß sich das Verhalten und die Einstellungen des Mitarbeiters im Hinblick auf die bestmögliche Erreichung der Betriebsziele verändern lassen, wenn dem Mitarbeiter die Konsequenzen seines bisherigen Verhaltens verdeutlicht werden und wenn ihm aufgezeigt wird, welche Fortschritte er durch alternative Verhaltensweisen machen könnte.

5) *Anerkennung, Kritik, Beurteilung*
Anerkennung und Kritik resultieren aus einer Beurteilung. Sie orientieren sich an der Leistung und dem Verhalten des Mitarbeiters in der Organisation. Durch die Beurteilung erfährt der Mitarbeiter, welche Wertschätzung ihm die Organisation zuteil werden läßt.

6) *Fortbildung und Förderung der Mitarbeiter*
Die Beurteilung dient u. a. der Feststellung des Fortbildungsbedarfs und der individuellen Fortbildungsbedürfnisse. Der Vorgesetzte hat die Aufgabe, Leistungsergebnis, Leistungs- und Führungsverhalten sowie soziales Verhalten im Hinblick auf die Erreichung der Organisationsziele und der Erfüllung die individuellen Ziele zu fördern. Unabhängig von dieser Führungsaufgabe soll auch jeder Mitarbeiter bestrebt sein, aus eigener Inititative seine Kenntnisse und Fähigkeiten weiterzuentwickeln.

7) *Dienstweg*
Anweisung, Information und Mitteilung eines Vorgesetzten müssen den Dienstweg nach unten durchlaufen, jede Information und jede Mitteilung der Mitarbeiter wird ebenfalls auf dem Dienstweg nach oben weitergegeben. Der Dienstweg führt über die unmittelbar folgende Stufe.

8) *Stellvertretung*
In jeder Führungskonzeption muß im Fall der Abwesenheit für die Fortführung der Aufgaben des Organisationsmitglieds eine Stellvertretung vorhanden sein. Dies gilt insbesondere für die Vorgesetzten. Darüber hinaus muß auch für jeden Mitarbeiter eine Stellvertretung gewährleistet sein. Da für die Aufgabenerfüllung die Lösung dieses Problems äußerst bedeutsam ist, wird in Führungsgrundsätzen die Stellvertretung auch sehr konkret beschrieben.

9) *Beschwerde*
Jeder Stelleninhaber hat das Recht, sich zu beschweren, z. B. dann, wenn
– ein Vorgesetzter oder ein Kollege ihn persönlich verletzt,
– ein anderer Vorgesetzter in seinen Weisungsbereich eingreift,
– ein Mitarbeiter sich ungerecht behandelt fühlt.
Die Beschwerde ist nicht als persönlicher Angriff anzusehen, sondern ein Mittel zur Versachlichung und zur besseren Gestaltung des Betriebsgeschehens.

10) *Dienstaufsicht und Kontrolle*
Auch ein kooperativer Führungsstil erfordert bei Delegation von Aufgaben und Verantwortung eine regelmäßige Kontrolle. Sie erstreckt sich auf das Leistungsergebnis und die Durchführung, so daß eine Ergebniskontrolle und eine Durchführungskontrolle unterschieden werden können. Die Kontrolle kann entweder als Fremdkontrolle oder als Selbstkontrolle erfolgen. Bei der kooperativen Führung wird dem Individuum ein Teil der Kontrolle als Selbstkontrolle übertragen.

Die hier angeführten Beispiele sind nicht vollständig. So werden z. B. in manchen Fällen *Entlohnungsfragen* oder weitere *Organisationsregelungen* aufgenommen. Es ist bei der Formulierung allerdings darauf zu achten, daß Führungsgrundsätze nicht zu starr werden und dem Vorgesetzten und dem Mitarbeiter die Möglichkeit bleibt, sich situationsgerecht anpassen zu können.

Bei der Durchsicht der Führungsgrundsätze fällt auf, daß sie nur Regelungen über die Kooperation von Vorgesetzten und Mitarbeitern enthalten und die Zusammenarbeit mit dem Betriebsrat/Personalrat fehlt.

8.54 Die Einführung von Führungsgrundsätzen

Die Erarbeitung von Führungsgrundsätzen sollte zusammen mit Betroffenen aller Führungsebenen und dem Betriebsrat/Personalrat erfolgen. Diese gemeinsame Entwicklung führt in der Regel zu einer Identifikation mit den Regelungen. Nach der Verabschiedung der Führungsgrundsätze durch die Unternehmensleitung und vor ihrer Anwendung ist eine eingehende Information der Organisationsmitglieder notwendig, die gegebenenfalls noch Verbesserungsvorschläge vorbringen können. Ein Mitbestimmungsrecht des Betriebsrats bei der Einführung von Führungsrichtlinien, die das Arbeitsverhalten der Mitarbeiter in Vorgesetztenstellung beinhalten, ist allerdings nicht gegeben. (Beschluß des Bundesarbeitsgerichts vom 23. 10. 1984 – 1 ABR 2/83; vgl. o. V., in: DB, 1985.)
Nach Inkrafttreten der Grundsätze sind sie von Zeit zu Zeit den sich wandelnden Anforderungen anzupassen und weiterzuentwickeln. Diese Maßnahme ist erforderlich, da aufgrund der sich verändernden gesellschaftlichen Werte und Normen die individuellen Einstellungen und somit auch der Führungsstil einer Wandlung unterworfen sind.

Fragen zu Kapitel 8

1. Wozu dienen Führungstechniken? (8.1)
2. Beschreiben Sie, was unter „management by delegation“ im Rahmen des Harzburger Modells zu verstehen ist! (8.2)
3. Warum wird das Harzburger Modell häufig scharf kritisiert? (8.2)
4. Grenzen Sie das Konzept des Management by Objectives (MbO) gegenüber dem Management by Delegation ab! (8.3)
5. Welche Führungsprinzipien können bei der MbO-Konzeption unterschieden werden? (8.3)
6. Welche kritischen Einwendungen können gegen das MbO angebracht werden? (8.3)
7. Kennzeichnen Sie die Führungstechnik des Management by Exception! Welche Nachteile beinhaltet die Konzeption? (8.4)
8. Was sind Führungsgrundsätze? (8.51)
9. Unterscheiden Sie die Zwecke der Führungsgrundsätze nach organisationellen und individuellen Gesichtspunkten! (8.52)
10. Welche wichtigen Führungsgrundsätze lassen sich unabhängig von der führungsstilabhängigen Gewichtung im Einzelfall für die Organisation bzw. die Unternehmung entwickeln? (8.53)
11. Was ist bei der Einführung von Führungsgrundsätzen zu beachten? (8.54)

9. Ausblick

Die Personalführungslehre stellt das Bindeglied zwischen der ihr übergeordneten Lehre von der Unternehmungsführung und den Bedürfnissen und Erwartungen der Mitarbeiter dar, deren Leistungsbeitrag in der Unternehmung zur **Verwirklichung der unternehmungspolitischen Ziele** benötigt wird. In dieser Mittler- und Moderatorfunktion reicht die Lehre von der Personalführung als **spezieller Teil einer Personalwirtschaftslehre** über die Grenzen der Unternehmung hinaus. Sie berührt außerbetriebliche, gesellschafts- und sozialpolitische Belange, die die Unternehmung nicht mißachten darf, weil sie selbst Teil der Wirtschafts- und Gesellschaftsordnung ist.

Darüber hinaus steht auch das in der Unternehmung arbeitende Personal während und außerhalb seiner Arbeitszeiten in einer Vielzahl von gesellschaftlichen Beziehungen zueinander. Diese Verpflichtung der Unternehmung zur Offenheit nach außen hin kommt im Schlagwort von der *„Gesellschaftsorientierten Unternehmung“* deutlich zum Ausdruck. Sie wird der Personalführung und der „Personalpolitik“ künftig vermehrt Aufgaben stellen und ihre Erfüllung mit größerer Dringlichkeit als in der Vergangenheit verlangen. Damit solche gesellschaftspolitischen Forderungen die Unternehmung nicht in einen unlösbaren Konflikt mit ihren ökonomischen Aufgaben bringen, kommt der Öffentlichkeitsarbeit der Unternehmung eine große Bedeutung zu“ (Gaugler 1983, S. 14).

Die Forderung nach einer zunehmenden Beteiligung von Mitarbeitern an der **Entscheidungsfindung in der Unternehmung** und der Wunsch nach Ausweitung der (gesetzlich vorgeschriebenen) Mitbestimmung der Arbeitnehmer und ihrer Vertreter besitzen weiterhin Gültigkeit (Hentze/Brose 1985). Eine fortschrittliche Personalführung muß sich an den Beispielen, Modellen und Erfahrungswerten derjenigen Unternehmungen orientieren, die auf diesen Gebieten konkrete Führungsarbeit geleistet haben. Zentrale Bedeutung kommt dabei dem **richtigen Führungsverhalten** (vgl. 5.5) zu. Um einen Prozeß des Mitfühlens, Mitwissens, Mitsprechens, Mithandelns, Mitverantwortens und Mitführens zu erreichen, ist ein **kooperativer Führungsstil** in der heutigen Zeit für die Mehrzahl der Führungssituationen unabdingbar

geworden. Über die Entfaltung der Mitarbeiter hinaus muß angestrebt werden, ein **Mit**-Arbeiten der Mitarbeiter zu erreichen.
Miteinander und Gemeinsamkeit sind gefragt. Das Gefühl, für die „eigene“ Unternehmung gemeinsame Arbeit zu leisten, kann nur dann erreicht werden, wenn „möglichst viele Mitarbeiter auf verschiedenen Führungsebenen und auch auf der ausführenden Ebene lernen, zueinander Vertrauen zu haben und menschlichen Kontakt zu finden“ (Burgard 1983, S. 247).
Diese wichtige Gegenwartsforderung soll die Unternehmungen dazu verleiten, den ihnen verbleibenden Gestaltungsspielraum im Bereich der Personalführung individuell und aktiv zu nutzen, damit nicht gesetzliche Normen, staatliche Eingriffe und tarifvertragliche Reglementierungen die Entfaltungsmöglichkeiten eigenverantwortlicher Initiativen weiter zurückdrängen. Nur mit **personal-** und **sozialpolitischen Führungsinitiativen** können Unternehmungen und Organisationen verhindern, daß ihnen Staat, Behörden und Verbände im einzelnen vorschreiben, wie sie ihrer Führungsverantwortung für das in den Unternehmungen tätige Personal zu entsprechen haben (Gaugler 1983, S. 14).
Die Anonymität der Personalführung hat in der Vergangenheit teilweise zur Vereinsamung des einzelnen geführt. Kooperative Mitarbeit muß das Ziel der Personalführungslehre sein, in der der einzelne einen größeren Stellenwert besitzt.

10. Literaturverzeichnis

Ackoff, R. L. (1958): Towards a Bahavioral Theory of Communication, in: MS, Vol. 4 (1958), S. 218–234

Adams, J. S. (1963): Toward an Understanding of Inequity, in: Journal of Abnormal and Social Psychology, 67. Jg. (1963), S. 422–436

Adams, J. S. (1965): Inequity in Social Exchange, in: Advances in Experimental Social Psychology, Bd. 2, Hrsg. v. L. Berkowitz, New York 1965, S. 267–300

Albert, H. (1955): Macht und Zurechnung – Von der funktionellen zur institutionellen Verteilungstheorie, in: Schmollers Jahrbuch für Gesetzgebung, Verwaltung und Volkswirtschaft, Jg. 75 (1955), S. 57–85

Alderfer, C. P. (1969): An Empirical Test of a New Theory of Human Needs, in: Organizational Behavior and Human Performance, 4 (1969), S. 142–175

Arbeitsring der Arbeitgeberverbände der Deutschen Industrie e. V.: Führungskonzepte, Wiesbaden 1978

Arbeitsring der Arbeitgeberverbände der Deutschen Industrie e. V.: Führungskonzepte und Personalbeurteilung, Stuttgart 1980

Argyris, C. (1962): Interpersonal Competence and Organizational Effectiveness, Homewood, I 11, 1962

Atkinson, J. W. (1975): Einführung in die Motivationsforschung, Stuttgart 1975

Attems, R. (1979): Der Zusammenhang zwischen Motivation und Führungsstil, in: FB/IE 1979, S. 47–51

Bachrach, P./Baratz, M. S. (1975): Macht und Armut, Eine theoretisch-empirische Studie, Frankfurt a. M. 1975

Bales, R. F. (1949): Interaction Process Analysis: A Method for the Study of Small Groups, Cambridge, Mass. 1949

Bamberger, J./Gmür, U./Käser, H. (1973): Ausbreitung und Übernahme von Neuerungen, Bern/Stuttgart 1973

Bastine, R. (1972): Gruppenführung, in: Handbuch der Psychologie, Bd. 7/2, Hrsg. C. F. Graumann, Göttingen 1972, Sp. 1654–1709

Baumgarten, R. (1974): Betriebliche Führungsstile, Diss. Berlin 1974

Baumgarten, R. (1977): Führungsstile und Führungstechniken, Berlin/New York 1977

Berthel, J. (1979): Personal-Management, Grundzüge für Konzeptionen betrieblicher Personalarbeit, Stuttgart 1979

Bessai, B. (1974): Eine Analyse des Begriffs Management in der deutschsprachigen betriebswirtschaftlichen Literatur, in: ZfbF 1974, S. 353–362

Bidlingsmaier, J. (1968): Zielkonflikte und Zielkompromisse im unternehmerischen Entscheidungsprozeß, Wiesbaden 1968

Blake, R. R./Mouton, J. S. (1964): The Managerial Grid, Houston 1964

Blake, R. R./Mouton, J. S. (1968): Verhaltenspsychologie im Betrieb, Düsseldorf/Wien 1968

Bleicher, K. (1969): Zur Zentralisation und Dezentralisation von Entscheidungsaufgaben der Unternehmung, in: Die Unternehmung, 23. Jg. (1969), S. 123–139

Bleicher, K. (1970): Die Entwicklung eines systemorientierten Organisations- und Führungsmodells der Unternehmung, in: ZfO, 39. Jg. (1970), S. 3–8, 59–63, 111–120, 166–176

Bleicher, K. (1972): Organisation und Führung der industriellen Unternehmung, in: Industriebetriebslehre, Bd. III: Organisation und EDV, Hrsg. H. Jacobs, Wiesbaden 1972

Bleicher, K. (1974): Führungsstile, Führungsformen und Organisationsformen, in: Management, Aufgaben und Instrumente, Hrsg. E. Grochla, Düsseldorf 1974, S. 187–204

Bleicher, K. (1980): Führung, in: HWO, Hrsg. E. Grochla, 2. Aufl., Stuttgart 1980, Sp. 729–744

Bleicher, K./Meyer, E. (1976): Führung in der Unternehmung, Formen und Modelle, Reinbek bei Hamburg 1976

Böhnisch, W. (1979): Personale Widerstände bei der Durchsetzung von Innovationen, Stuttgart 1979

Bowers, D. G./Seashore, S. E. (1966): Organizational effectiveness with a four-factor Theory of Leadership, in: ASQ 11. Jg. (1966), S. 238–263

Bräutigam, W. (1972): Reaktionen – Neurosen – Psychopathien. Ein Grundriß der kleinen Psychiatrie, 3. Aufl., Stuttgart 1972

Braun, W./Schreyögg, G. (1980): Zu den genetischen und normativen Grundlagen des Machtbegriffs, in: Macht in Organisationen, Hrsg. Reber, G., Stuttgart 1980, S. 19–36

Brose, P. (1982): Planung, Bewertung und Kontrolle technologischer Innovationen, Berlin 1982

Brose, P./Corsten, H. (1983): Partizipation in der Unternehmung, München 1983

Brown, W. B./Moberg, D. J. (1980): Organization Theory and Management: A Macro Approach, New York u. a. 1980

Bürgin, U. O. (1972): Der Kooperative Führungsstil, Ansatz zu einem Führungsmodell, Bern/Stuttgart 1972

Burgard, H. (1983): Wider die Anonymität im Betrieb, in: Personalperspektiven 1983/84, Hrsg. Friedrich, H./Gaugler, E./Zander, E., Düsseldorf 1983, S. 245–248

Burisch, W. (1973): Industrie- und Betriebssoziologie, 7. Aufl., Berlin/New York 1973

Buth, W. (1977): Unternehmensführung, Managementkonzepte und Entscheidungslehre, Stuttgart u. a. 1977

Campbell, J. P./Pritchard, R. D. (1976): Motivation Theory in Industrial and Organizational Psychology, in: HIOP, Hrsg. M. D. Dunette, Chicago 1976, S. 63–130

Carlisle, H. M. (1976): Management: Concepts and Situations, Chicago 1976
Cattell, R. B. (1951): New Concepts for Measuring in Terms of Group Syntality, in: HR, Vol. 4 (1951), S. 161–184
Chmielewicz, K. (1975): Arbeitnehmerinteressen und Kapitalismuskritik in der Betriebswirtschaftslehre, Reinbek bei Hamburg 1975
Collins, B. E./Raven, B. H. (1969): Group Structure: Attraction, Coalitions, Communication and Power, in: The Handbook of Social Psychology, Vol. 4: Group Psychology and Phenomena of Interaction, Hrsg. G. Lindzey and E. Aronson, Readings, Mass. 1969, S. 102–204
Coser, L. A. (1967): Continuities in the Study of Social Conflict, New York 1967
Corsten, H. (1982): Der nationale Technologietransfer, Formen – Elemente – Gestaltungsmöglichkeiten – Probleme, Berlin 1982
Crott, H. (1979): Soziale Interaktion und Gruppenprozesse, Stuttgart 1979
Crozier, M./Friedberg, E. (1979): Macht und Organisation, Die Zwänge kollektiven Handelns, Königstein, Ts. 1979
Dahms, K. (1963): Über die Führung, München/Basel 1963
Dahrendorf, R. (1956): Industrie- und Betriebssoziologie, Berlin 1956
Dahrendorf, R. (1959): Sozialstruktur des Betriebes, Wiesbaden 1959
Dahrendorf, R. (1962): Gesellschaft und Freiheit, München 1962
Davis, K. (1957): Human Relations at Work: The Dynamics of Organizational Behavior, New York u. a. 1957
Delhees, K. H. (1975): Unternehmungsführung unter veränderten menschlichen und sozialen Bedingungen, in: ZfO, 44. Jg. (1975), S. 3–8
Dorow, W. (1978): Unternehmungskonflikte als Gegenstand unternehmungspolitischer Forschung, Berlin 1978
Dorow, W./Grunwald, W. (1980): Konflikte in Organisationen, in: Handbuch der Angewandten Psychologie, Bd. 1, Hrsg. R. Neubauer und L. v. Rosenstiel, München 1980, S. 509–530
Drucker, P. F. (1956): Praxis des Management, Düsseldorf 1956
v. Eckardstein, D./Schnellinger, F. (1978): Betriebliche Personalpolitik, 3. Aufl., München 1978
Esser, W. M. (1975): Individuelles Konfliktverhalten in Organisationen, Stuttgart u. a. 1975
Etzioni, A. (1968): The Active Society, London/New York 1968
Evans, M. G. (1970): The Effects of Supervisory Behavior on the Path-Goal Relationship, in: Organizational Behavior and Human Performance, 5. Jg. (1970), S. 277–298
Festinger, L. (1957): A Theory of Cognitive Dissonance, Evanston 1957
Ficher, M. (1981): Die Messung des Führungsverhaltens, Eine kritische Würdigung verschiedener Ansätze unter Berücksichtigung ihrer Relevanz für die Unternehmenspraxis, Bochum 1981
Fiedler, F. E. (1967): A Theory of Leadership Effectiveness, New York u. a. 1967

Fiedler, F. E. (1972: A Contingency Model of Leadership Effectiveness, in: Unternehmungsorganisation, Hrsg. E. Grochla, Reinbek bei Hamburg 1972, S. 113–130

Fiedler, F. E./Chemers, M. M./Mahar, L. (1979): Der Weg zum Führungserfolg, Stuttgart 1979

Fiedler, F. E./Mahar, L. (1979): The Effectiveness of Contingency Model Training: A Review of the Validation of Leader Match, in: Personnel Psychology, 32. Jg. (1979), S. 45–62

Field, R. H. G. (1979): A Critique of the Vroom-Yetton Contingency Model of Leadership Behavior, in: AMR, 4. Jg. (1979), S. 249–257

Filley, A. C./House, R. J./Kerr, S. (1976): Managerial Process and Organizational Behavior, 2. Aufl., Glenview, Ill. 1976

Fleishman, E. A./Peters, D. R. (1962): Interpersonal Values, Leadership Attitudes, and Managerial ‚Success', in: Personell Psychology, Vol. 15 (1962), S. 150–166

French, J. R. P. jr./Raven, B. (1959): The Bases of Social Power, in: Studies in Social Power, Hrsg. D. Cartwright, Ann Arbour 1959, S. 150–168

French, J. R. P. jr./Raven, B. (1960): The Bases of Social Power, in: Group Dynamics, Research and Theory, Hrsg. D. Cartwright and A. Zander, 2. Aufl., Evanston, Ill. 1960, S. 607–623

Frese, E. (1974): Zum Vergleich von Führungsmodellen, in: Unternehmungsführung, Festschrift für E. Kosiol zu seinem 75. Geburtstag, Hrsg.: J. Wild, Berlin 1974, S. 221–249

Frese, E. (1980): Grundlagen der Organisation. Die Organisationsstruktur der Unternehmung, Wiesbaden 1980

Friedrichs, H. (1976): Moderne Personalführung, 4. Aufl., München 1976

Galtung, J. (1972): Institutionalisierte Konfliktlösung, in: Konflikt und Konfliktstrategie, Hrsg. Bühl, W. L., München 1972

Gaugler, E. (1966): Instanzenbildung als Problem der betrieblichen Führungsorganisation, Berlin 1966

Gaugler, E. (1983): Trends der betrieblichen Personalpolitik, in: Personal-Perspektiven 1983/84, Hrsg. Friedrichs, H./Gaugler, E./Zander, E., Düsseldorf 1983, S. 11–14

Gebert, D. (1976): Zur Erarbeitung und Einführung einer neuen Führungskonzeption, Berlin 1976

Geiger, T. (1931): Führung, in: HWS, Stuttgart 1931, S. 3131–141; wieder abgedruckt in: Kunczik, M. (Hrsg.): Führung, Theorien und Ergebnisse, Düsseldorf/Wien 1972

Gibb, C. A. (1969): Leadership, in: Lindzey, G./Aronson, E. (Hrsg.), The Handbook of Social Psychology, Bd. 4, 2. Aufl., Reading, Mass. 1969

Glueck, W. F. (1976): Business Policy. Strategy Formation and Management Action, New York 1976

Grand, J. (1970): Das Problem der Macht in der Unternehmung, Diss. St. Gallen, Zürich 1970

Grochla, E. (1972): Unternehmensorganisation, Neue Ansätze und Konzeptionen, Reinbek bei Hamburg 1972

Grunwald, W. (1980): Macht als Persönlichkeitsdisposition: Theoretische, methodologische und empirische Aspekte, in: Macht in Organisationen, Hrsg. G. Reber, Stuttgart 1980, S. 91–121

Grunwald, W. (1982): Konflikt – Konkurrenz – Kooperation, Eine theoretisch-empirische Konzeptanalyse, in: Kooperation und Konkurrenz in Organisationen, Hrsg. W. Grunwald und H.-G. Lilge, Bern/Stuttgart 1982, S. 50–96

Häusler, J. (1966): Grundfragen der Betriebsführung, Wiesbaden 1966

Häusler, J. (1977): Führungssysteme und -modelle, Köln 1977

Hahn, D. (1971): Führung des Systems Unternehmung, in: ZfO, 40. Jg. (1971), S. 161–169; wieder abgedruckt in: Organisation als System, Hrsg. K. Bleicher, Wiesbaden 1972, S. 297–315

Halpin, A. W./Winer, B. J. (1957): A Factoral Study of the Leader behaviour descriptions, in: Leader behaviour: It's description and measurement, Hrsg. Stogdill, R. M./Coons, A. E., Columbus 1957, S. 39–51

Hartley, E. L./Hartley, R. E. (1952): Fundamentals of Social Psychology, New York 1952

Heinen, E. (1978) (Hrsg.): Betriebswirtschaftliche Führungslehre. Ein entscheidungsorientierter Ansatz, Wiesbaden 1978

Hellriegel, D./Slocum, J. W. jr. (1978): Management: Contingency Approaches, 2. Aufl., Readings, Mass. u. a. 1978

Hemphill, I. K./Coons, A. E. (1957): Development of the Leader Behavior Description Questionnaire, in: Leader Behavior: its Description and Measurement, Hrsg. R. M. Stogdill und A. E. Coons, Columbus 1957, S. 6–37

Hentze, J. (1980): Arbeitsbewertung und Personalbeurteilung, Stuttgart 1980

Hentze, J. (1981 I): Personalwirtschaftslehre 1, 2. Aufl., Bern/Stuttgart 1981

Hentze, J. (1981 II): Personalwirtschaftslehre 2, 2. Aufl., Bern/Stuttgart 1981

Hentze, J./Brose, P. (1985): Unternehmungsführung und Mitbestimmung, Würzburg–Wien 1985

Heller, F. A. (1971): Managerial Decision Making, London 1971

Heller, F. A. (1976): Decision Processes: An Analysis of Power-Sharing at Senior Organizational Levels, in: Handbook of Organization and Society, Hrsg. R. Dubin, Chicago 1976, S. 687–745

Hersey, P./Blanchard, K. H. (1972): Management of Organizational Behavior, Utilizing Human Resources, 2. Aufl., Englewood Cliffs, N. J. 1972

Hersey, P./Blanchard, K. H. (1977): Management of Organizational Behavior, 3. Aufl., Englewood Cliffs, N. J. 1977

Herzberg, F. (1966): Work and the Nature of Man, Cleveland 1966

Herzberg, F./Mausner, B. M./Snyderman, B. B. (1959): The Motivation to Work, New York 1959

Hicks, G. H./Gullett, C. R. (1975): Organizations: Theory and Behaviour, New York 1975

Hill, W./Fehlbaum, R./Ulrich, P. (1974): Organisationslehre, Bern/Stuttgart 1974
Höhn, R. (1969): Führungsanweisung, in: HWO, Hrsg. E. Grochla, Stuttgart 1969
Höhn, R. (1974): Führungsbrevier der Wirtschaft, 8. Aufl., Bad Harzburg 1974
Höhn, R. (1978): Betriebsverfassungsgesetz – Stellenbeschreibung und Führungsrichtlinien, Bad Harzburg 1978
Höhn, R./Böhme, G. (1966): Stellenbeschreibung und Führungsanweisung, Bad Harzburg 1966
Höhn, R./Böhme, G. (1967): Führungsbrevier der Wirtschaft, 2. Aufl., Bad Harzburg 1967
Hoffmann, F. (1980): Führungsorganisation, Bd. I: Stand der Forschung und Konzeption, Tübingen 1980
Hofstätter, P. R. (1971): Gruppendynamik, Reinbek bei Hamburg 1971
Homans, G. C. (1960): Theorie der sozialen Gruppe, Köln/Opladen 1960
Homans, G. C. (1972): Elementarformen sozialen Verhaltens (dtsch. Übersetzung von: Social Behavior, Its Elementary Forms, New York 1961), 2. Aufl., Köln/Opladen 1972
House, J. R. (1971): A Path-Goal Theory of Leader Effectiveness, in: ASQ, 16. Jg. (1971), S. 321–338
House, R. J./Dessler, G. (1974): The Path-Goal Theory of Leadership: Some Post Hoc and A Priori Tests, in: Contingency Approaches to Leadership, Hrsg. J. G. Hunt und L. L. Larson, Carbondale, Ill. 1974, S. 29–55
House, R. J./Mitchell, T. R. (1974): Path-Goal Theory of Leadership, in: Journal of Contemporary Business, 1974, S. 81–98
Hradil, S. (1980): Die Erforschung der Macht, Eine Übersicht über die empirische Ermittlung von Machtverteilungen durch die Sozialwissenschaften, Stuttgart u. a. 1980
Humble, J. V. (1973): MbO-Fibel. Grundsätze des Management by Objectives, Frankfurt a. M., New York 1973
Irle, M. (1969): Führungsprobleme, psychologische, in: HWO, Hrsg. E. Grochla, Stuttgart 1969, Sp. 583–595
Irle, M. (1970): Führungsverhalten in organisierten Gruppen, in: Handbuch der Psychologie, Bd. 9: Betriebspsychologie, Hrsg. K. Gottschaldt u. a., 2. Aufl., Göttingen 1970, S. 521–551
Irle, M. (1971): Macht und Entscheidungen in Organisationen, Frankfurt a. M. 1971
Ische, F. (1983/84): Differenziertes Führungsverhalten, in: Personal – Perspektiven 1983/84, a.a.O., Düsseldorf 1983, S. 249–255
Kappler, E. (1980): Partizipation, In: HWO, Hrsg. E. Grochla, 2. Aufl., Stuttgart 1980
Kast, F. E./Rosenzweig, J. E. (1970): Organizational Psychology, New York 1970
Katz, D./Kahn, R. L. (1951): Human Organization and worker motivations,

in: Industrial Productivity, Hrsg. Tripp, C. R., Madison, Wisc. 1951, S. 146–171
Katz, D./Kahn, R. L. (1966): The Social Psychology of Organizations, New York/London 1966
Kerr, S./Schriesheim, C. (1974): Consideration, Initiating Structure and Organizational Criteria – an Updale of Korman's 1966 Review, in: Personnel Psychology, 27. Jg. (1974), S. 555–568
Kill, V. (1972): Die Führungskonzeption des „Management by Objectives" und ihre Bedeutung für die Leistungsbeurteilung, Augsburg 1972
Kirsch, W. (1976): Organisationale Führungssysteme, Bausteine zu einem verhaltenswissenschaftlichen Bezugsrahmen, München 1976
Kirsch, W. (1977): Betriebswirtschaftslehre als Führungslehre, Erkenntnisperspektiven, Aussagensysteme, wissenschaftlicher Standort, München 1977
Kirsch, W. (1977 I): Einführung in die Theorie der Entscheidungsprozesse, 2. Aufl. der Bde. I–III als Gesamtausgabe, Wiesbaden 1977
Klis, M. (1970): Überzeugung und Manipulation, Grundlagen einer Theorie betriebswirtschaftlicher Führungsstile, Wiesbaden 1970
Korff, E. (1967): Leiten und Führen, Profil und Funktionen der leitenden Angestellten, Heidelberg 1967
Korman, A. K. (1966): „Consideration", „Initiating Structure" and Organizational Criteria – a Review, in: Personnel Psychology, 18. Jg. (1966), S. 349–360
Krech, D./Crutchfield, R. D./Ballachey, E. L. (1962): Individual in Society. New York u. a. 1962
Kolbinger, J. (1957): Bauplan Sozialer Betriebsführung, Stuttgart 1957
Krysmanski, H. J. (1977): Soziologie des Konflikts. Materialien und Modelle, Reinbek bei Hamburg 1977
Kupsch, P. U./Picot, A. (1973): Das Problem des optimalen Führungsstils, in: Blätter für Genossenschaftswesen, 119. Jg., 1973, S. 373–379
Krüger, W. (1972): Grundlagen, Probleme und Instrumente der Konflikthandhabung in der Unternehmung, Berlin 1972
Krüger, W. (1973): Konfliktsteuerung als Führungsaufgabe, München 1973
Krüger, W. (1980): Macht, organisatorische Aspekte der, in: HWO, Hrsg. E. Grochla, 2. Aufl., Stuttghart 1980, Sp. 1235–1243
Lattmann, C. (1975): Führungsstil und Führungsrichtlinie, Bern/Stuttgart 1975
Lattmann, C. (1981): Die verhaltenswissenschaftlichen Grundlagen der Führung des Mitarbeiters, Bern/Stuttgart 1981
Lawler III, E. E. (1977): Motivierung in Organisationen, Bern/Stuttgart 1977
Lewin, K. (1935): A Dynamic Theory of Personality, New York 1935
Lewin, K. (1963): Feldtheorie in den Sozialwissenschaften, Bern/Stuttgart 1963
Lewin, K./Lippitt, R./White, R. K. (1939): Patterns of Aggressive Behaviour in Experimentally Created ‚Social Climates', in: Journal of Social Psychology, Vol. 10 (1939), S. 271–299

Likert, R. (1961): New Patterns of Management, New York etc. 1961
Likert, R. (1967): The human Organization: Its Management and Value, New York 1967
Likert, R. (1972): Neue Ansätze der Unternehmungsführung, Bern/Stuttgart 1972
Likert, R. (1975): Die integrierte Führungs- und Organisationsstruktur, Frankfurt/New York 1975
Likert, R./Likert, J. G. (1976): New Ways of Managing Conflicts, New York etc. 1976
Lippitt, R./White, R. K. (1943): The social Climate of Children's Groups, in: Child behaviour and development, Hrsg. Baker, R. E./Kounin, J. S./ Wright, H. F., New York 1943
Luhmann, N. (1967): Soziologie als Theorie sozialer Systeme, in: KZSS, 19. Jg. (1967), S. 615–644
Luhmann, N. (1969): Klassische Theorie der Macht: Kritik ihrer Prämissen, in: ZfP, 16. Jg. (1969), S. 149–170
Lukaszyk, K. (1960): Zur Theorie der Führerrolle, in: PRS 1960, S. 179–188
Lukaszyk, K. (1975): Zur Theorie der Führer-Rolle, in: Organisationstheorie, Hrsg.: E. Grochla, 1. Teilband, Stuttgart 1975, S. 214–221
Lukesch, H. (1975): Erziehungsstile, Stuttgart 1975
Luthans, F. (1976): Introduction to Management: A Contingency Approach, New York u. a. 1976
Macharzina, K. (1977): Neuere Entwicklungen in der Führungsforschung, in: ZfO, 46. Jg., 1977, S. 7–16, S. 101–108
Macharzina, K. (1980): Führungmodelle, in: HWO, Hrsg. E. Grochla, 2. Aufl., Stuttgart 1980, Sp. 744–756
Magerison, C./Glube, R. (1979): Leadership Decision-Making: An Empirical Test of the Vroom and Yetton Model, in: JoMS, 16. Jg. (1979), S. 45–55
Maier, N. R. F. (1956): Psychology in Industry, 3. Aufl., Boston 1965
Maier, K. (1969): Interdependenzen zwischen Mitbestimmung und betrieblicher Partnerschaft, Berlin 1969
Marr, R./Stitzel, M. (1979): Personalwirtschaft, Ein konfliktorientierter Ansatz, München 1979
Mayntz, R. (1975): Konflikte und Konfliktregelungen im Betrieb, in: HWB, Hrsg. E. Grochla und W. Wittmann, 4. Aufl., Stuttgart 1975, Sp. 2176–2182
Mayo, E. (1966): The Social Problems of an Industrial Civilization, 5. Aufl., London 1966
Marx, A. (1971): Partizipativer Führungsstil und Arbeitsverhalten, in: Personalführung, Bd 3: Motivation und Stimulanz menschlicher Arbeitsergiebigkeit, Hrsg. A. Marx, Wiesbaden 1971, S. 17–33
McGregor, D. (1960): The Human Side of Enterprise, New York/Toronto/ London 1960
Mertens, W. (1975): Sozialpsychologie des Experiments, Hamburg 1975
Mintzberg, H. (1979): The Structuring of Organizations, A Synthesis of the Research, Englewood Cliffs, N. J. 1979

Mitscherlich, A./Mitscherlich, M. (1968): Die Unfähigkeit zu trauern, München 1968
Moore, B. V. (1927): The May Conference on Leadership, in: Personnel Journal, 6. Jg. (1927), S. 124–128
Müller, W. R./Hill, W. (1977): Die situative Führung, in: DBW, 37. Jg. (1977), S. 353–378
Mulder, M. (1977): The Daily Power Game, Leiden 1977
Neuberger, O. (1972): Experimentelle Untersuchungen von Führungsstilen, in: Gruppendynamik, 3. Jg., 1972, S. 191–219
Neuberger, O. (1973): Das Mitarbeitergespräch, München 1973
Neuberger, O. (1974): Theorien der Arbeitszufriedenheit, Stuttgart u. a. 1974
Neuberger, O. (1976a): Ergebnisse der Führungsstil-Forschung – Bestandsaufnahme und Neuorientierung, in: WiSt, 5. Jg. (1976), S. 13–18
Neuberger, O. (1976b): Führungsverhalten und Führungserfolg, Berlin 1976
Neuberger, O. (1977): Organisation und Führung, Stuttgart u. a. 1977
Nick, F. R. (1975): Anreiz-Beitrags-Theorie, in: HWP, Hrsg. E. Gaugler, Stuttgart 1975, Sp. 38–47
Odiorne, G. S. (1967): Management by Objectives. Führung durch Vorgabe von Zielen, München 1967
Oechsler, W. A. (1974): Konfliktmanagement, Zur Notwendigkeit eines strukturellen Ansatzes, MIR 6. Jg., 1974, S. 13–25
Oechsler, W. A. (1979): Konfliktmanagement, Wiesbaden 1979
Opp, K.-D. (1976): Methodologie der Sozialwissenschaften, Reinbek bei Hamburg 1980
O. V. (1985): Arbeitsrechtliche Entscheidungen, in: DB 1985, S. 495–497
Paschen, K. (1978): Führerspezialisation und Führungsorganisationen, Köln 1978
Pfohl, H.-C. (1977): Problemorientierte Entscheidungsfindung in Organisationen, Berlin 1977
Pigors, P. J. (1935): Leadership and Domination, New York 1935
Rambaek, F. (1978): Das Partizipationspotential, Zentrales Konzept intentionaler Partizipationsforschung, Diss. FU Berlin 1978
Raven, B. H./Kruglanski, A. W. (1970): Conflict and Power, in: The Structure of Conflict, Hrsg. P. Swingle, New York 1970, S. 69–109
Reber, G. (1973): Personales Verhalten im Betrieb, Stuttgart 1973
Reddin, W. J. (1967): The 3-D Management Style Theorie, in: Training and Development Journal, April 1967, S. 8–17
Reddin, W. J. (1970): Managerial Effectiveness, New York u. a. 1970
Reddin, W. J. (1977): Das 3-D-Programm zur Leistungssteigerung des Managements, München 1977
Remer, A. (1978): Personalmanagement, Berlin/New York 1978
Roby, T. B. (1961): The Executive Function in Small Groups, in: Leadership and Interpersonal Behavior, Hrsg. L. Petrullo und B. M. Bass, New York 1961

Rosenstiel, L. v. (1975): Die motivationalen Grundlagen des Verhaltens in Organisationen, Leistung und Zufriedenheit, Berlin 1975
Rosenstiel, L. v. (1978): Folgewirkungen einer funktionsbezogenen Bezahlung, in: Bewertungssysteme für den öffentlichen Dienst, Hrsg. E. Siedentopf, Baden-Baden 1978, S. 141–157
Rosenstiel, L. v. (1980): Grundlagen der Organisationspsychologie, Stuttgart 1980
Rosenstiel, L. v. (1981): Führung, in: Die Psychologie des 20. Jahrhunderts, Bd. 13: Anwendungen im Berufsleben, Arbeits-, Wirtschafts- und Verkehrspsychologie, Hrsg. F. Stoll, Zürich 1981, S. 802–835
Scanlon, B./Keys, B. (1979): Management and Organizational Behavior, New York u. a. 1979
Schanz, G. (1978): Verhalten in Wirtschaftsorganisationen, Personalwirtschaftliche und organisationstheoretische Probleme, München 1978
Schanz, G. (1982): Organisationsgestaltung, München 1982
Schein, E. H. (1970): Organizational Psychology, 2. Aufl., Englewood Cliffs, N. J. 1970
Schneider, P. (1972): Kriterien der Subordinationsspanne, Berlin 1972
Schneider, S. (1975): Konflikte in einer Matrix-Organisation, in: ZfO, 44. Jg. (1975), S. 321–330
Schneider, H.-D. (1978): Sozialpsychologie der Machtbeziehungen, Stuttgart 1978
Schreyögg, G. (1973): Führungsstil, Führungssituation und Führungseffektivität, Arbeit und Leistung 1973, S. 27, 29–36, 57–61
Schreyögg, G. (1977): Kritik situativer Führungstheorien am Beispiel des Fiedlerschen Kontingenzmodells, in: Personalmanagement I, Hrsg. Macharzina, K./Oechsler, W. A., Wiesbaden 1977, S. 109–144
Schultz, R. (1976): Arbeitnehmer in der Marktwirtschaft, München 1976
Schwarz, H. (1977): Betriebsorganisation als Führungsaufgabe, 8. Aufl., München 1977
Seidel, E. (1978): Betriebliche Führungsformen, Geschichte, Konzept, Hypothesen, Forschung, Stuttgart 1978
Simon, H. A. (1957): Models of Man, New York u. a. 1957
Staehle, W. H. (1973): Organisation und Führung soziotechnischer Systeme, Grundlagen einer Situationstheorie, Stuttgart 1973
Staehle, W. H. (1980): Management, Eine verhaltenswissenschaftliche Einführung, München 1980
Steinkamp, H. (1973): Gruppendynamik und Demokratisierung, München 1973
Steinle, C. (1975): Das Harzburger Modell – Eine Führungsfassade mit der Konsequenz niedriger Effizienz und Satisfikation, in: ZfO, 44. Jg., 1975, S. 249–254
Steinle, C. (1978a): Führung, Grundlagen, Prozesse und Modelle der Führung in der Unternehmung, Stuttgart 1978
Stelmaszyk, W. (1981): Führungsansätze. Eine vergleichende Darstellung der

Entwicklung von Theorie und Forschung im deutschen und anglo-amerikanischen Sprachraum, Bad Honnef 1981
Stirn, H. (1970): Die Arbeitsgruppe, in: Handbuch der Psychologie, Bd. 9, Betriebspsychologie, Hrsg. A. Mager und B. Herwig, 2. Aufl., Göttingen 1970, S. 494–520
Stogdill, R. M. (1948): Personal Factors Associated with Leadership: A Survey of the Literature, in: JP, 25. Jg. (1948), S. 35–71
Stogdill, R. M. (1959): Individual Behaviour and Group Achievement, New York 1959
Stogdill, R. M. (1972): Persönlichkeitsfaktoren und Führung: Ein Überblick über die Literatur, in: Führung, Theorien und Ergebnisse, Hrsg. M. Kunczik, Düsseldorf/Wien 1972, S. 86–123
Stogdill, R. M. (1974): The Handbook of Leadership: A Survey of Theory and Research, New York 1974
Tannenbaum, R./Schmidt, W. H. (1958): How to Choose a Leadership Pattern, in: HBR, Vol. 36 (1958), S. 95–101
Tannenbaum, R./Schmidt, W. H. (1973): Retrospective Commentary how to choose a Leadership Pattern, in: HBR, Vol. 41, May/June, 1973, S. 162–180
Tausch, R./Tausch, A. M. (1973): Erziehungspsychologie, 7. Aufl., Göttingen 1973
Thiele, L.-D. (1968): Konflikte im Entscheidungsprozeß der Unternehmungsorganisation, Diss. München 1968
Töpfer, A. (1979): Unternehmungsführung, -entwicklung. Entwicklungsperspektiven, in: Wirtschaftswoche 1979, S. 66–74
Töpfer, A./Zander, E. (1982): Führungsgrundsätze und Führungsinstrumente, Frankfurt a. M. 1982
Ulrich, P. (1977): Die Großunternehmung als quasi-öffentliche Institution. Eine politische Theorie der Unternehmung, Stuttgart 1977
Vilmar, F. (1973): Soziotechnische Revolutionierung der Arbeitsorganisation, in: Menschenwürde im Betrieb, Hrsg. F. Vilmar, Reinbek bei Hamburg 1973, S. 103–117
Vroom, V. H. (1964): Work and Motivation, New York/London/Sidney 1964
Vroom, V. H. (1967): Work and Motivation, 3. Aufl., New York/Sidney 1967
Vroom, V. H. (1967): Leadership, in: HIOP, Hrsg. M. D. Dunnette, Chicago 1976, S. 1527–1551
Vroom, V. H. (1981): Führungsentscheidungen in Organisationen, in: DBW, 41. Jg. (1981), S. 183–193
Vroom, V. H./Jago, A. G. (1978): On the Validity of the Vroom-Yetton Model, in: Journal of Applied Psychology, 63. Jg. (1978), S. 151–162
Vroom, H./Yetton, P. W. (1973): Leadership and Decision-Making, Pittsburgh 1973
Weber, M. (1964): Wirtschaft und Gesellschaft, Köln–Berlin 1964
Weber, W. (1971): Das Identifikationsphänomen und seine Bedeutung als Determinante menschlichen Verhaltens in Organisationen, Diss. Mannheim 1971

Wegener, C. (1982): Konfliktregelung in der betrieblichen Praxis, in: ZfO, 51. Jg. (1982), S. 205–209, S. 212–217
Weinert, A. B. (1981): Lehrbuch der Organisationspsychologie, München/Wien/Baltimore 1981
Weissenberg, P./Kavanagh, M. J. (1973): The Independence of Initiating Structure and Consideration: A review of evidence, in: PP 1973, S. 119–130
White, R. K./Lippitt, R. (1953): Leader behaviour and Member Reaktion in three „social climates", in: Group dynamics, Hrsg. Cartwright, D./Zander, A., Evanston, Ill. 1963
White, R. K./Lippitt, R. (1960): Autocracy and Democracy: An Experimental Inquiry, New York 1960
Wild, J. (1974): Betriebswirtschaftliche Führungslehre und Führungsmodelle, in: Unternehmungsführung, Festschrift für E. Kosiol zu seinem 75. Geburtstag, Hrsg. J. Wild, Berlin 1974, S. 141–179
Wilpert, B. (1977): Führung in deutschen Unternehmen, Berlin/New York 1977
Wiswede, G. (1980): Motivation und Arbeitsverhalten, München 1980
Witte, E. (1974): Zu einer empirischen Theorie der Führung, in: Unternehmungsführung, Festschrift für E. Kosiol zu seinem 75. Geburtstag, Hrsg. E. Wild, Berlin 1974, S. 181–219
Wunderer, R./Grunwald, W. (1980 I): Führungslehre, Bd. I: Grundlagen der Führung, Berlin/New York 1980
Wunderer, R./Grunwald, W. (1980 II): Führungslehre, Bd. II: Kooperative Führung, Berlin/New York 1980
Wunderer, R. (1981): Kooperative Führung – ein realistisches und realisierbares Konzept?, in: Die Führung des Betriebes, Herrn Prof. Dr. Dr. h. c. C. Sandig zu seinem 80. Geburtstag gewidmet, Hrsg. M. N. Geist und R. Köhler, Stuttgart 1981, S. 145–163
Wunderer, R. (Hrsg.) (1983): Führungsgrundsätze in Wirtschaft und Verwaltung, Stuttgart 1983
Zalesnik, A./Moment, D. (1964): The Dynamics of Interpersonal Behaviour, New York 1964
Zander, E. (1981): Die Abhängigkeit der Unternehmenseffizienz von der Form der Konflikthandhabung auf der Tarifvertragsebene, in: Mitbestimmung und Effizienz, Hrsg. F. J. Säcker und E. Zander, Stuttgart 1981, S. 167–174
Zelger, J. (1980): Begrenzung der Macht bei Gruppenentscheidungen, in: Macht in Organisationen, Hrsg. G. Reber, Stuttgart 1980, S. 1–18
Zepf, G. (1972): Kooperativer Führungsstil und Organisation, Zur Leistungsfähigkeit und organisatorischen Verwirklichung einer kooperativen Führung in Unternehmungen, Wiesbaden 1972

Sachregister

Weitere Publikationen von Prof. Dr. Joachim Hentze

Personalwirtschaftslehre
Band 1 und 2

Das Lehrbuch, das in zwei Bänden als zusammenhängendes Ganzes erschienen ist, bietet einen einführenden Gesamtüberblick über die Personalwirtschaft. Die Darstellung verwendet einen „entscheidungsorientierten" Ansatz. Nach einer Diskussion des personalwirtschaftlichen Zielsystems werden Aufgabenbereiche, Methoden und organisatorische Gestaltungsmöglichkeiten behandelt. Aus Zweckmäßigkeitsüberlegungen und insbesondere aus didaktischen Erkenntnissen wird eine funktionale Gliederung verwendet, die außer Personalbedarfsermittlung, -beschaffung, -entwicklung, -bildung, -einsatz, -erhaltung und Leistungsstimulation, -freistellung auch – zwar nicht als originäre Funktion aber als wichtiges Steuerungsinstrument – die Personalinformationswirtschaft umfaßt, da das Buch Gestaltungshilfen gibt, wendet es sich sowohl an Studenten der Sozial- und Wirtschaftswissenschaften als auch an den mit Personalproblemen konfrontierten Praktiker.

Band 1: Uni-Taschenbücher Band 649
Grundlagen, Personalbedarfsermittlung, -beschaffung, -entwicklung, -bilanz und -einsatz
3., neu bearbeitete Auflage.

Band 2: Uni-Taschenbücher Band 650
Personalerhaltung und Leistungsstimulation, Personalfreistellung und Personalinformationswirtschaft
3., neu bearbeitete Auflage.

Verlag Paul Haupt Bern und Stuttgart